딥테크 AI 로봇 전쟁

딥테크 AI 로봇 전쟁

이재훈(드라이트리) 지음

차 례

2장 ▶ 반도체, 사활을 건 패권 전쟁

3장 로봇, 인간을 닮아가는 신인류

AI, 반도체, 로봇이 가져올
변화와 전략

기술을 이해하는 것은 현대 사회에서 매우 중요한 과제입니다. 기술은 우리의 일상생활에 깊이 스며들어 있으며, 경제, 정치, 교육, 그리고 개인 생활 등 사회의 모든 분야에 지대한 영향을 미치고 있습니다. 특히 인공지능Artificial Intelligence, AI과 반도체, 로봇 같은 혁신적인 기술들은 우리의 삶의 방식을 변화시키고 있으며, 이를 통해 사회는 더욱 효율적이고 연결된 형태로 진화하고 있습니다. 그러나 기술이 가져오는 긍정적인 변화만큼이나 부정적인 영향을 고려하는 것도 필요합니다. 기술을 올바르게 이해하고 활용하지 않는다면 개인의 사생활이 침해되거나, 경제적 불평등이 심화되며, 사회적으로도 불균형이 초래될 수 있습니다. 이러한 측면에서 기술을 이해하는 것은 단순히 새로운 기기를 사용하는 법을 배우는 것이 아닌,

기술이 우리 삶에 어떤 의미를 가지는지, 그리고 이를 어떻게 관리하고 책임 있게 사용할 것인지에 대한 깊은 고민을 필요로 합니다.

왜 기술을 이해하는 것이 중요한가?

▶

우선, 기술에 대한 이해는 경제적 성공에 직접적으로 연결됩니다. 기술 발전은 기업과 국가의 경쟁력을 결정하는 중요한 요소로 자리 잡고 있습니다. 기업이 신기술을 활용하여 생산성을 높이고, 새로운 제품과 서비스를 제공함으로써 소비자들의 기대에 부응할 수 있습니다. 이는 결과적으로 국가의 경제 성장을 촉진하는 중요한 동력이 됩니다. 그러나 기술을 이해하지 못하고 이를 충분히 활용하지 않는다면 이러한 경쟁에서 뒤처질 수밖에 없습니다. 따라서 기업의 경영자, 그리고 국가의 정책 입안자들은 최신 기술 동향을 이해하고 이를 전략적으로 활용할 수 있는 능력이 필요합니다.

기술에 대한 이해는 또한 교육 분야에서도 중요한 의미를 지닙니다. 교육은 한 사회가 미래 세대를 준비시키는 중요한 역할을 하며, 기술 발전에 발맞춰 교육 방식과 내용도 변화하고 있습니다. 예를 들어, AI나 프로그래밍 교육이 전 세계적으로 주목받고 있으며, 이는 미래 사회에서 필요한 역량을 미리 갖추기 위한 것입니다. 학생들은 단순히 기술을 사용하는 것뿐만 아니라, 문제를 분석하고 해결할 수 있는 사고력을 기르는 데 중점을 둔 교육을 받습니다. 이를 통해 우리는 미래 사회에서 필요한 인재를 양성하고, 이들이 사회에서 중요한 역할을 할 수 있도록 돕는 것입니다. 기술을 이해하는 것은 따라서 개인의 능력뿐 아니라, 사회의 전체적인 교육 수준을 높이고 이를 통해 사회 발전에 기여하는 데 있어서 필수적인 요소입니다.

또한, 기술을 이해하는 것은 정치 및 사회적 책임의 측면에서도 중요합니다. 기술이 빠르게 발전함에 따라 정보 보안, 프라이버시 보호, 윤리적 문제 등이 새롭게 대두되고 있습니다. 예를 들어, AI가 사람의 일자리를 대체할 가능성, 빅데이터 분석을 통한 프라이버시 침해, 그리고 자동화 시스템의 윤리적 책임에 대한 논의가 점점 더 많아지고 있습니다. 이러한 문제는 정치적 결정과 정책에 직접적인 영향을 미치며, 일반 시민들이 기술을 제대로 이해하지 못한다면 올바른 정치적 결정을 내리는 데 어려움을 겪을 수 있습니다. 기술에 대한 이해는 시민들이 이러한 논의에 참여하고, 기술이 우리 사회에 어떤 영향을 미치는지 이해하며, 이에 대한 책임 있는 선택을 할 수 있도록 돕습니다.

마지막으로, 기술을 이해하는 것은 개인의 삶의 질을 높이는 데 중요한 역할을 합니다. 현대 사회에서 기술은 우리의 일상생활을 더욱 편리하고 풍요롭게 만드는 도구로 작용하고 있습니다. 스마트폰, 인터넷, 온라인 플랫폼 등을 통해 우리는 더욱 빠르고 효율적으로 정보를 얻고 소통할 수 있으며, 건강 관리와 여가 생활에도 많은

혜택을 누리고 있습니다. 그러나 기술이 발전할수록 우리의 개인
정보가 노출될 위험이 커지고 있으며, 디지털 의존도가 높아지면서
다양한 정신적 스트레스와 신체적 문제들이 발생하고 있습니다. 따
라서 기술을 이해하고 이를 효과적으로 사용할 줄 아는 것은 개인
의 삶을 질적으로 향상시키기 위한 필수 조건입니다.

기술을 이해하는 것은 단순히 최신 기기를 다루는 능력을 넘어서
서, 우리 사회 전반에 걸친 중요한 문제들을 해결하고 미래를 준비
하는 데 중요한 역할을 합니다. 경제적 성공을 도모하고, 교육의 질
을 높이며, 정치적 책임을 다하고, 개인의 삶을 질적으로 향상시키
기 위해 우리는 기술을 올바르게 이해해야 합니다. 이를 통해 우리
는 기술을 단순한 도구로서가 아닌, 우리 사회의 지속 가능한 발전
을 위한 중요한 자원으로 인식하고 활용할 수 있을 것입니다.

딥테크는 각국의 생존과 번영, 미래에 어떤 영향을 줄까?

▶

딥테크Deep Tech는 기존의 점진적인 기술 발전을 넘어 과학적 발견
과 획기적인 공학적 혁신을 바탕으로 새로운 산업과 시장, 사회적
가치를 창출하는 기술을 의미합니다. 딥테크는 복잡하고 해결하기
어려운 문제를 다루며, 오랜 연구와 개발 기간, 높은 기술적 위험,
그리고 초기 투자 비용이 특징입니다. 하지만 성공할 경우 기존 시

장을 혁신하거나 새로운 시장을 창출할 잠재력이 큽니다.

딥테크는 근본적 문제 해결을 목표로 하며, 기존 기술로는 풀기 어려운 복잡한 사회적, 환경적, 기술적 과제에 도전합니다. 예를 들어, 암 치료를 위한 혁신적 바이오 기술이나 온실가스 감축을 위한 탄소 포집 기술이 그 사례입니다. 또한 물리학, 화학, 생물학, AI, 양자역학, 로봇공학 등 첨단 과학 및 공학 지식을 기반으로 하며, 장기적인 비전을 가지고 연구와 투자가 이루어집니다. 여러 분야의 기술을 융합하는 다학제적 접근도 딥테크의 중요한 특징입니다.

딥테크는 국가 경쟁력 강화와 미래 산업 생태계 구축을 위한 필수적 요소로 자리매김하고 있습니다. 지속 가능한 성장과 안보 전략에 있어 딥테크를 선도하는 국가는 글로벌 기술 리더십을 확보하고, 경제적·사회적 경쟁 우위를 차지할 수 있을 것입니다. 이러한 이유로 딥테크는 국가와 기업이 반드시 주목하고 장기적으로 투자해야 할 전략적 기술로 부상하고 있습니다. 딥테크를 통한 혁신은 단순한 경제적 성과를 넘어, 사회적 가치 창출과 지속 가능한 미래를 위한 중요한 기반이 될 것입니다. 이를 통해 우리는 더 나은 세상을 만들고, 미래 세대에게 지속 가능한 경제와 환경을 제공할 수 있는 기회를 만들어 나갈 수 있을 것입니다.

딥테크는 미래 산업 생태계를 주도하는 핵심적인 역할을 담당합니다. AI와 반도체, 로봇 등 딥테크 기반의 혁신 기술들은 기존 산업 구조의 혁신을 이끌고, 새로운 산업 생태계를 형성하고 있습니다. 예를 들어, 로봇은 제조와 물류 등 여러 분야에서 자동화와 효율성을 극대화시키며, 여러 산업의 패러다임을 변화시키고 있습니다. 이러한 딥테크 기술들은 기존 산업을 넘어서 새로운 비즈니스 모델과 신성장 동력을 만들어내며, 이는 단순한 경제적 성장을 넘어 기술 혁신을 통한 사회적 가치 창출로 이어집니다. 이러한 변화는 궁극적으로 사람들의 삶의 질을 향상시키는 방향으로 나아가야 할 것입니다.

딥테크는 또한 의료, 바이오, 교육과 같은 분야에서 사회적 문제 해결에도 기여하고 있습니다. 의료 분야에서는 AI를 기반으로 데이터 분석을 통해 환자의 질병을 조기에 진단하여 치료 성공률을 높이는 데 기여하고 있습니다. 바이오 기술은 AI 기술과 결합하여 신약 후보 물질을 찾는데 활용되어, 신약 개발의 패러다임을 근본적으로 변화시키고 있습니다. 교육에서도 AI 기반 교육 플랫폼이 등장하여 학습자 맞춤형 교육을 제공하며 교육 격차 해소에 중요한 역할을 하고 있습니다. 이처럼 딥테크는 단순한 기술적 도구를 넘어 사회 전반에 걸쳐 긍정적이고 포괄적인 변화를 이끌어 내고 있습니다.

기후 변화, 자원 고갈 같은 글로벌 문제 해결을 위해서도 딥테크는 중요한 역할을 합니다. 탄소 포집 및 저장·이용Carbon Capture, Utilization and Storage; CCUS 기술과 청정에너지 기술은 환경 보호와 자원 효율성 향상에 기여하며, 기후 변화에 대응할 수 있는 기반을 제공합니다. 이러한 기술들은 지속 가능한 에너지 시스템을 구축해 미래 세대에 더 나은 환경을 제공하는 데 필수적입니다. 또한, 통신과 사이버 보안 기술은 국가의 디지털 인프라를 보호하고 안보를 강화하는 핵심 자산으로 자리 잡고 있습니다. 딥테크 기반의 보안 기술은 국가의 독립성과 자주성을 유지하며, 점점 더 복잡해지는 외부 위협에 효과적으로 대응할 수 있는 강력한 방어 수단을 제공합니다. 이 기술들은 디지털 영역에서의 보안을 강화할 뿐만 아니라, 정보 보호와 데이터 주권을 지키는 데도 중요한 역할을 하여 국가 차원의 안정성을 높입니다.

지속 가능한 경제 성장을 위해 딥테크는 매우 중요한 도구로 자리 잡고 있습니다. 많은 국가들이 딥테크를 활용해 자국 경제 구조를 혁신하고, 첨단 산업 생태계를 구축하며, 글로벌 경제 경쟁력을 높이고자 하고 있습니다. 딥테크의 발전은 새로운 산업 창출과 기존 산업의 효율성을 극대화하여 경제 성장의 원동력이 됩니다. AI 반도체 기술과 신재생 에너지 기술의 결합을 통해 전력 생산과 효율성 증대를 통해 새로운 비즈니스 기회를 창출하며, 지속 가능성을 높이는 데 기여할 수 있습니다.

이와 같이 딥테크는 산업 구조를 재편하며 각국의 경제적 입지를 강화하고 있으며, 독립적인 기술 역량은 외부 위협에 대응할 수 있는 강력한 방어 수단이 됩니다. 사회적 복지와 환경 보호에서도 딥테크는 지속 가능한 발전을 위한 도구로 기능하며, 기후 변화 문제를 완화하고 국민의 삶의 질을 개선하는 역할을 합니다. 첨단기술을 선도하는 국가는 국제 무대에서 정치·경제적 영향력을 확대할 수 있으며, 이를 통해 글로벌 경쟁 속에서 더욱 강력한 입지를 확보할 수 있을 것입니다.

기술 혁신이 국가 경쟁력과
안보에 미치는 중대한 영향에 관하여

▶

이 책은 급변하는 기술 환경 속에서 각국이 어떻게 첨단 기술을 통해 생존과 번영을 추구하는지 심층적 분석을 제공하는 책입니다. AI, 반도체, 로봇이라는 세 가지 주요 딥테크 분야를 중심으로, 글로벌 무대에서 벌어지는 치열한 기술 경쟁의 현장을 상세히 다루고 있습니다. 각 장에서는 개별 기술의 역사적 배경, 발전 과정, 주요 응용 사례를 제시하며, 세계 주요 국가와 기업들이 어떤 전략과 정책을 통해 이 첨단 기술들을 성장시키고 있는지를 깊이 있게 탐구합니다. 특히 한국이 글로벌 기술 전쟁 속에서 살아남기 위해 어떤 준비가 필요한지, 그리고 향후 어떤 방향으로 나아가야 할지에 대한 구체적인 제언을 포함하고 있습니다.

오늘날의 기술 발전은 기존의 하이테크High Tech에서 한 단계 더 나아가, 과학적 발견과 혁신적 엔지니어링을 근간으로 하는 딥테크Deep Tech로 진화하고 있습니다. 딥테크는 AI, 반도체, 로봇 등 기존 기술의 한계를 뛰어넘어, 국가와 기업들이 차별화된 경쟁력을 확보할 수 있도록 돕는 핵심 동력으로 자리 잡고 있습니다. 책에서는 특히 딥테크가 단순히 산업을 넘어 사회 전반에 걸쳐 일으킬 변화를 탐구하며, 이를 통해 독자들이 현재와 미래의 기술 환경에 대한 이해를 확장할 수 있도록 돕습니다. 국가 경쟁력의 관점에서 딥테크의 역할을 분석함으로써, 각국의 경제 성장과 안보 전략에 있어 딥테크가 왜 필수적인 요소로 자리 잡았는지를 설명하고 있습니다.

아울러 기술 경쟁의 중요성을 강조하며, 글로벌 기술 패권을 둘러싼 주요 국가들의 동향을 살펴봅니다. AI 분야는 산업의 자율화와 혁신을 주도하며, 반도체는 디지털 사회의 기반을 다지는 핵심 요소로 작용하고 있습니다. 로봇 기술은 노동의 개념을 새롭게 정의하고, 산업의 효율성을 극대화하고 있습니다. 각국의 전략을 통해 이들 기술이 국가 경쟁력에 어떻게 기여하는지, 그리고 앞으로의 글로벌 기술 전쟁에서 어떤 역할을 하게 될지를 예측합니다.

또한, 국가 간 기술 주권 확보와 이를 위한 첨단 산업 생태계 구축의 중요성에 대해 다룹니다. 한국이 이 치열한 기술 경쟁에서 살아남기 위해서는 기술 자립과 함께, 국제 시장에서 독립적인 기술 생태계를 구축해야 할 필요성을 강조합니다. 이를 위해, 특히 AI와 반도체 분야에서 강력한 연구와 혁신이 필요하며, 이에 대한 국가적 투자와 지원이 필요하다고 제언합니다. 이러한 기술들은 성공적으로 구현될 경우 단순히 경제적 성과를 넘어 국가 안보와 자주성까지도 강화하는 중요한 수단이 될 수 있습니다.

마지막으로 AI, 반도체, 로봇의 첨단 기술이 가져오는 변화와 함께, 이들 기술이 각국의 경제 및 산업 발전에 미치는 영향, 그리고 각국이 선택하고 있는 전략을 구체적으로 분석합니다. 각국의 전략을 통해 이들 기술이 국가 경쟁력에 어떻게 기여하는지, 그리고 앞으로의 글로벌 기술 전쟁에서 어떤 역할을 하게 될지 살펴보고자 합니다.

이 책을 통해 국가와 기업이 첨단 기술 경쟁에서 살아남기 위해 어떻게 전략을 수립하고 실행하는지를 생생하게 보여드리고자 합니다. 이러한 분석을 통해 독자분들께서는 미래 기술 환경에서 직면할 도전과 기회를 깊이 있게 이해하실 수 있으며, 기술 혁신이 국가 경쟁력과 안보에 미치는 중대한 영향을 재확인할 수 있을 것입니다.

1장

AI,
미래를 주도하다

DEEP

TECH

WAR

II

AI의 시작,
튜링 테스트

AI의 시작은 컴퓨터와 함께합니다. 그리고 여기에는 앨런 튜링 Alan Turing의 역할이 컸습니다. 컴퓨터는 연산하는 기계입니다. 인간을 대신해서 빠르게 계산을 해줍니다. 17세기 프랑스의 블레즈 파스칼Blaise Pascal이 덧셈과 뺄셈이 가능한 계산기를 발명했고, 이후에 독일의 고트프리드 라이프니츠Gottfried Leibniz가 곱셈과 나눗셈까지 가능한 계산기로 개선했습니다. 19세기 영국의 찰스 배비지Charles Babbage가 차분기관Difference Engine과 해석기관Analytical Engine을 고안하여 현대 컴퓨터의 기초를 마련했습니다. 여기서 차분기관은 다항식 계산을 자동으로 수행하기 위해 설계된 기계이고, 해석기관은 펀치 카드로 명령어를 입력하도록 설계되어 프로그램 기반의 계산 가능성을 열어주었습니다. 이어서 1936년 앨런 튜링은 〈계산 가능한 수에 관하여, 결정 문제에의 응용On Computable Numbers, with an Application to the Entscheidungsproblem〉 논문을 통해 계산의 논리적 기초를 설명하면서 미리 정해진 행동 규칙(알고리즘)에 따라 계산을 수행할 수 있는 튜링 기계Turing Machine를 제안했고, 이는 현대 컴퓨터의 이론적 모델로서 컴퓨터 개발에 큰 영향을 미쳤습니다.

기계가 인간처럼 지능적으로 행동할 가능성을 탐구

▶

AI에 대한 기초적인 아이디어는 앨런 튜링이 〈컴퓨터 기계와 지능Computing Machinery and Intelligence〉이라는 논문을 통해 기계가 생각할 수 있을지에 대한 문제를 던지면서 시작되었습니다. 앨런 튜링은 기계가 대화에서 인간의 반응을 설득력 있게 모방할 수 있다면 '생각한다'고 볼 수 있지 않겠냐는 주장을 합니다. 이를 기반으로 사람이 기계를 보지 않은 상태에서 기계와 상호작용할 때, 사람인지 기계인지 구분하기가 어렵다면 기계는 튜링 테스트Turing Test를 통과했다고 볼 수 있습니다. 튜링 테스트는 기계가 인간처럼 지능적인 행동을 할 수 있는 가능성을 탐구한 최초의 아이디어 중 하나로, 현대 AI 연구의 초석이 되었습니다. 튜링 테스트는 당시 철학자들에게 인간의 인식과 자아에 대한 본질을 탐구하게 했습니다. 인간의 사고와 기계의 연산이 본질적으로 다른지, 또는 모방이 가능한지를 묻는 이 실험은 기계지능이 인간의 고유 능력인지를 놓고 여러 논쟁을 촉발했습니다. 이후 튜링의 아이디어는 AI 발전에 영감을 주었고, 컴퓨터가 단순히 수학적 문제를 푸는 역할에서 벗어나 지능적인 상호작용을 수행할 수 있는 가능성의 기초가 되었습니다.

AI라는 단어 사용의 시초는 1956년 여름, 미국 다트머스대학교에서 열린 8주 간의 워크숍으로 거슬러 올라갑니다. 1956년 여름, 다트머스 회의는 AI의 역사를 결정짓는 중요한 전환점이었습니다. 존 매카시John McCarthy, 마빈 민스키Marvin Minsky, 클로드 섀넌Claude Shannon, 앨런 뉴얼Allen Newell, 허버트 사이먼Herbert Simon 등 다양한 학문적 배경을 가진 학자들이 모여, 인간의 지능을 모방하는 기계를 개발할 수 있다는 개념을 처음으로 논의했습니다. 다트머스 회의는 공식적으로 '다트머스 여름 연구 프로젝트On Artificial Intelligence'라는 이름으로 불리며, 여기서 AI라는 용어가 최초로 사용되었습니다. 다트머스 회의에서는 컴퓨터가 인간처럼 '생각하고' 학습하며 추론할 수 있다는 가능성에 초점을 두었고, AI의 기초 개념과 방향을 설정했습니다.

AI는 어떻게 발전해 왔는가?

▶

AI는 1950년대부터 지금까지 발전하며 크게 다섯 가지의 발전 단계를 거쳐 왔습니다. 초기에는 규칙 기반 시스템에 의존했는데, 컴퓨터가 사람처럼 사고할 수 있는지 실험해 보기 위해 논리와 규칙에 따라 문제를 해결하는 시스템들이 만들어졌습니다. 대표적인 예로는 앨런 뉴얼과 허버트 사이먼이 개발한 로직 테오리스트The Logic Theorist와 GPSGeneral Problem Solver가 있습니다. 이 프로그램들은 일정한 규칙을 기반으로 문제를 해결하는 방식으로 작동했으며, AI가 처음으로 논리적 문제 해결 능력을 갖추었음을 보여주었습니다.

1970년대에는 AI 연구가 발전하면서 '기계학습Machine Learning'과 '지식 표현Knowledge Representation'이라는 개념이 새롭게 등장했습니다. 여기서 기계학습은 기계가 데이터를 기반으로 스스로 학습할 수 있는 방법을 연구하는 분야를 의미합니다. 그리고, 지식 표현은 기계가 인간의 지식을 체계적이고 구체적으로 이해할 수 있는 방법을 연구하기 위해 인간이 사용하는 개념과 규칙들을 기계가 이해할 수 있도록 하는 접근법이었습니다. 특히, 전문 시스템Expert Systems이라는 AI 시스템이 주목받았습니다. 이는 의료나 법률과 같이 특정 분야의 전문가 역할을 할 수 있도록 설계된 시스템으로, 특정 분야에서 기존 지식을 바탕으로 문제를 해결할 수 있는 가능성을 확인한 사례였습니다.

1980년대와 1990년대에는 인공 신경망에 대한 연구가 활성화되면서, AI의 새로운 가능성이 제시되었습니다. 인공 신경망은 인간의 뇌 구조를 본떠 만든 모델로, 데이터를 통해 학습할 수 있는 능력을 갖추었습니다. 그러나 당시에는 컴퓨팅 성능의 한계로 인해 이 기술이 큰 성과를 내지는 못했으나, 이 시기에 진행된 인공 신경망에 관한 연구들은 현대 딥러닝의 기초가 되었습니다. 이후 하드웨어의 성능이 비약적으로 발전하면서 인공 신경망 기반의 AI 연구도 함께 급성장하게 됩니다.

2000년대에 들어서면서 AI는 딥러닝Deep Learning이라는 이름으로 다시 부상했습니다. 컴퓨터 성능과 빅데이터 처리 기술의 발전으로 인공 신경망이 본격적으로 응용되기 시작했고, 특히 2012년에는 이미지 인식 대회ImageNet Large Scale Visual Recognition Challenge, ILSVRC에서 알렉스넷AlexNet이 다른 모델에 비해 10% 이상 오류율을 낮추는 성과를 내며 딥러닝의 가능성을 전 세계에 알렸습니다. 알렉스넷은 캐나다 토론토대학교의 알렉스 크리제브스키Alex Krizhevsky와 그의 지도교수인 제프리 힌턴Geoffrey Hinton, 그리고 알렉스의 동료였던 일리야 서츠케버Ilya Sutskever가 함께 개발한 심층 신경망 모델입니다. 참고로 제프리 힌턴은 인공 신경망을 이용한 머신러닝 연구로 2024년 노벨물리학상을 수상했고, 일리야 서츠케버는 일론 머스크Elon Musk와 샘 올트먼Sam Altman과 함께 2015년 오픈AIOpenAI를 설립한 후, 오픈AI의 최고 과학자Chief Scientist로 지내다가 2024년 물러났습니다. 이후 컴퓨터 비전, 음성 인식, 자연어 처리 등의 다양한 분야에서 AI가 비약적으로 발전하게 되었습니다. 이는 AI가 단순히 규칙을 따르는 시스템에서 벗어나, 실제 데이터에 기반한 분석과 예측을 할 수 있는 수준으로 성장했음을 의미합니다.

현재 AI는 자율주행, 의료 진단, 고객 서비스 등 다양한 분야에 활용되고 있으며, 강화학습과 자연어 처리 모델도 빠르게 발전하고 있습니다. 또한, AI의 발전이 점차 정교해지면서 윤리적 문제와 사회적 책임에 대한 연구가 중요한 화두로 떠오르고 있습니다. AI가 인간의 삶에 더욱 밀접하게 영향을 미치는 만큼, AI의 안전성, 신뢰성, 공정성을 보장하기 위한 연구와 논의도 계속되고 있습니다.

지능을 가진 기계, AI란 무엇인가?

AI는 기본적으로 인간이 수행하는 지능적 활동을 컴퓨터가 모방할 수 있도록 하는 기술과 과학의 결합체입니다. 이 지능적 활동에는 학습, 추론, 문제 해결, 패턴 인식, 자연어 처리, 시각 인식 등이 포함됩니다. AI는 인간의 인지 활동을 모방하며, 이를 통해 다양한 상황에서 의사 결정을 수행하거나 문제를 해결하도록 설계되었습니다. 특히, AI 시스템은 경험을 바탕으로 학습하여 자신의 성능을 점진적으로 향상할 수 있는 능력을 갖추고 있으며, 이를 통해 예측, 최적화, 자동화 등의 다양한 기능을 수행할 수 있습니다.

머신러닝과 딥러닝 기반으로 작동

▶

AI는 컴퓨터 과학의 하위 분야 중에서도 매우 포괄적인 개념으로, 일반적으로 '지능을 가진 기계'를 만드는 것을 목표로 합니다. 이때 AI는 단순한 명령의 집합을 초월해 데이터를 활용하여 스스로 학습하고, 인간의 지능 활동을 모방함으로써 복잡한 문제를 해결하려는 기능을 지니게 됩니다. AI에는 다양한 하위 분야가 있는데, 가장 대표적인 것은 머신러닝Machine Learning과 딥러닝Deep Learning입니다. 머신러닝은 방대한 데이터를 통해 특정한 규칙을 학습하는 기계학습 알고리즘을 통해 예측 모델을 구축하는 데 주안점을 둡니다. 즉, 사람이 직접 모든 규칙을 정의하지 않더라도 데이터로부터 규칙성을 발견해 학습할 수 있는 시스템입니다. 딥러닝은 머신러닝의 한 하위 영역으로서 다층 신경망Artificial Neural Networks, ANN을 사용하여 데이터의 복잡한 패턴과 구조를 학습합니다. 신경망은 인간의 뇌 구조를 모방하여 설계된 것으로, 여러 계층layer을 통해 복잡한 데이터를 다룰 수 있는 것이 특징입니다. 딥러닝은 특히 이미지 인식, 음성 인식, 자연어 처리 등과 같은 분야에서 혁신적인 성과를 보이고 있습니다.

AI 시스템은 주로 머신러닝과 딥러닝을 기반으로 작동합니다. 먼저 머신러닝에서는 입력된 데이터에 따라 알고리즘이 학습하여 예측 모델을 생성합니다. 이 모델은 학습 데이터에서 패턴을 추출하고, 새로운 데이터를 받았을 때 이를 바탕으로 결과를 예측할 수 있

딥테크 AI 로봇 전쟁

게 됩니다. 딥러닝의 경우, 다층 신경망을 통해 데이터를 저차원에서 시작하여 점차 고차원으로 학습하는데, 여러 층을 거치면서 데이터를 단순화하고, 핵심적인 패턴을 학습합니다. 예를 들어, 딥러닝으로 차량을 인식한다고 했을 때, 이미지 인식에서 딥러닝은 초기 층에서 차량의 선이나 모서리, 윤곽을 파악하고, 이후 층에서 집합, 패턴, 물체의 일부 등 더 구체적인 특징을 인식하며, 최종적으로 차량 이미지 전체를 식별하는 방식으로 작동합니다.

AI의 세 가지 핵심 구성요소

▶

　AI 시스템이 효과적으로 작동하려면 데이터Data, 알고리즘Algorithm, 컴퓨팅 파워Computing Power라는 세 가지 주요 구성요소가 필수적입니다. 첫 번째로 데이터는 AI가 학습하는 기초로서, AI의 성능과 정확도는 학습에 사용된 데이터의 양과 질에 따라 달라집니다. 데이터가 많고 품질이 높을수록 AI는 더 정확한 예측을 할 수 있으며, 데이터 전처리preprocessing 과정에서 불필요한 노이즈를 제거하고 누락된 값을 보완하며 일관된 데이터로 정제하는 것이 필요합니다. 지도 학습Supervised Learning은 머신러닝 방법 중 가장 많이 활용되는 방식으로, 모델이 주어진 입력 데이터에 대해 미리 지정한 정답인 라벨label(데이터를 분류하여 값을 입력하는 작업을 의미하며, '레이블'로도 불립니다)을 학습하면서 패턴을 익히도록 하는 방식입니다. 이때, 정확한 라벨링labeling이 중요하며, 라벨링 오류는 AI의 성능에 영향을 줄 수 있기 때문에 데이터 품질 관리는 필수적입니다.

두 번째로 알고리즘은 AI 시스템의 두뇌 역할을 하며, 데이터를 처리하고 학습하여 패턴을 인식하고 예측 모델을 생성합니다. 여기서 알고리즘은 어떤 문제를 해결하거나 특정 작업을 수행하기 위한 일련의 단계적 절차나 규칙의 집합을 의미합니다. 머신러닝은 지도 학습, 비지도 학습, 강화학습과 같은 다양한 방법론을 통해 데이터를 학습하고, 딥러닝은 다층 신경망을 통해 복잡한 데이터를 점차적으로 추상화하여 이미지 인식과 자연어 처리와 같은 고차원 문제를 해결할 수 있습니다. 알고리즘의 성능은 파라미터 튜닝Parameter Tuning을 통해 최적화할 수 있으며, 이를 통해 AI 모델의 성능을 극대화할 수 있습니다. 여기서 '파라미터'라는 것은 AI 모델이 데이터의 패턴을 학습하고 예측할 수 있도록 설정되는 변수들을 의미하며, 학습을 통해 모델이 입력 데이터와 목표로 하는 정답 사이의 관계를 분석하여 최적의 값을 찾아가는 과정을 거칩니다. 예를 들어 인간 언어를 신경망으로 처리할 때 가중치weight와 편향bias, 임베딩 벡터embedding vector와 같은 파라미터를 통해 데이터 간의 유사성과 관계를 학습할 수 있습니다. 여기에서 가중치는 입력된 단어를 기반으로 다음 단어가 어떤 것이 나올지 확률을 예측하는데 활용되고, 편향은 모델이 원점에서 벗어난 값을 학습할 수 있게 하여 보다 유연하게 패턴을 학습할 수 있게 해주며, 임베딩 벡터는 단어 간의 유사성을 다차원 공간의 거리로 표현하는 것을 의미합니다.

마지막으로 컴퓨팅 파워는 대규모 데이터를 처리하고 복잡한 계산을 수행하는 물리적 기반입니다. AI는 고도의 병렬 연산이 필요하기 때문에 CPU^{Central Processing Unit}보다 GPU^{Graphics Processing Unit}나 TPU^{Tensor Processing Unit}와 같은 고성능 하드웨어를 활용하며, 클라우드 컴퓨팅과 분산 컴퓨팅을 통해 필요한 컴퓨팅 자원을 확장할 수 있습니다. CPU는 다양한 작업을 처리할 수 있는 범용 프로세서로, 복잡한 계산보다는 여러 작업을 순차적으로 처리하는 데 적합합니다. GPU는 대량의 연산을 병렬로 처리하는 데 최적화되어 있어, 이미지 처리나 딥러닝에 강점이 있습니다. TPU는 구글에서 개발한 칩으로, AI 연산을 빠르게 수행하도록 설계되어 머신러닝과 AI 모델 학습에 특화되었습니다. 특히 대규모 딥러닝 프로젝트에서는 수백 대의 컴퓨터가 동시에 연산을 수행하는 분산 컴퓨팅^{Distributed Computing}이 유리합니다. AI의 발전을 위해서는 데이터, 알고리즘, 컴퓨팅 파워의 균형 있는 발전이 중요하며, 이를 통해 AI 시스템의 성능이 지속적으로 향상될 수 있습니다.

AI로 무엇을
할 수 있는가?

최근 AI 연구는 빠르게 발전하고 있으며, 다음과 같은 주요 트렌드와 연구 동향이 주목받고 있습니다. 먼저 생성형 AI^{Generative AI}는 텍스트, 이미지, 음악, 코드 등을 창의적으로 생성하는 데 중점을 둔 기술로, GPT-4와 라마^{Llama}와 같은 대규모 언어 모델과 미드저니^{Midjourney}나 달리^{DALL-E}와 같은 이미지 생성 모델이 그 대표적인 예입니다. 이러한 모델들은 막대한 양의 데이터를 학습해 새로운 데이터를 창출할 수 있으며, 이를 통해 예술, 디자인, 광고, 문서 작성 등 다양한 분야에서 활용되고 있습니다. 특히, 생성형 AI는 '생성적 적대 신경망^{GAN}'과 '변환기^{Transformer}' 모델을 통해 텍스트와 이미지를 생성합니다. 생성적 적대 신경망은 생성자와 판별자라는 두 신경망이 서로 경쟁하며 학습하는 구조로, 생성자는 새로운 데이터를 만들고, 판별자는 이를 진짜와 비교하여 구분합니다. 변환기는 병렬로 입력을 처리하여 효율성을 높인 모델을 의미하며, 자연어 처리 Natural Language Processing를 통해 대규모 언어 모델의 기반이 되었습니다.

다음으로 멀티모달Multimodal AI는 텍스트, 이미지, 음성, 비디오 등의 여러 유형의 데이터를 결합하여 종합적으로 이해하고 응답할 수 있는 AI입니다. 예를 들어, 챗GPT는 텍스트와 이미지 데이터를 함께 처리할 수 있으며, 비슷한 방식으로 다중 감각의 데이터를 학습하여 더 풍부한 정보 해석 능력을 갖춘 모델들이 개발되고 있습니다. 멀티모달 AI 연구는 자율주행차, 의료 진단, 교육, 로봇공학 등 다양한 분야에서 활용 가능성을 열고 있습니다. 또한, 연합 학습은 여러 장치가 데이터의 중앙 집중 없이 협력해 모델을 학습하는 기술로, 특히 개인 정보 보호가 중요한 분야에서 널리 활용되고 있습니다. 각 사용자 또는 장치가 데이터를 공유하지 않고, 자체 데이터를 통해 로컬 모델을 학습한 후 이를 중앙 서버에 전송하여 집계하는 방식이기 때문입니다. 이를 통해 AI 모델은 개별 사용자의 데이터를 노출시키지 않으면서도 글로벌 모델을 학습할 수 있으며, 특히 스마트폰이나 IoT 기기에서의 개인 정보 보호를 강화하는 데 효과적입니다.

한편, AI 모델이 커지고 복잡해지면서 계산량과 에너지 소비량이 급증하는 문제가 대두되고 있습니다. 이를 해결하기 위해 압축 compression, 지식 증류Knowledge Distillation, 경량화 모델 등의 방법이 연구되고 있습니다. 압축 기법은 AI 모델의 크기를 줄여 메모리 사용량을 감소시키고, 연산 속도를 높이는 기술입니다. 지식 증류는 크고 복잡한 모델에서 학습한 지식을 작은 모델에 전달해 작은 모델이 원래 모델과 유사한 성능을 내도록 하는 기법입니다. 경량화 모델은 연산 자원을 덜 소모하면서도 높은 성능을 내기 위해 설계된 AI 모델을 의미합니다. 이러한 최적화 기술은 하드웨어 제약이 있는 모바일 기기나 IoT 환경에서 AI 모델을 효과적으로 운영하는 데 도움을 주고 있습니다.

이어서 강화학습은 특정 목표를 달성하기 위해 에이전트가 환경과 상호작용하며 최적의 행동을 선택하는 방법론으로, 알파고AlphaGo 같은 자율적 의사결정 모델을 통해 주목받았습니다. 최근에는 더 복잡한 환경에서도 효과적으로 학습할 수 있는 강화학습 모델이 연구되며, 자율주행, 산업 자동화, 게임 AI, 금융 투자 시스템 등에서 활용됩니다. 특히, 인간의 전략적 사고를 넘어서는 높은 수준의 학습을 통해 AI가 실시간으로 상황에 맞춰 의사결정을 내리며 유연하게 반응할 수 있습니다. AI 모델이 점점 복잡해지면서 '블랙박스 문제'가 대두되고 있습니다. 블랙박스 문제는 AI 모델이 매우 복잡해져 내부 동작이나 예측 방식이 인간에게 이해되기 어려운 문제를 의미합니다. 여기에서 해석 가능성interpretability이나 설명 가능성explainability에 대한 논의가 시작됩니다. 설명 가능한 AI는 모델의 결정 과정을 더 투명하게 만들어, 왜 특정 예측이나 결정을 내렸는지를 설명하는 것을 목표로 합니다. 설명 가능성은 의료 진단, 금융 등 규제가 엄격한 분야에서 AI의 신뢰도를 높이는 데 필수적입니다. 예를 들어, 의료 AI 모델이 진단을 내리는 과정에서 어떤 변수가 결정에 큰 영향을 미쳤는지 설명하면, 의료진이 그 결과를 신뢰하고 참조하기가 더 쉬워집니다.

아울러 AI가 사회 전반에 걸쳐 사용되면서 윤리적, 법적 이슈가 더욱 중요해졌습니다. 특히 AI의 편향성을 줄이고 공정성을 높이기 위한 연구가 활발합니다. AI 모델이 특정 그룹에 불공정하거나 편향된 결정을 내리는 문제를 해결하기 위해 다양한 기법이 연구되고 있으며, AI 시스템의 투명성을 높여 그 사용이 공정하고 신뢰할 수 있는 방향으로 나아가려는 시도가 이루어지고 있습니다. 최근에는 윤리적 AI 개발을 위한 가이드라인이 마련되고, 정부와 민간에서 AI의 책임 있는 사용을 보장하기 위한 법적·제도적 장치들이 논의되고 있습니다.

이처럼 AI 연구는 생성적 능력의 확장, 멀티모달 인식, 효율성 증대, 윤리적 문제 해결 등을 포함한 다양한 분야에서 진행되고 있으며, 이러한 트렌드는 AI가 사회와 산업 전반에 깊이 뿌리내리도록 이끌고 있습니다. AI는 빠르게 발전하면서 동시에 기술의 책임감 있는 사용과 인간 중심의 설계를 지향하는 방향으로 나아가고 있으며, 앞으로 더욱 강력한 AI 기술이 우리의 일상과 밀접하게 연결될 것으로 보입니다.

다양한 응용 분야에서의 혁신

▶

AI는 다양한 응용 분야에서 혁신을 이루며 사회 전반에 걸쳐 널리 활용되고 있습니다. 먼저 AI 에이전트^{AI Agent}는 대화형 AI, 자동화 봇, 가상 비서와 같은 응용 프로그램을 통해 사용자가 요청하는 작업을 수행하는 소프트웨어입니다. AI 에이전트는 딥러닝과 자연어 처리 기술을 통해 복잡한 질의에 응답하고, 다양한 언어로 실시간 대화를 수행하며, 사용자 맞춤형 지원을 제공합니다. 대표적인 AI 에이전트로는 아마존의 알렉사^{Alexa}, 구글의 구글 어시스턴트 ^{Google Assistant}, 애플의 시리^{Siri} 등이 있으며, 이들은 사용자와 상호작용하면서 음악 재생, 스케줄 관리, 인터넷 검색, 스마트 홈 제어와 같은 다양한 작업을 수행할 수 있습니다. 최근에는 이러한 AI 에이전트가 산업 분야에서도 사용되어, 고객 지원이나 자동화된 상담 시스템으로 활용되는 등 기업의 업무 효율을 향상시키고 있습니다.

다음으로 온디바이스 AI^{On-Device AI}는 데이터 처리를 디바이스 내에서 수행하여, 클라우드와의 연결 없이도 빠른 응답을 제공하는 기술입니다. 이 방식은 데이터의 전송과 처리가 기기 내부에서 이루어지기 때문에 사용자의 프라이버시를 강화하고, 실시간 성능을 향상시킵니다. 온디바이스 AI는 스마트폰, 태블릿, 웨어러블 기기 등에 주로 사용되며, 이미지 인식, 음성 인식, 얼굴 인식, 증강 현실^{AR} 등의 응용 프로그램에서 강력한 성능을 발휘합니다. 예를 들어 애플의 페이스 ID^{Face ID}는 온디바이스 AI를 통해 사용자의 얼굴을 빠르게 인식하여 보안 인증을 수행하며, 구글 포토 앱은 기기 내에서 이미지를 분석하고 분류하여 사용자에게 사진을 쉽게 정리할 수 있는 기능을 제공합니다. 이러한 기술은 데이터 전송의 지연을 줄이며, 클라우드 없이도 안전하고 효율적인 AI 서비스 제공이 가능하게 합니다.

마지막으로 에지 AI$^{Edge AI}$는 데이터가 생성되는 현장(에지)에서 데이터를 실시간으로 처리하고 분석하는 기술로, IoT 기기와 에지 디바이스에서 AI 모델을 실행하는 방식입니다. 에지 AI는 특히 스마트 시티, 자율주행차, 제조업의 자동화, 의료기기와 같은 응용 분야에서 활용도가 높습니다. 예를 들어, 자율주행차는 차량에 탑재된 센서와 카메라에서 수집된 데이터를 즉시 분석하여 주변 환경을 실시간으로 인식하고, 빠르게 반응해야 합니다. 이때 에지 AI가 차량 내에서 이러한 데이터를 처리함으로써, 지연 없이 사고를 방지하고 안전한 주행을 지원할 수 있습니다. 에지 AI가 사용되는 또 다른 예로는 스마트 팩토리$^{Smart Factory}$가 있습니다. 제조 공장의 각 기계나 센서가 데이터를 실시간으로 수집하고 분석하여, 제품의 품질을 자동으로 검수하거나 장비의 상태를 모니터링하여 예측적 유지보수를 가능하게 합니다. 이처럼 에지 AI는 클라우드 서버로 데이터를 전송하지 않고 현장에서 직접 데이터를 처리하기 때문에 지연을 줄이고, 네트워크 비용을 절감하며, 보안성을 높일 수 있습니다.

그렇다면 에지 AI와 온디바이스 AI는 어떤 부분이 다를까요? 에지 AI와 온디바이스 AI는 모두 데이터 처리를 디바이스나 사용자

근처에서 수행한다는 공통점이 있지만, 그 적용 범위와 처리 방식에서 차이가 있습니다. 에지 AI는 중앙 데이터센터나 클라우드가 아닌 에지 지점, 즉 사용자와 가까운 위치에서 AI 모델을 실행하는 방식입니다. 예를 들어, 제조 공장의 품질 검사 시스템이나 스마트 시티의 교통관제 시스템에서 실시간 데이터를 빠르게 처리하는 데 적합합니다. 반면, 온디바이스 AI는 스마트폰이나 IoT 기기 등 개별 디바이스에 AI 모델을 내장하여, 기기 자체에서 독립적으로 AI 처리를 수행하는 방식입니다. 스마트폰의 얼굴 인식이나 음성 인식과 같은 개인화된 AI 기능이 대표적인 사례입니다. 에지 AI는 네트워크 상의 다수 에지 기기와 클라우드 간의 연결성을 활용할 수 있는 반면, 온디바이스 AI는 특정 기기에서 인터넷 연결 없이 독립적으로 작동하며 데이터 프라이버시 보호에 강점이 있습니다.

산업별로 다양한 업무에 활용

▶

AI는 산업별로 다양하게 적용되고 있습니다. 먼저 의료 분야에서 상당한 발전을 이루고 있습니다. 진단 보조 시스템은 방대한 의료 데이터를 분석해 의료진이 빠르고 정확한 진단을 내릴 수 있도록 돕습니다. 방사선 이미지 분석에서 AI가 암을 조기에 발견하거나, 유전체 분석을 통해 환자 맞춤형 치료법을 추천할 수 있습니다. 구글의 딥마인드는 당뇨병성 망막증 같은 안과 질환을 조기에 진단할 수 있는 모델을 개발해 안과 전문의의 진단을 돕고 있으며, IBM 의 왓슨Watson은 유전체 데이터를 바탕으로 암 치료법을 추천합니다. 또한, 헬스케어 IoT 기기에 탑재된 AI는 환자의 상태를 실시간으로 모니터링하며, 응급 상황을 예측하여 의료진에게 신속히 알릴 수 있습니다.

AI는 금융 분야에서 거래 최적화, 위험 관리, 사기 방지 등 다양한 업무에 활용됩니다. AI는 특히 고빈도 거래와 같은 정교한 알고리즘 거래 시스템에 사용되어, 실시간으로 시장의 변동을 감지하고 빠르게 대응하여 수익을 극대화합니다. 또한, 신용 점수를 평가하거나, 대출 신청자를 분석하여 리스크를 낮추는 역할을 하기도 합니다. 많은 금융 기관들이 AI를 이용한 챗봇Chat-Bot을 통해 고객 문의를 자동으로 처리하고 있으며, JP모건 체이스J.P Morgan Chase는 AI를 통해 대출 서류를 분석하고 불법 거래를 감지하는 시스템을 개발해 금융 서비스의 효율성과 보안성을 높였습니다.

AI는 스마트 시티 구축에서도 중요한 역할을 하고 있습니다. 도시 내 수집되는 다양한 데이터를 분석해 교통 혼잡을 줄이고, 공공 안전을 강화하며, 에너지를 효율적으로 관리하는 데 활용됩니다. AI 기반 교통 시스템은 실시간 교통 데이터를 분석해 신호를 조절하고, 최적의 경로를 안내해 교통 체증을 줄입니다. 또한, 에너지 관리에서는 AI가 빌딩의 에너지 사용 패턴을 분석해 최적의 에너지 소비를 제안하거나, 태양광, 풍력 같은 재생 에너지 발전을 실시간으로 관리하여 전력 효율을 높입니다. 시드니와 같은 도시는 AI 기반 시스템을 통해 교통 및 에너지 관리의 효율성을 개선하고 있으며, 구글의 딥마인드는 자사의 데이터센터 에너지 소비를 40% 절감할 수 있는 AI 모델을 개발해 AI 기반 에너지 관리의 가능성을 입증했습니다.

제조업에서도 AI는 생산 공정을 자동화하고, 품질 관리 및 예측 유지보수 등에서 큰 역할을 하고 있습니다. AI는 제조 공정에서 수집되는 센서 데이터를 분석해 제품의 품질을 자동으로 검사하고, 불량을 사전에 식별합니다. 지멘스Siemens는 제조 공장에서 AI를 활용해 기계의 성능을 실시간으로 모니터링하고, 이상 발생 시 경고를 제공하는 시스템을 운영하고 있습니다. 이러한 예측 유지보수 시스템은 고장 발생 전에 문제를 파악해 수리를 진행함으로써 비용 절감과 공정의 안정성을 높이는 데 기여할 수 있습니다.

미국, 더 강력한
AI 생태계를 구축하다

미국은 지난 수십 년간 AI 연구와 발전에 선두 주자로 자리해왔으며, 현재 전 세계에서 가장 거대한 AI 생태계를 구축하고 있습니다. 이 생태계는 구글, 마이크로소프트, 메타, 엔비디아, 아마존과 같은 거대 기술 기업들과 함께 오픈AI, xAI, 앤트로픽Anthropic 등의 혁신적인 AI 스타트업들이 주도하고 있습니다. 미국의 AI 생태계는 기술 연구, 상용화, 인프라 구축에 이르는 모든 분야에서 세계적인 경쟁력을 갖추고 있으며, 정부와 학계, 민간 기업의 협력으로 강력한 지원을 받고 있습니다. 이로 인해 미국은 AI 알고리즘 개발, 데이터 처리 및 분석, 고성능 컴퓨팅 기술 등에서 획기적인 성과를 이루어 냈으며, 이는 글로벌 AI 산업 전반에 걸쳐 표준을 설정하고, 시장을 주도하는 역할을 하고 있습니다.

미국의 빅테크 기업들은 AI 기술 개발에 있어 글로벌 선두에 서 있습니다. 이들은 단순히 제품의 일환으로 AI를 사용하는 것을 넘어, 이를 통해 혁신을 가속화하고 차별화된 서비스를 제공하려는 전략을 펼치고 있습니다. 또한, AI 기술을 그들의 핵심 전략에 통합하여 산업 전반에서 혁신을 이끌고 있으며, 각각 고유한 AI 기술 분야에 집중하여 최첨단 기술 개발을 주도하고 있습니다. 각자의 분야에서 AI를 사용하여 제품 및 서비스의 품질을 극대화하고 있으며, 이를 통해 전 세계적인 AI 생태계 확장에 기여하고 있습니다.

차세대 AI 모델, 구글의 제미나이

▶

구글은 AI 연구의 핵심 분야에서 다양한 모델을 개발해 왔으며, 특히 구글의 딥마인드는 강화학습, 자율학습 등 첨단 AI 기법을 탐구하는 데 있어 세계적인 연구 성과를 이루어냈습니다. 딥마인드의 알파고와 같은 프로젝트는 AI의 가능성을 실질적으로 보여주었고, 이를 통해 구글은 AI 기반 제품과 서비스의 품질을 끌어올렸습니다. 구글은 검색 엔진을 비롯해 광고, 번역, 추천 시스템 등 다양한 분야에 AI 기술을 적용하고 있으며, 이를 통해 방대한 데이터에서 인사이트를 얻어낼 수 있도록 지원하고 있습니다.

구글은 AI 연구와 응용 분야에서 자연어 처리와 컴퓨터 비전에 집중하며 눈에 띄는 성과를 거두어 왔습니다. 구글은 특히 대규모 언어 모델Large Language Model, LLM을 개발하는 데 뛰어난 기술력을 가지고 있으며, 이러한 모델들은 구글 검색, 번역, 그리고 구글 어시스턴트와 같은 대화형 AI 시스템에 응용되고 있습니다. 예를 들어, 구글의 버트BERT와 T5 모델은 문맥을 이해하고 자연스럽게 대화를 이어가는 능력을 지니고 있어, 사용자와 더욱 긴밀한 상호작용을 가능하게 합니다. 구글의 AI 기술은 사용자 경험을 향상시키는 데 그치지 않고, 구글의 광고, 마케팅, 전자상거래 플랫폼에서도 널리 활용되어 더 정교하고 효율적인 맞춤형 서비스를 제공하고 있습니다. 이처럼 구글은 AI를 통해 데이터 기반의 인사이트를 극대화하며, 전 세계적으로 수백만 명의 사용자가 더 나은 정보를 얻고 상호작용할 수 있도록 돕고 있습니다.

최근 구글은 차세대 AI 모델인 제미나이 2.0Gemini 2.0을 출시하며 AI 기술의 새로운 기준을 제시했습니다. 제미나이 2.0은 멀티모달 AI 모델로, 텍스트뿐만 아니라 이미지, 오디오, 영상, 코드 등 다양한 데이터 유형을 동시에 이해하고 처리할 수 있도록 설계되었습니다. 이전 버전보다 더욱 정교한 자연어 이해 능력을 갖추었으며, 대화의 흐름을 보다 자연스럽게 유지하고, 복잡한 문제 해결 능력을 강화했습니다. 이를 통해 검색 및 번역 기능이 더욱 개선되었을 뿐만 아니라, 개발자들이 AI를 활용한 애플리케이션을 보다 쉽게 구축할 수 있도록 지원하고 있습니다.

또한, 제미나이 2.0은 구글의 광고, 마케팅, 전자상거래 플랫폼에서도 적극적으로 활용되며, 사용자 맞춤형 콘텐츠 추천 및 광고 최적화를 더욱 정교하게 수행하고 있습니다. 이를 통해 구글은 AI를 기반으로 데이터 인사이트를 극대화하며, 전 세계적으로 수백만 명의 사용자가 더 나은 정보를 얻고 상호작용할 수 있도록 돕고 있습니다.

AI 기반 클라우드 서비스, 마이크로소프트의 애저

▶

마이크로소프트는 AI 기반 클라우드 서비스인 애저^{Azure} AI를 통해 기업들이 다양한 AI 모델을 활용할 수 있는 환경을 제공하고 있으며, 오픈AI와의 전략적 파트너십을 통해 강력한 AI 생태계를 구축하고 있습니다. 마이크로소프트는 이러한 파트너십을 통해 오픈AI의 GPT 시리즈와 같은 최신 모델을 자사의 플랫폼에 통합하여 고객들이 AI의 혜택을 쉽게 누릴 수 있도록 지원합니다. 애저에 오픈AI 서비스를 추가하여 기업들이 AI 모델을 구축하고 배포하는 것을 더 간편하게 만들어, AI 도입의 진입 장벽을 낮추는 역할을 하고 있습니다.

마이크로소프트는 기업들이 AI를 쉽게 적용할 수 있도록 돕는 애저 AI 및 '애저 오픈AI'와 같은 플랫폼을 통해 클라우드 기반의 통합된 AI 솔루션을 제공하는 데 중점을 두고 있습니다. 마이크로소프트는 오픈AI와의 전략적 파트너십을 통해 GPT-4와 같은 최신 언어 모델을 자사의 클라우드 플랫폼에 통합하였으며, 이를 통해 기업들이 AI 기술을 업무에 쉽게 도입하고 활용할 수 있도록 지원합니다. 애저 AI는 대규모 데이터 처리를 용이하게 하며, 텍스트 생성, 이미지 인식, 음성 인식 등의 다양한 AI 기능을 제공해 기업이 데이터 기반 결정을 내릴 수 있도록 돕고 있습니다. 이와 함께 마이크로소프트는 생산성 도구에도 AI를 통합해 AI 기반 기능을 강화하고 있으며, 최근에는 오피스 365 Office 365에 AI 보조 기능을 추가해 사용자들이 문서 작성, 데이터 분석 등을 더욱 효율적으로 수행할 수 있게 하고 있습니다. 또한 깃허브 코파일럿 GitHub Copilot과 같은 AI 기반 코딩 지원 도구를 통해 개발자들의 생산성을 높이고 있으며, 이를 통해 개발 생태계에 AI가 깊숙이 통합될 수 있도록 하고 있습니다.

소셜 미디어와 가상현실의 중심, 메타의 메타버스

▶

메타는 AI 기술을 통해 메타버스와 소셜 미디어 환경에서 사용자 경험을 개선하려는 목표를 가지고 있습니다. 메타는 가상현실 Virtual Reality, VR과 증강현실 Augmented Reality, AR을 중심으로 한 메타버스 프로젝트에서 AI를 핵심 기술로 활용하고 있으며, 이를 통해 몰입감 있고 상호작용이 가능한 환경을 구축하고자 합니다. 얼굴 인식 및 감정 인식 기술을 활용해 소셜 미디어에서 더욱 맞춤화된 경험을 제공하는 한편, 메타버스라는 새로운 디지털 공간에서 사용자들에게 현실적인 상호작용을 가능하게 하는 AI 솔루션을 개발하고 있습니다. 이러한 노력을 통해 메타는 기존의 소셜 미디어 서비스에서 더 나아가 차세대 인터넷 경험을 제공하기 위해 AI를 중심으로 한 연구와 개발을 지속적으로 이어가고 있습니다.

메타는 AI를 소셜 미디어와 가상현실 경험의 중심에 놓고 있으며, 이를 통해 사용자 경험을 크게 향상시키고 있습니다. 특히 메타는 얼굴 인식과 감정 인식 기술을 적극 활용해 소셜 미디어 플랫폼에서 사용자 맞춤형 콘텐츠를 제공하고, 사용자와의 소통을 개선하려는 노력을 기울이고 있습니다. 또한 메타는 메타버스 환경 구축을 위해 몰입감 있는 AI 환경을 조성하는 데 주력하고 있으며, 사용자가 가상현실에서 더욱 현실감 있는 상호작용을 경험할 수 있도록 지원하고 있습니다. AI는 가상 캐릭터의 행동을 자연스럽게 만들고, 사용자의 움직임에 맞춰 다양한 반응을 생성하는 데 활용되어 메타버스 경험의 질을 높이는 역할을 합니다. 이를 통해 메타는 소셜 미디어와 메타버스를 AI를 중심으로 연결하고 있으며, 차세대 인터넷 환경의 패러다임을 구축하는 데 앞장서고 있습니다.

AI 하드웨어의 선두 주자,
엔비디아의 GPU

▶

엔비디아는 AI 하드웨어의 선두 주자로, 특히 GPU 개발에 집중하여 AI 모델의 훈련과 대규모 데이터 처리를 가능하게 하는 인프라를 제공합니다. 엔비디아의 GPU는 AI의 고도화에 필수적인 요소로 자리 잡았으며, 데이터센터와 자율주행, 의료 데이터 분석 등의 분야에서 대규모 연산을 가능하게 합니다. 엔비디아는 AI 연구소 및 스타트업에 투자하여 하드웨어와 소프트웨어의 통합 생태계를 구축하고 있으며, 이를 통해 고성능 연산이 요구되는 분야에서 막대한 영향력을 발휘하고 있습니다. 엔비디아의 하드웨어는 AI 연구자들이 복잡한 모델을 훈련시키고 이를 산업 전반에 적용하는 데 핵심적인 역할을 수행하고 있습니다.

엔비디아는 GPU와 같은 AI 하드웨어와 AI용 칩 개발에 집중하여 AI 모델의 훈련 및 데이터 처리에 필수적인 성능을 제공하는 데 기여하고 있습니다. 엔비디아의 GPU는 대규모 데이터 처리에 최적화되어 있으며, 특히 AI 연구자와 개발자들이 대규모 데이터세트로 AI 모델을 훈련할 때 중요한 역할을 합니다. 엔비디아의 A100, H100과 같은 고성능 GPU는 대규모 언어 모델을 포함한 복잡한 AI 모델의 훈련을 빠르게 진행할 수 있게 하며, 이로 인해 연구 및 산업 전반에서 AI 응용 프로그램의 성능이 크게 향상되고 있습니다.

2025년 1월에 열린 CES 2025에서 엔비디아의 CEO 젠슨 황은

AI 및 고성능 컴퓨팅HPC의 미래에 대한 비전을 제시하며, 새로운 GPU 아키텍처 및 AI 가속 기술을 발표했습니다. 젠슨 황은 기조연설Keynote에서 '엔비디아가 AI 훈련과 추론을 위한 차세대 GPU 플랫폼을 개발하고 있으며, 새로운 블랙웰B100 아키텍처가 AI 연산 성능을 획기적으로 향상시킬 것'이라고 밝혔습니다. 이는 엔비디아의 기존 H100 대비 더 강력한 병렬 연산 능력을 제공하며, AI 모델의 학습 속도를 더욱 가속화할 것으로 기대됩니다.

또한, 젠슨 황은 AI 데이터센터, 로보틱스, 자율주행, 디지털 트윈Digital Twin 등의 영역에서 엔비디아가 수행하는 핵심 역할을 강조하며, 옴니버스 플랫폼과 AI 파운드리 솔루션을 통한 AI 생태계 확장을 발표했습니다. 특히, 기업과 연구기관이 보다 쉽게 AI 모델을 구축하고 배포할 수 있도록 지원하는 AI 인프라 혁신을 소개하며, AI가 산업 전반의 혁신을 주도할 것임을 시사했습니다.

엔비디아는 AI 하드웨어와 소프트웨어를 결합한 생태계를 강화하고 있으며, 이를 통해 고성능 연산이 필요한 다양한 분야에서 AI 솔루션을 제공하고 있습니다. 예를 들어 엔비디아의 쿠다CUDA 플랫폼은 연구자들이 복잡한 AI 모델을 더욱 효율적으로 훈련하고 배포할 수 있게 돕는 중요한 도구로 자리 잡고 있습니다. CES 2025에서 발표된 기술 혁신을 통해 엔비디아는 AI 시장에서의 선도적 입지를 더욱 공고히 하며, 차세대 AI 및 컴퓨팅 환경을 주도할 것으로 기대됩니다.

AI와 빅데이터 기술이 결합한
아마존의 AWS

▶

아마존은 자사의 클라우드 플랫폼인 AWS Amazon Web Services를 통해 AI 기술을 제공하며, 기업들이 AI 기술을 더 쉽게 도입하고 활용할 수 있도록 하는 데 중점을 두고 있습니다. 아마존은 AI와 머신러닝에 필요한 다양한 툴과 API Application Programming Interface(응용 프로그램 인터페이스)를 제공함으로써 기업들이 추천 시스템, 고객 서비스 챗봇, 물류 최적화와 같은 응용 프로그램을 쉽게 개발할 수 있도록 돕고 있습니다. AWS는 AI와 머신러닝을 통해 기업들의 데이터 활용을 극대화하고 있으며, 특히 AI와 빅데이터 기술을 결합하여 더욱 정교한 비즈니스 인사이트를 제공할 수 있게 합니다.

아마존은 AI를 통해 고객 경험을 극대화하며, 특히 제품 추천, 물류 최적화, 고객 서비스 챗봇과 같은 다양한 영역에 AI를 적극 활용하고 있습니다. 아마존의 추천 시스템은 고객의 검색 기록과 구매 이력을 분석해 맞춤형 추천을 제공하며, 이를 통해 고객의 재구매율을 높이고 사용자 경험을 향상시키고 있습니다. 또한 아마존은 물류 체계에 AI를 도입하여 재고 관리, 주문 처리, 배송 최적화 등 물류 과정 전반에서 효율성을 극대화하고 있습니다. 예를 들어, AI 기반 알고리즘을 통해 주문량을 예측하고 재고 관리를 최적화함으로써 비용을 절감하고 더 빠르게 고객에게 제품을 배송할 수 있게 합니다. 또한, AWS를 통해 AI와 머신러닝 서비스를 기업들에게 제공하여, 기업들이 AI 기술을 손쉽게 도입하고 활용할 수 있는 환경을 제공하고 있습니다. 이로 인해 전 세계의 많은 기업들이 AWS의 AI 및 머신러닝 기능을 통해 더 효율적이고 비용 효과적인 운영을 할 수 있게 되었습니다.

AI 생태계의 대변화, 오픈AI의 등장

▶

오픈AI의 등장은 AI 연구와 기술 혁신에 큰 변화를 불러일으키며 AI 생태계에 새로운 기준을 제시했습니다. 오픈AI는 2015년 샘 올트먼, 일론 머스크, 그렉 브록먼Greg Brockman 등을 포함한 실리콘밸리의 주요 인사들이 비영리 연구기관으로 설립하였습니다. 오픈AI는 특히 자연어 처리 모델인 GPTGenerative Pre-trained Transformer 시리즈로 주목받기 시작했습니다. 2018년에 공개된 GPT-1을 시작으로 오픈AI는 GPT-2, GPT-3, 그리고 최신 버전인 GPT-4에 이르기까지 언어 생성 AI의 발전을 선도하며 AI 연구의 방향을 바꾸어 놓았습니다. 이 GPT 모델들은 매우 방대한 양의 텍스트 데이터를 학습하여, 인간처럼 자연스러운 문장을 생성할 수 있는 능력을 갖추고 있습니다. GPT-3는 특히 수십억 개의 매개변수parameter를 사용하여 높은 수준의 텍스트 생성 능력을 보여주었으며, 문서 작성, 번역, 요약 등 다양한 분야에서 활용될 수 있는 가능성을 제시했습니다. GPT 시리즈는 단순한 기술을 넘어서 창작과 자동화, 교육, 데이터 분석 등 다방면에서 실제 사용 가능한 AI 기술의 발전을 상징하게 되었습니다.

오픈AI는 처음에는 비영리 연구소로 출발했지만, AI 연구의 속도와 비용이 급격히 증가하면서 2019년 '오픈AI LP'라는 이윤 추구를 허용하는 자회사를 설립하게 되었습니다. 이를 통해 오픈AI는 지속 가능한 재정적 지원을 확보할 수 있었으며, 이러한 변화는 마이크로소프트와의 전략적 파트너십으로 이어졌습니다. 마이크로소프트는 오픈AI에 수십억 달러를 투자하고, 오픈AI의 모델을 자사의 클라우드 플랫폼인 애저에 통합하여 상업적 AI 서비스로 제공하고 있습니다. 오픈AI와 마이크로소프트의 협력은 AI 기술의 상용화를 가속화하는 중요한 전환점이 되었습니다. 이 파트너십을 통해 기업들은 AI 기술을 손쉽게 도입하여, 고객 지원, 마케팅, 데이터 분석 등 다양한 비즈니스 영역에 AI를 적용할 수 있게 되었습니다. 특히 마이크로소프트의 클라우드 인프라를 통해 기업들은 고성능 AI 모델을 활용할 수 있는 환경을 제공받으며, 이를 통해 AI 도입의 문턱이 낮아지고 상업적 활용 가능성이 크게 확장되었습니다.

오픈AI의 등장은 AI 연구에 있어 중요한 전환점이 되었습니다. 이전까지 AI 기술은 주로 학계와 일부 대기업에 의해 제한적으로 연구되었지만, 오픈AI는 대규모 언어 모델과 이미지 생성 모델을 통해 AI의 실용성을 증명하고 이를 대중화하였습니다. 오픈AI의 챗GPT 공개 이후에 전 세계 AI 연구자들에게 영감을 주었으며, 많은 연구 기관과 기업들이 AI 연구에 적극적으로 뛰어들게 하는 계기가 되었습니다.

최근 오픈AI는 차세대 AI 모델인 GPT-4의 후속작, O3^{OpenAI 3} 모델을 발표하며 AI 기술의 새로운 장을 열었습니다. O3 모델은 더욱 정교한 문맥 이해 능력을 갖추고 있으며, 멀티모달 기능이 강화되어 텍스트뿐만 아니라 이미지, 오디오, 영상까지 자연스럽게 처리할 수 있도록 설계되었습니다. 이를 통해 AI가 보다 직관적으로 사용자와 상호작용할 수 있으며, 복잡한 질의에 대한 논리적 응답을 제공하는 능력이 향상되었습니다. 또한, O3 모델은 보다 최적화된 연산 구조를 통해 추론 속도가 증가하고, 비용 효율성이 향상되었으며, 기업 및 연구 기관이 AI 기술을 더욱 폭넓게 활용할 수 있도록 지원합니다.

오픈AI의 딥 리서치^{Deep Research}는 챗GPT에 통합된 새로운 AI 에이전트 기능으로, 사용자가 입력한 주제에 대해 인터넷을 탐색하고, 관련 정보를 분석 및 종합하여 심층적인 보고서를 생성하는 역할을 합니다. 이 기능은 오픈AI의 최신 AI 모델인 O3를 기반으로 하며, 텍스트뿐만 아니라 이미지, PDF 등 다양한 형식의 데이터를 처리할 수 있도록 설계되었습니다. 이를 통해 연구자가 수행해야 하는 복잡한 정보 수집 및 분석 과정을 자동화하고, 보다 효율적으로 연구 결과를 도출할 수 있도록 지원합니다.

딥 리서치의 주요 특징으로는 자동화된 심층 연구, 출처 명시, 그리고 고급 추론 능력이 있습니다. 사용자가 특정 주제를 입력하면

딥 리서치는 인터넷을 탐색하여 신뢰할 만한 출처에서 정보를 수집하고 이를 분석하여 보고서를 생성합니다. 일반적으로 이러한 과정은 5분에서 30분 정도 소요되며, 사람이 직접 수행해야 할 여러 시간 또는 며칠의 연구 과정을 대폭 단축할 수 있습니다. 또한, 생성된 보고서에는 정보의 신뢰성을 높이기 위해 각 주장에 대한 출처가 명확히 표시되며, 단순한 정보 수집을 넘어 데이터를 기반으로 한 고급 추론이 가능하여 보다 심층적인 분석을 제공합니다.

그러나 딥 리서치에는 몇 가지 제한 사항도 존재합니다. 먼저, 정보 신뢰성 측면에서 권위 있는 정보와 루머를 완벽히 구별하는 데 한계가 있으며, 불확실성을 정확하게 전달하지 못할 가능성이 있습니다. 또한, AI 모델 특성상 때때로 사실과 다른 정보를 생성하거나 잘못된 추론을 수행할 수 있다는 점도 고려해야 합니다.

2025년 3월 기준으로 딥 리서치 기능은 챗GPT Pro 구독자(월 200달러 구독료)와 Plus 구독자(월 20달러 구독료)에게 제공됩니다. 앞으로 딥 리서치는 금융, 과학, 엔지니어링 등 다양한 분야의 전문가들에게 유용한 도구가 될 것으로 기대되며, 복잡한 연구 작업을 자동화하여 연구 생산성을 크게 향상시킬 수 있습니다. 오픈AI는 이러한 기능을 통해 AI가 보다 전문적인 연구 영역에서도 활용될 수 있도록 지원하고 있으며, 앞으로도 AI의 신뢰성과 효율성을 높이기 위한 연구를 지속적으로 진행할 예정입니다.

그 밖의 AI 모델들

▶

xAI는 2023년 일론 머스크가 설립한 새로운 AI 연구 및 개발 회사로, AI 기술의 혁신과 윤리적 문제를 함께 고려하여 구축한 조직입니다. xAI는 '그록Grok'이라는 대규모 언어 모델을 개발하며 오픈AI와 같은 대화형 AI와 생성 AI 모델에서 경쟁력을 갖추려 하고 있습니다.

xAI의 등장 배경에는 일론 머스크의 AI에 대한 우려와 윤리적 고민이 자리 잡고 있습니다. 일론 머스크는 AI의 급속한 발전이 잠재적으로 통제 불가능한 위험을 초래할 수 있다고 경고해 왔으며, AI의 안전성과 인류의 이익에 부합하는 AI 연구를 목표로 하고 있습니다. xAI는 AI 기술을 통해 윤리적이고 안전한 시스템을 개발하려는 목표를 가지고 있으며, 특히 대규모 언어 모델에 있어서 오픈AI와 차별화된 접근을 시도하고 있습니다. 일론 머스크는 xAI를 통해 AI 연구의 속도와 방향을 더욱 안전하고 통제된 방식으로 발전시키고자 하며, 이를 위해 AI가 인류의 복지와 긍정적인 사회적 영향을 미치는 기술이 되기를 희망하고 있습니다. xAI는 AI 연구를 개방하고 투명성을 확보하는 한편, AI가 인간과의 상호작용에서 윤리적 기준을 준수하도록 설계하는 데 중점을 두고 있습니다.

앤트로픽은 2021년, 오픈AI의 전 연구원들이 설립한 AI 연구 회사로, 특히 안전하고 윤리적인 AI 개발에 주력하고 있습니다. 앤트로픽은 '클로드Claude'라는 이름의 대규모 언어 모델을 개발했으며,

이 모델은 높은 수준의 대화 능력을 지니고 있으면서도 윤리적 문제를 최소화하는 데 중점을 두고 있습니다. 앤트로픽의 창립 배경에는 AI 모델이 의도하지 않은 결과나 위험을 발생시키지 않도록 하는 '안전한 AI'에 대한 깊은 고민이 있습니다. 앤트로픽은 대화형 AI의 오용 가능성을 줄이기 위해 다양한 안전성 테스트와 윤리적 고려 사항을 적용하고 있으며, 이를 통해 AI가 사회적 책임을 다할 수 있는 기술로 자리 잡을 수 있도록 연구를 지속하고 있습니다. 앤트로픽은 특히 대규모 언어 모델이 부적절하게 사용될 경우 발생할 수 있는 문제들을 방지하기 위해, 합리성^{rationality}과 투명성^{transparency}에 대한 연구에 중점을 두고 있습니다. 클로드 모델은 대화 시 불필요한 공격적 발언이나 편향된 답변을 최소화하는 데 중점을 두었으며, AI 모델이 더 안전하게 설계될 수 있는 방법을 모색하고 있습니다. 앤트로픽의 AI 연구는 대화형 AI가 인간의 윤리적 기준을 충족하며 작동할 수 있는 환경을 마련하기 위해 설계되어 있으며, 이는 AI가 인간과의 상호작용에서 긍정적이고 책임감 있는 역할을 수행하도록 돕고 있습니다.

퍼플렉시티^{Perplexity} AI는 AI 기반의 고급 검색 및 정보 제공 모델을 개발하는 회사로, 2022년 '퍼플렉시티'라는 이름의 대화형 검색 엔진을 출시했습니다. 이 모델은 단순한 텍스트 생성 모델을 넘어서, 구체적인 질문에 신속하게 정확한 답변을 제공하는 것을 목표로 하고 있습니다. 퍼플렉시티는 기존의 검색 엔진과 차별화된 접근을 시도하며, 검색 시 얻어진 정보가 신뢰할 수 있는 출처를 기반으로 하고 있다는 점에서 주목받고 있습니다. 퍼플렉시티 AI는 사용자가 질문을 하면 관련 있는 웹 페이지나 문헌에서 답변을 찾아주는 방식으로 작동하며, 이를 통해 사용자 경험을 향상시킵니다. 퍼플렉시티는 단순한 텍스트 생성이 아니라 출처 기반의 검색 및 정보 제공 기능을 가지고 있어, 연구와 데이터 탐색을 필요로 하는 사용자가 보다 빠르게 필요한 정보를 얻을 수 있습니다. 특히 퍼플렉시티는 정보의 신뢰성을 높이기 위해 각 답변에 대한 출처를 함께 제공하여, 사용자들이 정보의 출처를 검증할 수 있도록 돕고 있습니다. 이는 단순한 대화형 AI의 역할을 넘어, 검색과 지식 탐색 과정에서 AI가 가진 가능성을 보여주는 혁신적인 사례로 자리 잡았습니다.

이렇듯 미국의 빅테크 기업들은 AI 기술 개발에 대한 막대한 투자를 통해 혁신적이고 강력한 AI 생태계를 구축하고 있습니다. 이들은 AI가 기업의 경쟁력 향상뿐만 아니라 국가적, 사회적 가치 창출에도 중요한 역할을 할 것으로 기대하며, 각자의 영역에서 AI 연구와 응용을 끊임없이 확장하고 있습니다.

중국, 독립적인
AI 생태계 구축 전략

중국이 AI에 집중하는 배경에는 국가 차원의 기술 경쟁력 강화와 경제 성장, 산업 혁신의 동력이 되려는 의도가 있습니다. AI 기술은 단순한 산업 발전을 넘어서 군사적, 경제적, 사회적 전반에 걸쳐 혁신을 촉발할 잠재력을 지니고 있습니다. 이에 따라 중국 정부는 2017년 '차세대 AI 개발 계획'을 발표하고, 2030년까지 세계 AI 선도 국가가 되겠다는 목표를 세우며 강력한 지원을 아끼지 않고 있습니다. 정부의 지원은 AI 연구 환경을 급속히 발전시키는 토대가 되었으며, 이를 통해 AI 생태계를 빠르게 성장시키고 있습니다.

또한, 중국은 독자적인 AI 기술을 개발하여 서방 국가들과의 기술 경쟁에서 독립적인 생태계를 구축하고자 하는 전략을 추진하고 있습니다. 자국 내 AI 기술 생태계를 강화하는 한편, 바이두^{Baidu},

알리바바^{Alibaba}, 텐센트^{Tencent}, 화웨이^{Hwawei} 등 주요 기업들은 AI를 통해 기존 사업을 확장하고, 글로벌 시장에서의 경쟁력을 높이려 하고 있습니다.

기존의 언어 모델과 차별화된 바이두의 어니

▶

중국의 대표적인 기술 기업인 바이두는 AI를 통해 국가 및 기업의 기술 경쟁력을 높이는 데 중점을 두며, 다양한 산업에서 AI의 역할을 확대하고 있습니다. 바이두가 AI에 투자하는 주요 목표는 기술 자립과 산업 혁신을 통해 글로벌 시장에서 중국의 기술력을 강화하고, AI 생태계를 중국 내에서 보다 독립적으로 구축하는 것입니다. 바이두는 이를 위해 자사의 대표적 AI 모델인 어니^{ERNIE}를 중심으로 다양한 서비스와 플랫폼에서 AI의 잠재력을 적극적으로 활용하고 있습니다. 어니는 Enhanced Representation through kNowledge Integration(지식 통합을 통한 향상된 표현)의 이니셜을 딴 명칭이며, 어니 4.0이 2023년 10월 최신 버전으로 공개된 상태입니다. 이후 2024년 7월에는 어니 4.0 터보가 출시되었으며, 2025년 6월 말부터 차세대 모델인 어니 4.5 시리즈를 공개할 예정입니다.

바이두의 어니는 기존의 언어 모델과는 차별화된 접근 방식을 채택하고 있습니다. 구글의 버트^{BERT} 모델에 영감을 받은 어니는 처음에는 자연어 처리 기술로 출발하였으나, 이제는 문맥과 의미를 파악할 수 있는 능력을 갖추게 되었습니다. 이는 특히 중국어와 같은 특수 언어의 특성을 고려할 때 중요한 요소로 작용하고 있습니다. 중국어는 문장 구조와 어순이 영어와 달라 단어의 조합에 따라 뜻이 크게 변하기 때문에, 어니는 이 언어적 특성을 반영하여 의미 기반 학습을 수행합니다. 또한, 어니는 바이두가 구축한 방대한 지식 그래프와 결합하여 텍스트가 담고 있는 문화적, 사회적 배경까지 이해할 수 있습니다. 예를 들어, '중국의 장벽'이라는 표현이 나오면 어니는 단순히 '장벽'이라는 사전적 의미만을 이해하는 것이 아니라, '만리장성'을 연상하여 중국의 역사적, 문화적 맥락을 고려한 응답을 제시할 수 있습니다.

바이두는 어니의 언어 처리 능력을 자사의 주요 서비스에 통합하여 다양한 분야에서 AI를 활용하고 있습니다. 어니는 검색, 자율주행, 클라우드 서비스 등 바이두의 핵심 사업에서 AI의 역할을 확대하고 있으며, 특히 사용자 맞춤형 경험과 상황별 의사결정 지원을 강화하고 있습니다. 바이두의 검색 엔진은 어니의 자연어 처리 능력을 통해 사용자 질문의 의도를 보다 정확히 이해하고, 단순한 검색 결과 이상의 맞춤형 정보를 제공할 수 있습니다. 예를 들어, 사용자가 애매하거나 문맥이 중요한 질문을 할 때 어니는 배경 지식을 활용하여 질문의 의미를 해석하고, 관련된 정보를 종합해 최적의 검색 결과를 제시합니다.

자율주행 분야에서 바이두의 아폴로Apollo 플랫폼은 어니의 언어 이해 능력을 활용하여 교통 상황, 신호, 도로 표지판 등 다양한 정보를 보다 신속하고 정확하게 해석할 수 있습니다. 자율주행 기술은 실시간으로 변화하는 도로 상황에 따라 적절한 결정을 내려야 하는데, 어니는 이러한 환경에서 필요한 정보들을 빠르게 파악해 자율주행 차량이 안전하게 운행될 수 있도록 돕습니다. 특히 도로 표지판이나 주행 경로에 대한 정보를 이해하는 데 있어 어니의 문맥적 이해 능력은 아폴로 플랫폼이 보다 안전하고 정확한 자율주행 경험을 제공하는 데 기여하고 있습니다.

바이두의 클라우드 서비스 또한 어니를 활용하여 기업 고객 맞춤형 AI 솔루션을 제공합니다. 어니는 클라우드 기반의 데이터 분석, 추천 시스템, 자연어 처리 등 다양한 기능을 지원하여, 기업들이 빅데이터를 보다 효과적으로 활용할 수 있도록 돕고 있습니다. 예를 들어, 어니는 고객의 행동 패턴을 분석해 맞춤형 추천 서비스를 제공하거나, 대규모 데이터에서 인사이트를 도출하여 기업이 더 나은 의사결정을 내릴 수 있게 합니다. 이는 바이두 클라우드가 단순한 데이터 저장소를 넘어, 기업의 비즈니스 효율성을 높이는데 기여하는 중요한 도구가 되고 있음을 보여줍니다.

텍스트와 이미지를 넘나드는 정보 처리 기술, 알리바바의 M6

▶

알리바바는 AI 기술을 통해 자사의 핵심 산업을 강화하고 미래 성장 동력을 확보하려는 목표를 가지고 있습니다. 알리바바는 특히 전자상거래, 물류, 금융, 클라우드 컴퓨팅 등의 분야에서 AI를 적극 활용하고 있으며, 알리바바의 대표적인 AI 모델인 M6와 같은 대규모 언어 모델을 통해 AI 연구와 응용 분야를 확장하고 있습니다. 알리바바가 AI에 투자하는 이유는 주로 고객 경험을 혁신하고, 운영 효율성을 높이며, 빅데이터를 분석하여 맞춤형 서비스를 제공하기 위함입니다.

알리바바의 M6 모델은 수천억 개의 파라미터를 가진 초대형 AI 언어 모델로, 주로 언어 이해, 생성, 이미지 인식 등을 처리할 수 있습니다. M6는 자연어 처리NLP와 컴퓨터 비전Computer Vision을 통합하여 단순한 텍스트 이해를 넘어서 이미지 생성, 텍스트 요약, 번역, 그리고 다양한 상호작용을 가능하게 합니다. M6는 전자상거래 플랫폼에서 고객이 제품을 검색할 때 제품 설명을 이해하고 요약하는 데 활용될 수 있습니다. 또한 고객이 궁금해하는 특정 사항에 대해 자동으로 답변하거나, 사용자의 요구에 맞는 추천 상품을 생성하는 데 기여할 수 있습니다. M6 모델의 독창성은 단순한 언어 모델로 국한되지 않고 멀티모달 학습을 통해 이미지와 텍스트를 동시에 이해하고 생성할 수 있다는 점입니다. 이는 사용자가 이미지와 관련된 질문을 던지거나, 이미지와 텍스트가 결합된 정보를 요청할 때 M6가 더욱 정확한 응답을 제공하는 데 도움이 됩니다. 이러한 기능은 알리바바의 전자상거래 및 클라우드 서비스를 강화하여 고객의 경험을 더욱 향상시키는 데 기여하고 있습니다.

알리바바는 M6와 같은 AI 모델을 자사 서비스 전반에 적용하여 전자상거래, 물류, 금융 서비스에서 혁신적인 성과를 내고 있습니다. AI의 역할은 특히 방대한 데이터를 기반으로 하여 사용자 맞춤형 경험을 제공하고, 운영 효율성을 극대화하는 데 있습니다. 알리바바는 자사의 전자상거래 플랫폼에서 M6 모델을 활용하여 고객에게 더욱 맞춤화된 경험을 제공합니다. M6는 고객의 구매 이력, 검색 기록, 선호도 등을 분석하여 개인 맞춤형 상품 추천을 수행합니다. 이를 통해 사용자가 관심을 가질 만한 상품을 자동으로 제안하여 쇼핑 경험을 개선하고, 고객 만족도를 높입니다. 또한, M6는 고객과의 상호작용을 위한 챗봇으로 활용되며, 자동 응답 시스템을 통해 고객의 질문에 신속히 답변합니다. 특히 M6는 자연어 처리 능력을 바탕으로 고객의 질문 의도를 파악하고, 관련 정보를 빠르게 제공하여 구매 결정을 돕습니다. 이 같은 자동화는 고객 서비스의 질을 높이는 동시에 운영 비용을 절감하는 효과를 줍니다.

알리바바는 자사의 물류 서비스인 차이냐오Cainiao 네트워크에 AI를 도입하여 물류 효율을 극대화하고 있습니다. M6와 같은 AI 모델은 물류 과정에서 방대한 데이터를 처리하여, 주문 및 배송 경로 최적화, 재고 관리 개선 등에 사용됩니다. AI는 각 지역의 물류 수요를 예측하여 배송 시간을 단축시키고, 고객에게 보다 빠른 서비스를 제공합니다. 또한, AI를 통해 물류 과정에서의 변수를 실시간으로 모니터링하여 이상 상황을 즉각적으로 파악하고 대응할 수 있습니다. 특정 지역의 물량이 급증하는 경우 이를 조기에 파악하고 물류 네트워크를 최적화하여 과부하를 방지하는 방식입니다. 이와 같은 AI 기반 물류 관리는 알리바바의 물류 비용을 절감하고, 고객 만족도를 높이는 데 기여합니다.

알리바바의 금융 서비스 자회사인 앤트그룹Ant Group 역시 AI를 통해 금융 서비스 혁신을 이루고 있습니다. AI는 대출 심사, 신용 평가, 사기 탐지 등의 분야에서 사용되며, 특히 M6 모델은 고객의 금융 이력 데이터를 분석하여 개인 맞춤형 금융 상품을 추천하거나, 대출 승인 여부를 빠르고 정확하게 결정하는 데 도움을 줍니다. 앤트그룹은 AI를 활용해 사기 방지 시스템을 구축하여 금융 거래에서의 리스크를 낮추고, 고객의 신뢰도를 높입니다. AI 모델은 거래 패턴 분석을 통해 비정상적 거래를 실시간으로 탐지하고, 필요한 경우 경고를 발령하여 사전에 대응할 수 있도록 합니다.

2025년 2월, 알리바바는 AI 역량 강화를 위해 새로운 대규모 언어 모델LLM인 큐원Qwen 2.5-맥스를 공개했습니다. 이 모델은 20조개 이상의 토큰으로 사전 학습되었으며, 메타의 라마 및 딥시크 V3DeepSeek V3 모델보다 우수한 성능을 보였다고 발표했습니다. 또한, AI 기술의 접근성을 높이기 위해 사용료를 최대 85%까지 인하하는 정책을 도입하며, 기업과 개발자들이 더욱 쉽게 AI를 활용할 수 있도록 지원하고 있습니다.

이러한 AI 기술의 발전과 적용을 통해 알리바바와 앤트그룹은 금융 서비스의 효율성과 신뢰성을 높이고 있으며, 고객들에게 더욱 개인화된 서비스를 제공하면서 AI 기반 금융 혁신을 지속적으로 추진하고 있습니다.

소셜 미디어, 게임, 금융, 헬스케어를 강화한 텐센트의 훈위안

▶

텐센트는 AI 기술을 통해 자사의 주요 서비스인 소셜 미디어, 게임, 금융, 헬스케어 분야를 강화하고 있습니다. 텐센트는 방대한 데이터와 기술 인프라를 기반으로 AI 연구를 확대하고 있으며, 훈위안Hunyuan이라는 초대형 언어 모델을 중심으로 AI의 활용 범위를 넓혀가고 있습니다. 텐센트의 AI 전략은 사용자의 경험을 더욱 맞춤화하고, 게임과 미디어에서 새로운 콘텐츠를 창출하며, 의료 및 금융 서비스의 효율성과 정확성을 높이는 것에 중점을 두고 있는 것입니다.

텐센트의 훈위안 모델은 수백억 개의 파라미터를 가진 초대형 언어 모델로, 주로 언어 이해와 생성, 시각 인식, 음성 인식 등에 특화되어 있습니다. 훈위안은 텐센트의 여러 핵심 서비스에 걸쳐 AI 기능을 강화하며, 다양한 형태의 데이터를 처리할 수 있습니다. 예를 들어, 훈위안은 텐센트의 소셜 미디어 플랫폼에서 사용자 대화와 게시물의 내용을 이해하고, 이를 바탕으로 맞춤형 추천이나 자동화된 고객 응대를 제공합니다. 이는 텐센트의 게임과 소셜 미디어에서 사용자가 원하는 콘텐츠를 정확히 추천하고, 사용자와의 자연스러운 상호작용을 가능하게 하여 서비스 만족도를 높이는 데 큰 역할을 합니다.

텐센트는 훈위안과 같은 AI 모델을 자사 서비스 전반에 걸쳐 적용하고 있으며, 특히 소셜 미디어, 게임, 금융, 헬스케어에서 AI가 핵심적인 역할을 하고 있습니다. 텐센트는 위챗WeChat과 같은 소셜 미디어 플랫폼에서 훈위안을 통해 사용자 경험을 개인화하고, 다양한 상호작용을 자동화하고 있습니다. 예를 들어, 훈위안은 사용자의 채팅 내용을 이해하여 대화에 맞는 이모티콘 추천이나 반응을 제공할 수 있으며, 개인화된 뉴스 피드를 생성해 사용자가 관심 있는 콘텐츠를 더 쉽게 접할 수 있도록 합니다. 또한, 훈위안을 통해 위챗의 고객 서비스가 더욱 효율적으로 운영됩니다. 훈위안 모델은 사용자 질문에 대해 자동으로 응답하거나, 특정 문제 해결에 필요한 정보를 제공하는 기능을 갖추고 있습니다. 이는 고객 지원 시간을 단축시키고, 고객 만족도를 높이는 데 중요한 역할을 하고 있습니다.

텐센트는 게임 산업에서 AI를 활용하여 게임 디자인, NPCNon-Player Character 행동 패턴, 게임 내 상호작용을 혁신하고 있습니다. 훈위안 모델은 게임 플레이어의 패턴을 분석하고, 플레이어의 선호도에 따라 맞춤형 콘텐츠와 보상을 제공할 수 있습니다. 이는 플레이어의 몰입도를 높이고 게임의 즐거움을 향상시키는 요소로 작용합니다. 특히 훈위안 모델은 NPC의 행동을 보다 지능적으로 만들어, 플레이어와의 상호작용이 자연스럽고 현실감 있게 느껴지도록 돕습니다. 예를 들어, 훈위안을 통해 NPC는 플레이어의 행동에 맞춰 반응을 다르게 하거나, 특정 상황에서 감정 표현을 하여 게임 속 캐릭터와의 상호작용이 생동감 있게 이루어지게 합니다. 이는 텐센트의 게임에 AI가 도입되어 더욱 생동감 있는 게임 경험을 제공하는데 기여하고 있습니다.

텐센트의 금융 서비스 플랫폼에서는 훈위안을 통해 사기 탐지, 대출 심사, 개인화된 금융 상품 추천 등을 구현하고 있습니다. AI 모델은 대출 신청자의 데이터를 분석해 신용 위험을 평가하고, 이상 거래 탐지를 통해 실시간으로 사기 방지 시스템을 운영합니다. 훈위안은 고객의 금융 패턴을 분석하여 맞춤형 금융 상품을 추천하거나, 고객의 투자 성향에 맞춘 자산 관리 서비스를 제공합니다. 이를 통해 텐센트는 금융 서비스에서 AI를 활용해 사용자 신뢰를 높이고, 고객 만족도를 향상시키며, 운영 효율성을 높이는 성과를 내고 있습니다.

텐센트는 AI 의료 솔루션인 미잉Miying을 통해 헬스케어 분야에서도 AI 기술을 선도하고 있습니다. 미잉은 훈위안 모델을 기반으로 의료 데이터를 분석해, 질병 진단과 치료 권장 사항을 제공합니다. 예를 들어, 미잉은 의료 영상 데이터에서 병변을 탐지해 의사가 보다 정확한 진단을 내릴 수 있도록 돕습니다. 또한, 훈위안은 의료

기록과 환자 데이터를 분석하여 맞춤형 건강 관리 계획을 제시하고, 의료진이 환자의 상태를 모니터링 하는데 도움을 줍니다. 이는 텐센트가 헬스케어 서비스의 질을 높이는 동시에 의료 비용 절감 효과를 기대할 수 있도록 합니다.

다양한 하드웨어 환경에 최적화된 화웨이의 마인드스포어

▶

화웨이는 AI 기술을 통해 자사의 핵심 산업인 통신, 스마트폰, 클라우드 컴퓨팅, 스마트시티 등을 강화하고 있으며, AI의 적용 범위를 넓혀 글로벌 기술 경쟁력 강화를 목표로 하고 있습니다. 마인드스포어MindSpore라는 AI 컴퓨팅 프레임워크를 통해 화웨이는 자체적으로 AI 연구 개발 환경을 조성하고, AI 기술을 다양한 산업에 응용할 수 있도록 하고 있습니다. 화웨이가 AI에 집중하는 이유는 5G 네트워크와 클라우드 컴퓨팅 기술을 기반으로 스마트 솔루션을 제공하고, 통신 분야에서의 혁신을 주도하며, AI 생태계를 자립적으로 구축하려는 전략적 목표에 있습니다.

화웨이의 마인드스포어는 AI 모델을 개발, 훈련, 배포할 수 있는 포괄적인 컴퓨팅 프레임워크로, 효율성, 유연성, 데이터 보안을 최우선으로 설계되었습니다. 마인드스포어는 클라우드와 에지 컴퓨팅 환경에서 모두 사용될 수 있어, 다양한 하드웨어 환경에 최적화된 성능을 제공할 수 있는 것이 특징입니다. 이는 화웨이의 AI 전략에 있어 중요한 요소로, 마인드스포어는 단순히 데이터 처리에 국한되지 않고, 자연어 처리, 컴퓨터 비전, 데이터 분석 등 AI의 폭넓은 응용을 지원합니다. 마인드스포어는 또한 프라이버시 보안을 중시하는 AI 모델 훈련 방식을 채택하여, 데이터를 민감한 정보 없이 처리할 수 있는 기능을 제공합니다. 이는 개인정보 보호가 중요한 스마트시티와 헬스케어, 금융 분야에서 중요한 역할을 합니다. 예를 들어, 민감한 사용자 데이터를 직접적으로 처리하지 않고도 AI 모델을 훈련할 수 있기 때문에, 화웨이의 스마트시티 솔루션에서 시민들의 개인정보를 보호하면서도 효율적인 도시 관리를 가능하게 합니다.

화웨이는 마인드스포어와 같은 AI 프레임워크를 통해 다양한 산업에 걸쳐 스마트한 솔루션과 혁신적 서비스를 제공하고 있습니다. 특히 통신, 스마트폰, 스마트시티, 클라우드 컴퓨팅 분야에서 AI의 핵심적인 역할을 하고 있습니다. 화웨이는 통신 장비 분야에서 오랜 경험을 바탕으로 AI를 활용하여 5G 네트워크 최적화를 추진하고 있습니다. AI 모델은 네트워크의 상태를 실시간으로 모니터링하고, 데이터 흐름을 분석하여 네트워크의 안정성을 유지하는 데 도움을 줍니다. 예를 들어, AI는 데이터 트래픽이 급증할 때 네트워크가 효율적으로 운영될 수 있도록 자동으로 조정하거나, 잠재적인 문제를 사전에 탐지하여 서비스 중단을 예방할 수 있습니다. 화웨이는 AI를 통해 전 세계 5G 네트워크 구축을 지원하며, 네트워크 관리 자동화 솔루션을 통해 운영 비용을 줄이고 네트워크의 성능을 극대화하고 있습니다. 이는 화웨이가 5G 시장에서의 경쟁력을 유지하고, 글로벌 통신 장비 시장에서 지속적으로 영향력을 확대하는 데 기여하고 있습니다.

화웨이는 스마트폰에서도 AI를 적극적으로 활용하여 사용자 경험을 개선하고 있습니다. 예를 들어, AI 카메라는 장면 인식 기능을 통해 촬영 환경에 맞는 최적의 설정을 자동으로 추천하고, 사용자가 보다 선명하고 생동감 있는 사진을 찍을 수 있도록 돕습니다. 또한, AI 기반의 얼굴 인식, 음성 인식 기능은 보안 강화를 위한 다양한 기능을 제공하며, 사용자 인터페이스를 직관적으로 개선하는 데 기여하고 있습니다. 화웨이는 AI 칩셋을 스마트폰에 내장하여, AI 연산을 기기 자체에서 처리할 수 있도록 합니다. 이를 통해 데이터가 클라우드로 전송되지 않고 스마트폰 내에서 처리되어, 사용자 데이터의 보안을 강화하면서도 빠른 AI 응답 속도를 제공합니다. 이러한 기술은 화웨이의 스마트폰이 독립적인 AI 연산 능력을 갖추도록 하여, 경쟁사 제품과 차별화된 경험을 제공합니다.

화웨이는 AI를 통해 스마트시티 솔루션을 제공하며, 이를 통해 도시 운영의 효율성을 높이고 있습니다. 화웨이의 스마트시티 솔루션은 교통, 보안, 환경 관리 등 다양한 분야에서 AI를 적용하여 도시 관리 시스템을 자동화하고 최적화합니다. 예를 들어, AI는 실시간 교통 상황을 모니터링하여 교통 체증을 예측하고, 교통 신호를 조정해 차량 흐름을 원활하게 합니다. 또한, 화웨이는 CCTV와 AI

를 결합하여 공공 안전을 강화하고 있습니다. AI는 CCTV 영상을 분석하여 이상 상황을 자동으로 감지하고, 긴급 상황에서 즉각적인 대응이 가능하도록 합니다. 이와 같은 스마트시티 솔루션을 통해 화웨이는 다양한 도시와 협력하며 AI 기반의 안전하고 효율적인 도시 인프라를 구축하는 데 기여하고 있습니다.

화웨이의 클라우드 서비스는 마인드스포어를 활용하여 클라우드 환경에서 효율적인 데이터 처리와 분석, AI 모델 훈련을 가능하게 합니다. 화웨이 클라우드는 기업 고객이 빅데이터를 분석하고, 맞춤형 AI 솔루션을 구축할 수 있도록 지원하며, 다양한 산업에서의 데이터 관리와 처리 효율성을 높이는 데 기여하고 있습니다. 마인드스포어는 에지 컴퓨팅에도 적용 가능하여, 실시간 데이터 처리와 신속한 의사결정을 가능하게 합니다. 특히 데이터센터 관리에서 AI는 서버의 상태를 실시간으로 모니터링하고, 에너지 소비를 최적화하여 운영 비용을 절감합니다. 이는 화웨이가 클라우드 시장에서 경쟁력을 강화하고, 글로벌 클라우드 컴퓨팅 시장에서 지속적인 성장을 도모하는 중요한 전략으로 작용합니다.

딥시크의 충격과 미국의 견제

▶

2024년 초, 중국의 AI 스타트업 딥시크DeepSeek는 대형 언어 모델

DeepSeek R1을 발표하며 글로벌 AI 시장에서 강한 존재감을 드러냈습니다. 기존에 오픈AI, 구글, 메타 등 미국과 유럽 기업이 주도하던 생성형 AI 시장에서 딥시크는 중국 AI 기업의 기술 역량을 입증하며 빠르게 성장하고 있습니다. 오픈AI의 GPT 시리즈, 구글의 제미나이, 메타의 라마, 미스트랄AI의 오픈소스 모델과 함께 딥시크가 부상하면서 AI 시장은 미국, 중국, 유럽이 삼각 경쟁을 벌이는 구도로 전환되고 있습니다. 특히 딥시크는 경쟁사 대비 27배 이상 저렴한 비용으로 강력한 성능을 제공하는 모델을 출시하며 AI 민주화를 주장하고 있습니다. 이는 미국의 빅테크 기업들이 AI 개발을 주도하는 흐름에 맞서 중국이 독자적인 AI 생태계를 구축하려는 움직임과 맞물려 있습니다.

딥시크는 기존 중국 AI 기업과는 차별화된 접근 방식을 취하고 있습니다. 창업자인 량원펑은 AI 연구의 본질적인 문제 해결을 목표로 삼으며, 단순한 상업적 성과보다 AI의 근본적 발전을 중시하는 철학을 내세우고 있습니다. 이러한 접근 방식은 실리콘밸리의 오픈AI CEO 샘 올트먼이 범용 AI[AGI] 개발을 목표로 삼고 있는 것과 유사한 측면이 있습니다. 딥시크의 핵심 기술적 차별점은 다음과 같습니다.

첫째, 제한된 AI 반도체 자원을 극복하는 기술력을 보유하고 있습니다. 중국은 미국의 AI 반도체 제재로 인해 최신 GPU 및 AI 칩 확보가 어려운 상황입니다. 이러한 제한 속에서도 딥시크는 최적화된 알고리즘과 분산 학습 기법을 활용하여, 고성능 저비용 모델을 개발하는 데 성공했습니다. 이를 통해 대규모 언어 모델을 중국 내 인프라에서 효율적으로 학습할 수 있도록 했습니다.

둘째, 딥시크 R1을 오픈소스로 공개하여 AI 연구자 및 개발자의 접근성을 극대화했습니다. 미국의 AI 기업들이 주도하는 시장에서 딥시크는 오픈소스 정책을 통해 AI 생태계 내에서 빠르게 영향력을 확대하고 있습니다. 이는 미스트랄AI와 유사한 전략으로, AI의 개방성과 접근성을 높이는 데 주력하고 있습니다.

셋째, 중국 AI 발전 전략과 연계하여 AI 학습 및 추론 기술을 지속적으로 발전시키는 구조를 갖추고 있습니다. 미국의 AI 반도체 제재 속에서도 자체적인 AI 연구개발R&D 역량을 키우며, 중국의 국가 차원의 AI 기술 자립을 위한 핵심 기업으로 자리매김하고 있습니다. 딥시크는 기존 중국 AI 기업과 달리, 정부의 직접적인 통제를 최소화하고 창의적인 AI 연구 환경을 조성하고 있으며, 이는 AI 산업 발전 속도를 결정짓는 중요한 요소로 작용하고 있습니다.

미국과 중국 간 AI 경쟁이 심화되는 가운데, 도널드 트럼프 대통령이 두 번째 임기를 시작하면서 AI 산업에 대한 미국 정부의 개입과 지원이 본격화되고 있습니다. 트럼프 행정부는 기존 바이든 정부의 AI 규제 기조를 완화하고, AI 반도체 및 데이터 산업에서 미국 기업들의 경쟁력을 더욱 강화하는 방향으로 정책을 추진할 것으로 예상됩니다.

특히, 트럼프 대통령은 2기 취임식에서 5,000억 달러(약 700조 원) 규모의 '스타게이트 AI 인프라' 투자 계획을 발표하며 AI 산업에 대한 대규모 지원을 공식화했습니다. 스타게이트 AI 인프라는 미국 내 AI 연구개발을 위한 슈퍼컴퓨팅 네트워크, AI 반도체 생산 허브, 클라우드 컴퓨팅 인프라를 포함하는 종합적인 지원 체계로, 미국 AI 생태계를 강화하고 글로벌 AI 패권 경쟁에서 주도권을 확립하려는 의도가 담겨 있습니다.

트럼프 행정부의 AI 정책 방향을 살펴보면 첫째, 오픈AI, 구글, 마이크로소프트 등 미국 AI 기업에 대한 정부 지원 확대가 예상됩니다. AI 연구개발뿐만 아니라 AI 반도체 및 클라우드 인프라 투자가 강화될 가능성이 큽니다. 둘째, AI 반도체 및 클라우드 컴퓨팅 인프라 관련 중국 AI 기업에 대한 견제가 지속될 것입니다. 미국은 AI 반도체 수출 규제를 유지하며, 화웨이, 딥시크 등 중국 AI 기업들의 글로벌 시장 진출을 적극 견제할 가능성이 큽니다. 셋째, AI 기반 방산, 금융, 보안 등 국가 핵심 산업에서 AI 활용 확대가 예상됩니다. 미국의 경제 및 국방 경쟁력을 강화하는 방향으로 AI 정책이 추진될 것으로 보이며, 이에 따라 팔란티어, 테슬라, xAI 등 미국 AI 기업들이 정부와 협력하며 빠르게 성장할 수 있는 환경이 조성될 것입니다.

이에 따라 AI 반도체 및 모델 훈련 환경에서 미국과 중국의 기술 격차가 더욱 벌어질 가능성이 높으며, 중국은 이에 대응하여 AI 반도체의 국산화 및 자체 AI 모델 최적화 기술을 더욱 발전시키는 계기로 활용할 것입니다. 또한, 트럼프 행정부는 정부효율부Department of Government Efficiency, DoGE를 통해 AI 및 기술 정책을 적극적으로 추진할 가능성이 높으며, 이를 통해 미국 내 AI 산업이 한층 더 성장할 것으로 전망됩니다.

중국이 개발한 대형 AI 모델 딥시크는 오픈AI의 GPT 시리즈와 경쟁할 수 있도록 설계되었습니다. 하지만 오픈AI의 최신 모델인 O3-High 및 AI 연구 특화 기능인 딥 리서치와 딥시크를 비교하면 몇 가지 차이점이 있습니다. O3-High는 GPT-4 기반의 고성능 언어 모델로, 미국 및 글로벌 시장에서 강력한 데이터 및 AI 생태계를 기반으로 최적화되어 있습니다. 오픈AI의 최신 기술을 적용하여 자연어 이해, 문맥 분석, 창의적인 응답 생성 등에서 뛰어난 성능을 보입니다. 딥 리서치는 연구 및 논문 요약과 과학적 분석에 특화된 모델로, 학술 데이터와 정교한 분석 능력이 강점입니다. 과학 논문, 금융 분석, 법률 문서 요약 등 고급 분석 작업에 적합한 기능을 제공합니다.

딥시크는 중국어 중심의 AI 모델인 만큼, 중국 내 데이터 환경과 규제에 최적화되어 있습니다. 중국 정부 및 기업들의 자체 AI 역량 강화를 위한 전략적 모델로 활용되고 있으며, 중국 내 AI 생태계에서 독자적인 입지를 구축하고 있습니다. 딥시크는 중국 시장에 특화된 AI 모델이지만, 글로벌 AI 생태계에서 오픈AI 모델과 비교했을 때 데이터 접근성과 성능 면에서 아직 차이가 있습니다. 하지만 미국의 AI 반도체 수출 규제와 중국의 AI 기술 자립 전략이 맞물리면서, 향후 딥시크가 AI 모델 최적화 및 학습 방식의 혁신을 통해 더 경쟁력 있는 모델을 개발할 가능성이 높습니다.

유럽, 일본 등
세계 각국의 AI 전략

    유럽과 일본, 그리고 캐나다, 스위스, 싱가포르, 사우디아라비아, 아랍에미리트UAE 등의 국가들은 AI 연구와 기술 개발에 집중하며, 각 나라의 특성에 맞는 AI 전략과 목표를 세워 추진하고 있습니다. 각국의 주요 기업과 연구기관들은 AI를 통해 산업과 사회의 혁신을 도모하고 있으며, 이로 인해 글로벌 AI 시장에서 독자적인 경쟁력을 갖추려 하고 있습니다.

    프랑스의 대표적인 AI 기업인 미스트랄Mistral은 유럽 내에서 초대형 언어 모델 연구에 집중하고 있습니다. 미스트랄은 특히 다국어 지원과 유럽 문화의 특성을 반영한 모델을 개발하여 유럽의 다양성을 이해하고 반영할 수 있는 AI 시스템을 구축하고자 합니다. 이러한 연구는 유럽 내 AI 주권을 강화하고, 글로벌 빅테크 기업들의 의존도를 줄이려는 프랑스의 전략적 목표와 일치합니다. 미스트랄은 의료, 법률, 교육 등 다양한 산업에 맞춤형 AI 솔루션을 제공할 수 있도록 AI 모델의 정교함을 지속적으로 향상시키고 있습니다.

스위스의 취리히 공대^{ETH Zurich}는 AI 연구의 중심지로, 컴퓨터 비전, 자연어 처리, 로봇공학 등의 다방면에 걸쳐 뛰어난 연구 성과를 내고 있습니다. 특히 의료 영상 분석과 같은 고도화된 AI 기술을 통해 질병의 조기 진단을 돕고 있으며, 로봇공학과 AI를 결합하여 제조업과 의료 분야에서 실질적인 응용 가능성을 제시하고 있습니다. 스위스는 AI를 통해 첨단 제조업과 금융, 헬스케어 산업의 디지털 혁신을 주도하며, AI 연구와 산업화를 긴밀히 연결하는 데 중점을 두고 있습니다.

일본은 오랜 로봇공학 전통을 바탕으로 AI와 로봇을 결합하여 제조업의 혁신을 추구하고 있습니다. 도쿄대학교는 일본의 AI 연구 중심지 중 하나로, 자율주행과 컴퓨터 비전 연구를 통해 자동차 제조업의 미래를 이끌고 있으며, AI 기반의 정밀 제조와 물류 자동화에서도 주요한 역할을 하고 있습니다. 소프트뱅크는 인간과 상호작용이 가능한 로봇을 개발해 사회적 로봇 시장을 개척하며, AI가 일상생활에 자연스럽게 녹아들 수 있도록 하는 데 힘쓰고 있습니다. 일본은 특히 고령화 사회의 문제 해결을 위해 AI와 로봇을 활용하여 돌봄과 의료 분야의 혁신을 이끌고 있습니다.

캐나다는 AI 연구에 있어 전 세계에서 높은 평가를 받고 있으며, 토론토대학교와 벡터 연구소^{Vector Institute}가 중심적인 역할을 하고 있

습니다. 토론토대학교는 딥러닝 분야의 선구자인 제프리 힌튼 교수
가 이끄는 연구소를 통해 딥러닝과 강화학습의 기초 연구를 발전시
키고 있으며, 특히 의료 분야에서 딥러닝을 이용한 혁신적인 진단
기법을 개발하고 있습니다. 벡터 연구소는 캐나다 정부와 다양한
기업의 지원을 받아 AI 연구와 인재 양성에 주력하며, 캐나다를 AI
강국으로 만들기 위한 플랫폼 역할을 하고 있습니다. 또한, AI를 통
해 의료, 자율주행, 환경 보호 등의 사회적 문제 해결에 기여하고
있으며, 이러한 연구 성과는 글로벌 AI 산업에 큰 영향을 미치고 있
습니다.

싱가포르는 스마트시티 구현을 목표로, AI 싱가포르AI Singapore 프
로젝트를 통해 국가적 차원의 AI 전략을 수립하고 있으며, 이를 통
해 공공 서비스와 도시 관리를 혁신하려 하고 있습니다. 싱가포르
국립대Singapore National University는 컴퓨터 비전과 자연어 처리 등 핵심적
인 AI 연구를 진행하며, 교통, 헬스케어, 금융 분야의 AI 솔루션을
개발하고 있습니다. 특히 교통 흐름 예측, 교통 신호 자동화 등 도
시 교통 관리에 AI를 활용하여 교통 혼잡을 줄이고 있으며, 의료 데
이터 분석을 통해 맞춤형 건강 관리 서비스를 제공하여 스마트한
의료 시스템 구축을 목표로 하고 있습니다.

사우디아라비아는 '비전 2030' 전략의 일환으로 AI를 국가적 성
장 동력으로 삼고 있으며, 킹 압둘라 과학기술대학교KAUST에서 AI
연구와 응용을 활발히 진행하고 있습니다. KAUST는 사막화 방지,
에너지 효율화, 스마트 농업 등의 문제 해결을 목표로 AI를 활용하

고 있습니다. 예를 들어, AI를 통한 기후 데이터 분석으로 물 관리 효율을 높이고, 농업 생산성을 강화하는 연구를 통해 지속 가능한 미래를 지향하고 있습니다. 사우디는 이와 함께 AI 기반 산업을 발전시켜 중동 내 첨단 기술 허브로 자리매김하고자 합니다.

아랍에미리트는 세계 최초로 AI 전공 대학인 무함마드 빈 자이드 AI 대학MBZUAI을 설립하여 AI 인재 양성과 연구를 집중적으로 지원하고 있습니다. MBZUAI는 자율주행, 컴퓨터 비전, 자연어 처리 등의 연구를 통해 UAE의 디지털 전환을 가속화하고 있습니다. 특히, AI를 통한 스마트시티 구축과 자율주행 기술의 상용화를 목표로 하고 있으며, AI 기술을 기반으로 새로운 산업을 창출하여 UAE의 경제 다각화 전략을 실현하고 있습니다.

글로벌 AI 패권 경쟁의 목표와 방향성

미국, 유럽, 일본 등 주요 국가들이 AI 육성 정책을 추진하는 방식은 각국의 경제적, 사회적 우선순위와 국제 경쟁 구도에 따라 차별화되면서도, 모두가 AI 기술의 지속적 발전과 글로벌 리더십 확보에 주력하고 있음을 보여줍니다. 특히, 미국, 유럽, 일본 모두 AI 기술을 국가 경쟁력의 핵심 동력으로 인식하며 각자의 사회·경제적 환경에 맞춘 전략적 육성 정책을 펼치고 있다는 점에서, 글로벌 AI 패권 경쟁의 방향성을 엿볼 수 있습니다.

미국, AI 경쟁 우위 확보 및
경제 안보 이익의 극대화

▶

미국의 AI 육성 정책은 AI 기술의 지속적 발전과 글로벌 리더십을 유지하기 위한 종합적인 전략을 중심으로 진행되고 있습니다. 정부는 AI를 국가 안보와 경제 성장의 핵심 요소로 보고, AI 연구개발 투자, 인재 육성, 윤리적 AI 표준 설정, 그리고 AI 기반 인프라 강화에 중점을 두고 있습니다.

미국은 AI 연구개발에 대한 연방 정부의 투자 확대를 통해 기술 발전을 가속화하고 있습니다. 특히, 국방부와 에너지부, 국립과학재단National Science Foundation, NSF과 같은 연방 기관들이 AI 연구를 지원하고 있으며, 국가 AI 연구소 설립을 통해 학계와 산업계 간 협력을 강화하고 있습니다. 이를 통해, 최첨단 AI 연구를 촉진하고 주요 산업에 적용할 수 있는 AI 솔루션을 개발하여 미국의 경제적 경쟁력을 유지하려 하고 있습니다.

AI 분야의 인재 육성을 위해 STEM(과학, 기술, 공학, 수학) 교육과정에 AI 관련 내용을 통합하는 노력을 기울이고 있습니다. 교육부와 협력하여 AI 교육 프로그램을 초중고와 대학 교육 과정에 포함시키고 있으며, 국립AI연구소National Artificial Intelligence Research Institute에서도 교육과 훈련 프로그램을 제공하여 고급 AI 인재를 양성하고 있습니다. 이러한 정책은 미국 내 인력 공급을 확대하고, 기술 격차를 줄여 AI 기술의 공평한 발전을 이루기 위한 목적을 가지고 있습니다.

AI 기술의 발전과 함께 윤리적 문제와 개인정보 보호 등의 문제가 동시에 대두됨에 따라, 미국은 AI 윤리와 책임 있는 사용을 위한 가이드라인을 마련하고 있습니다. 특히, 백악관 과학기술정책실 Office of Science and Technology Policy, OSTP은 AI 시스템의 투명성과 공정성을 강화하기 위해 AI 윤리 원칙을 발표했으며, 정부 차원에서 AI 시스템의 오용 방지를 위한 규제를 마련하고 있습니다. 또한, 사기업과의 협력을 통해 윤리적 AI 개발을 장려하며, 사용자 신뢰를 확보하고 있습니다.

미국은 클라우드 컴퓨팅, 데이터센터, 고성능 컴퓨팅 등 AI 연구에 필수적인 인프라를 강화하고 있습니다. 연방 기관과 주요 기술 기업들은 AI 연산에 필요한 데이터 처리 및 저장 능력을 확장하고 있으며, 이를 통해 AI 모델 개발과 응용을 가속화하고 있습니다. 또한, 각 주에서도 AI 인프라 확충을 위해 관련 기업을 유치하거나 공공 인프라를 개선하여 지역 내 AI 혁신을 촉진하고 있습니다.

미국 정부는 AI 기술 분야에서의 민간 기업의 역할을 중시하며, 구글, 마이크로소프트, 메타, 아마존, 엔비디아 등 주요 AI 기업과의 협력을 강화하고 있습니다. 정부와 기업의 협력은 AI 기술의 실용화 및 다양한 분야에서의 응용을 촉진하기 위한 전략의 일환이며, 방대한 데이터 처리와 연산을 요구하는 프로젝트에서 민간의 기술력과 자원을 활용함으로써 국가의 AI 역량을 강화하고 있습니다. 미국의 AI 육성 정책은 이러한 여러 방향을 종합적으로 추진하여 글로벌 AI 경쟁에서 우위를 확보하고, 경제적, 안보적 이익을 극대화하려는 목표를 가지고 있습니다.

중국, AI 기술의 확산 및
세계화 목표

▶

중국의 AI 육성 정책은 '세계 AI 강국'으로 성장하려는 목표 아래, 정부의 강력한 지원과 국가 차원의 전략적 계획을 통해 진행되고 있습니다. 중국은 AI 기술을 경제 성장, 사회 혁신, 국가 안보 강화를 위한 핵심 동력으로 인식하고 있으며, 이에 따라 연구개발 투자, 인재 양성, 데이터 인프라 강화, 국제적 협력, 그리고 윤리적 규제에 중점을 두고 정책을 펼치고 있습니다.

중국은 AI 연구개발에 대한 국가 차원의 투자를 대폭 확대하고 있습니다. 중국 정부는 '차세대 AI 발전계획'을 발표하여, 2030년까지 세계를 선도하는 AI 강국으로 자리 잡겠다는 비전을 세웠습니다. 이를 위해, 국가 주요 과학기술 프로젝트로 AI 연구를 지원하고 있으며, 각 지방 정부도 독자적으로 AI 산업을 육성하기 위한 정책을 마련하여 막대한 자금을 투자하고 있습니다. 이러한 정책들은 AI 기술의 최첨단 연구를 촉진하고 국가의 혁신 역량을 강화하려는 목적을 가지고 있습니다.

심지어 중국은 AI 인재 양성을 위해 교육 시스템을 개혁하고 있습니다. AI 관련 학과를 대학에 신설하고, AI 연구에 특화된 학술 기관과 연구 센터를 설립하여 인재 양성에 집중하고 있습니다. 대표적으로 중국과학원, 칭화대학교, 베이징대학교 등 주요 대학들이 AI 연구에 박차를 가하고 있으며, 국가 차원에서 AI 인재 육성을 위한 장학금과 연구 지원 프로그램도 제공하고 있습니다. 중국 정부는 이러한 교육 강화를 통해 세계 최고의 AI 인재를 배출하여 국가 경쟁력을 강화하려 하고 있습니다.

또한 AI 연구와 응용에 필수적인 방대한 데이터와 고성능 컴퓨팅 인프라를 구축하고 있습니다. 특히, 각 지방 정부는 데이터센터 설립을 통해 인프라 확충을 도모하고 있으며, 이를 통해 클라우드 컴퓨팅과 빅데이터 활용을 강화하고 있습니다. 정부는 데이터 자원을 국가적 자산으로 인식하여 대규모 데이터 수집과 처리에 투자를 아끼지 않고 있으며, 이를 통해 AI 연구와 개발의 기반을 강화하고 있습니다.

중국 역시 AI 분야에서 민간 기업의 역할을 매우 중시하며, 바이두, 알리바바, 텐센트, 화웨이와 같은 대형 기술 기업들과 긴밀하게 협력하고 있습니다. 정부는 이러한 기업들이 AI 연구개발을 주도할 수 있도록 규제 완화와 다양한 지원을 제공하고 있으며, 이러한 기업들은 정부의 지원을 바탕으로 AI 관련 핵심 기술 개발에 집중하고 있습니다. 예를 들어, 바이두의 어니 모델은 중국어 자연어 처리에서 두각을 나타내고 있으며, 알리바바와 텐센트는 AI를 활용한 다양한 솔루션을 개발해 국가의 AI 역량을 증대시키고 있습니다.

중국은 AI 기술의 국제적 협력을 강화하여 글로벌 시장에서 영향력을 확대하려 하고 있습니다. '디지털 실크로드' 이니셔티브를 통해 여러 국가와의 협력을 추진하며, 아프리카, 아시아, 남미 등 신흥 시장에서 AI 기술을 적용한 인프라 구축에 나서고 있습니다. 이를 통해 AI 분야에서 글로벌 영향력을 확대하고, 기술 교류와 시장 개척을 통해 중국 AI 기술의 세계화를 목표로 하고 있습니다.

AI 기술의 빠른 발전으로 인한 사회적 문제와 윤리적 논란에 대응하기 위해, 중국 정부는 윤리적 가이드라인과 규제 마련에 집중하고 있습니다. 2021년 발표된 'AI 윤리 가이드라인'을 통해 AI 기술의 안전한 개발과 책임 있는 사용을 권고하고 있으며, 개인정보 보호와 데이터 보안 문제를 해결하기 위해 다양한 법적 장치를 마련하고 있습니다. 이로써 AI 기술이 국민의 삶에 긍정적인 영향을 미칠 수 있도록 관리하는 동시에, 정부의 통제하에 AI 기술이 안전하게 발전할 수 있는 환경을 조성하고 있습니다. 중국의 AI 육성 정책은 AI를 국가 발전의 핵심 동력으로 삼아 경제, 사회, 안보 등 다방면에 걸쳐 AI의 혜택을 확산시키려는 목표를 가지고 있습니다.

유럽, 인간의 복지와 공익을 위해 활용

▶

유럽의 AI 육성 정책은 기술 혁신을 촉진하는 동시에, 사회적 가치와 윤리적 기준을 함께 고려하여 AI 기술을 발전시키려는 목표를 가지고 있습니다. 유럽연합^{EU}은 AI를 단순한 경제적 성장의 도구로 보기보다는, 공공의 이익과 인류의 발전을 동시에 추구하는 기술로 간주합니다. 이러한 배경 속에서 유럽의 AI 정책은 연구개발 투자 확대, 인재 육성, 윤리적 규제와 표준 설정, 공공 서비스와 산업 혁신 촉진, 국제 협력 등을 중점적으로 다루고 있습니다.

EU는 AI 연구개발에 대한 투자를 대폭 확대하고 있으며, 유럽 내 기술 혁신을 촉진하기 위해 다수의 AI 혁신 허브를 설립하고 있습니다. '디지털 유럽 프로그램^{Digital Europe Programme}'을 통해 AI 연구개발에 투자하고 있으며, 유럽 전역의 AI 연구기관과 기업들이 협력할 수 있도록 네트워크를 형성하고 있습니다. 이를 통해, 유럽 내 AI 기술 연구개발을 촉진하고, 중소기업들이 AI 기술을 채택하여 경쟁력을 강화할 수 있도록 지원하고 있습니다.

유럽은 AI 인재 양성을 위해 교육 체계에 AI와 관련된 과목을 강화하고, AI 연구자와 기술 전문가를 양성하는 다양한 프로그램을 운영하고 있습니다. 특히 STEM 분야에서 AI 교육을 강화하며, 이를 통해 고급 AI 인재를 배출하여 유럽의 AI 생태계를 강화하려 하고 있습니다. EU는 '인류를 위한 AI^{AI for Humanity}'와 같은 프로젝트를 통해 시민들에게도 AI 기술에 대한 교육과 인식을 높이고 있으며, 다양한 교육 기관과 협력하여 AI에 대한 접근성과 학습 기회를 확대하고 있습니다.

유럽은 AI 기술의 사회적, 윤리적 책임을 강조하며, 강력한 윤리 기준과 법적 규제를 마련하고 있습니다. 'AI 법안^{AI Act}'은 EU의 독자적인 AI 규제 체계로, AI의 투명성과 공정성, 안전성을 보장하기 위한 법적 기준을 제시합니다. 특히, 고위험 AI 기술에 대한 규제를 강화하여 의료, 교통, 공공 안전 등 주요 분야에서의 AI 사용이 윤리적이고 안전하게 이루어지도록 하고 있습니다. 또한, 개인정보 보호법GDPR을 통해 AI 기술이 개인의 프라이버시를 침해하지 않도록 관리하고, 공공 신뢰를 확보하려 하고 있습니다.

유럽은 AI를 공공 서비스와 산업 혁신에 적극적으로 활용하려 하고 있습니다. 이를 위해 스마트 시티 프로젝트와 헬스케어, 교육, 환경 관리 등 다양한 공공 영역에서 AI 솔루션을 도입하고 있으며, 시민들의 삶의 질을 향상시키기 위해 노력하고 있습니다. 또한 제조업, 농업, 에너지와 같은 주요 산업 분야에 AI 기술을 적용하여 생산성을 높이고, 경제 성장을 촉진하려는 정책을 추진하고 있습니다. 특히, 중소기업들이 AI 기술을 채택하고 혁신을 이루도록 돕기 위해 다양한 보조금과 교육 프로그램을 운영하고 있습니다.

유럽은 AI 분야에서의 글로벌 리더십을 확보하기 위해 국제 협력을 강화하고 있습니다. EU는 미국, 캐나다, 일본 등과 협력하여 AI 윤리와 규제 표준을 국제적으로 설정하는 데 기여하고 있으며, 글로벌 AI 생태계에서 유럽의 입지를 강화하려고 합니다. 또한, 인도와 같은 신흥국과의 협력을 통해 AI 기술을 기반으로 하는 디지털 경제 성장을 도모하고, EU의 국제적 영향력을 확대하려는 목표를 가지고 있습니다.

유럽은 AI 기술의 신뢰성 확보와 공공 신뢰를 매우 중요하게 여기고 있습니다. EU는 투명하고 책임 있는 AI 기술의 발전을 강조하며, AI 기술이 편향 없이 사용되고 시민들의 권리를 침해하지 않도록 엄격한 기준을 마련하고 있습니다. 특히, 고위험 AI 시스템에 대한 평가와 검토를 통해 기술의 안전성을 보장하며, 시민들이 AI 기술을 신뢰할 수 있도록 정책을 수립하고 있습니다.

유럽의 AI 육성 정책은 AI 기술이 단순히 경제적 이익을 넘어서 인간의 복지와 공익을 위해 활용될 수 있도록 하는 데 주안점을 두고 있습니다. 이를 통해 유럽은 AI의 윤리적 사용과 인간 중심의 AI 개발을 통해 글로벌 AI 생태계에서 독창적인 리더십을 확보하고, AI 기술이 사회와 환경에 긍정적인 영향을 미칠 수 있도록 추구하고 있습니다.

일본, 경제 성장과 사회 문제 해결

▶

일본의 AI 육성 정책은 AI를 활용해 국가 경제를 활성화하고, 고령화 사회에 대비하며, 사회적 문제를 해결하는 데 중점을 두고 있습니다. 일본 정부는 AI 기술을 통해 생산성을 높이고, 경제적 혁신을 이루며, 삶의 질을 개선하려는 전략을 수립하고 있습니다. 이와 같은 AI 육성 정책은 일본의 경제적 경쟁력을 유지하면서도 사회적 문제를 해결하는 것을 목표로 하고 있으며, 주요 정책으로는 연구개발 투자, 인재 양성, 윤리적 기준 설정, 산업 혁신 촉진, 국제 협력 등이 포함됩니다.

일본은 AI 연구개발에 대한 투자를 늘리고, 새로운 기술 개발에 힘쓰고 있습니다. 이를 위해 일본 경제산업성Ministry of Economy, Trade and Industry; METI이 주도하여 AI 연구개발에 필요한 자금을 지원하고 있습니다. 특히, 제조업, 자동차, 로봇 산업에서 AI 기술의 적용이 중요하게 여겨지며, 일본은 스마트 팩토리와 같은 AI 기반 제조 혁신을 통해 세계 제조업의 경쟁력을 강화하려는 목표를 가지고 있습니다. 일본 정부는 국가 연구기관과 민간 기업 간 협력을 통해 AI 연구의 효율성을 높이고 있으며, 연구 성과를 빠르게 산업에 도입하려고 합니다.

일본도 미국, 중국과 마찬가지로 AI 전문가 인력을 양성하기 위해 교육 체계를 개편하고 있으며, AI 교육을 초중고부터 대학 교육에 이르기까지 강화하고 있습니다. 일본 정부는 특히 STEM 교육에 AI 관련 과목을 포함하고 있으며, 산업계와 협력하여 AI 관련 기술을 배우는 프로그램을 운영하고 있습니다. 또한, AI 인재 양성을 위해 연구자와 학생들에게 장학금과 연구 기회를 제공하고, 고급 AI 인력을 지속적으로 배출하려고 하고 있습니다. 이러한 노력을 통해 일본은 AI 기술의 적용과 혁신을 선도할 인재를 양성하고, 이를 통해 AI 분야의 경쟁력을 강화하려고 합니다.

일본은 AI 기술의 윤리적 사용을 중요하게 여기며, 관련 규제와 가이드라인을 마련하고 있습니다. 일본 정부는 AI 기술의 안전성과 신뢰성을 확보하기 위해 '윤리적 AI 가이드라인'을 발표하여, AI 시스템이 사회적으로 수용 가능한 방식으로 개발되고 사용될 수 있도록 규제를 마련하고 있습니다. 예를 들어, 개인정보 보호와 데이터 보안에 중점을 두어 AI가 인간의 권리를 침해하지 않도록 하고 있으며, AI 기술의 개발 및 사용 과정에서의 투명성과 공정성을 확보하려 하고 있습니다. 이를 통해 일본은 국민의 신뢰를 얻고, AI 기술이 안전하게 발전할 수 있는 기반을 마련하고자 합니다.

일본은 AI를 활용하여 주요 산업을 혁신하고 생산성을 높이려는 정책을 추진하고 있습니다. 특히, 일본의 주요 산업인 제조업과 자동차 산업에서 AI 기술의 활용이 활발하게 이루어지고 있으며, 로봇과 스마트 팩토리를 통해 자동화를 촉진하고 생산 효율성을 높이고 있습니다. 일본 정부는 AI 기술이 농업, 의료, 간호와 같은 다양한 분야에 응용되어 생산성을 높이고, 고령화 사회의 문제를 해결하는 데 기여할 수 있도록 장려하고 있습니다. 예를 들어, 고령화 사회에 대비하여 AI 기술을 활용한 의료 및 간호 서비스 혁신을 통해 사회적 비용을 줄이고, 국민의 삶의 질을 개선하는 데 중점을 두고 있습니다.

아울러 AI 기술 발전을 위해 국제적 협력을 강화하고 있으며, AI 표준화를 위한 글로벌 협력에 적극 참여하고 있습니다. 일본은 미국, 유럽, 한국 등 주요 국가들과의 협력을 통해 AI 기술의 표준을 설정하고 있으며, 이를 통해 AI 기술의 글로벌 시장에서 경쟁력을 강화하려는 목표를 가지고 있습니다. 또한, AI와 관련된 윤리적 문제나 규제 등에 있어서도 국제적 논의에 참여하여 일본의 입장을 반영하고 있으며, AI 기술이 세계적으로 안전하고 효율적으로 사용될 수 있도록 기여하고 있습니다.

일본은 AI 기술을 통해 사회적 문제를 해결하는 데 주안점을 두고 있습니다. 특히, 인구 고령화가 심각한 사회적 문제로 대두되고 있기 때문에, AI 기술을 활용해 간호와 의료 서비스를 개선하고, 노동력 부족 문제를 해결하는 데 중점을 두고 있습니다. 예를 들어, AI 기반 로봇 기술을 활용해 고령자를 돌보는 간호 로봇을 개발하고 있으며, 의료 분야에서는 AI를 활용한 질병 예측 및 진단 기술을 개발하여 의료 서비스의 질을 높이고 있습니다. 또한, 농업 분야에서도 AI 기술을 통해 생산성을 높이고, 농촌 지역의 고령화 문제를 해결하려는 노력을 기울이고 있습니다.

일본의 AI 육성 정책은 이러한 다양한 전략을 통해 경제 성장과 사회 문제 해결을 동시에 추구하며, AI 기술을 통해 고령화와 같은 장기적인 사회적 도전에 대응하고 국가의 경쟁력을 유지하려는 목표를 가지고 있습니다.

한국의 AI
생존 전략

대한민국의 AI 딥테크 기업들은 글로벌 시장에서 주목할 만한 혁신과 성과를 이어가며 국내 AI 생태계의 새로운 지평을 열어가고 있습니다.

의료 AI 분야에서 두각을 나타내고 있는 뷰노VUNO는 흉부 X-ray 진단 솔루션 'VUNO Med-Chest X-ray'로 식품의약품안전처MFDS 와 미국 식품의약국FDA 승인을 연이어 획득하며 글로벌 시장 진출의 교두보를 마련했습니다. 뷰노의 성과는 한국 의료 AI 기술의 우수성을 전 세계에 입증한 대표적인 사례로 평가받고 있습니다. 같은 분야의 경쟁사인 루닛Lunit 역시 폐암 진단 AI 솔루션으로 유럽 CE인증을 획득하고, 글로벌 병원들과 협력 관계를 구축하며 세계 시장에서 신뢰도를 높여가고 있습니다.

음성합성 기술 분야에서는 업스테이지Upstage가 두각을 나타내고 있습니다. 업스테이지는 초거대 AI 한국어 모델인 '솔라Solar'를 공개하며 한국어 자연어 처리 분야에서 획기적인 성과를 이뤄냈습니다. 특히 솔라는 파인 튜닝을 통해 금융, 법률 등 개별 산업 도메인에 최적화된 거대언어모델LLM을 제공하고 있습니다. 한편 스켈터랩스Skelter Labs는 대화가 가능한 AI 엔진인 '벨라BELLA'를 개발하여 챗봇 시장에 새로운 패러다임을 제시했으며, 이를 통해 금융, 유통, 교육 등 다양한 산업 분야에서 기업 보유 데이터를 기반으로 질의응답이 가능한 AI 대화 서비스를 제공하며 시장을 선도하고 있습니다.

제조업 분야에서는 수아랩SUALAB이 주목받고 있습니다. 수아랩은 AI 기반 비전 검사 솔루션으로 제조 현장의 품질 관리를 혁신적으로 개선하고 있으며, 특히 반도체, 디스플레이, 자동차 부품 등 고도의 정밀도가 요구되는 산업 분야에서 뛰어난 성과를 보여주고 있습니다. 수아랩의 기술은 스마트 팩토리 구현의 핵심 요소로 자리 잡았으며, 글로벌 제조기업들과의 협력을 통해 시장 영향력을 확대해 나가고 있습니다.

자율주행 분야의 선두 주자인 포티투닷42dot은 현대자동차그룹에 성공적으로 인수된 이후, 더욱 활발한 기술 개발과 사업 확장을 이어가고 있습니다. 특히 도심형 자율주행 서비스 플랫폼 개발에 주력하며, 미래 모빌리티 시장을 선도하고 있습니다. 토룩TOROOC은 실내외 자율주행 로봇 시장에서 혁신적인 성과를 보여주고 있으며, 특히 물류 로봇과 서비스 로봇 분야에서 독보적인 기술력을 인정받고 있습니다. 레인보우로보틱스^{Rainbow Robotics}는 협동 로봇 분야에서 세계적 수준의 기술력을 보유하고 있으며, 제조업 현장의 자동화를 선도하고 있습니다.

AI 반도체 분야에서는 퓨리오사AI^{FuriosaAI}와 리벨리온^{Rebellions}이 독자적인 기술력으로 주목받고 있습니다. 퓨리오사AI는 NPU^{Neural Processing Unit} 설계 기술을 바탕으로 고성능 AI 가속기를 개발하여 글로벌 시장에서 경쟁력을 인정받고 있으며, 리벨리온은 저전력 고효율 AI 반도체 설계 기술을 통해 차세대 AI 하드웨어 시장을 개척하고 있습니다. 딥엑스^{DEEPX}는 AI 반도체 설계 자동화 기술을 개발하여 AI 하드웨어 개발 프로세스를 혁신적으로 개선하고 있습니다.

금융 분야에서는 데이블^{Dable}이 AI 기반 신용평가 모델로 새로운 가능성을 제시하고 있습니다. 기존 신용평가 방식의 한계를 극복하고 더욱 정교한 신용평가 시스템을 구축함으로써, 금융 포용성 확대에 기여하고 있습니다. 파운트^{Fount}는 AI 자산관리 서비스를 통해 개인 투자자들에게 전문적인 투자 자문 서비스를 제공하며 핀테크 혁신을 주도하고 있으며, 콰라소프트^{QARAsoft}는 빅데이터와 AI 기술을 결합한 금융 데이터 분석 솔루션으로 금융기관들의 디지털 전환을 지원하고 있습니다.

이들 기업은 지속적인 연구개발 투자와 글로벌 시장 진출 노력을 통해 한국의 AI 기술 경쟁력을 높이는데 크게 기여하고 있습니다. 특히 각 분야별로 특화된 전문성을 바탕으로 차별화된 경쟁력을 확보하고 있으며, 글로벌 기업들과의 협력과 경쟁을 통해 기술력을 인정받고 있습니다. 이러한 성과는 한국이 4차 산업혁명 시대의 핵심 기술인 AI 분야에서 글로벌 리더로 도약할 수 있는 가능성을 보여주고 있으며, 향후 더욱 활발한 기술 혁신과 시장 확대가 기대되고 있습니다.

소버린 AI 시대를 준비하라

▶

소버린 AI Sovereign AI란 국가 또는 특정 조직이 데이터 주권을 확보하기 위해 자국의 데이터와 기술을 활용해 독립적으로 통제하고 운영하는 AI입니다. 한국의 소버린 AI에서의 입지는 기술 개발, 정책적 방향 설정, 윤리적 규제 구축 등 다방면에서 중요하게 논의되고 있으며, 특히 AI 주권 확보와 기술 독립을 위한 장기적 전략을 수립하는 데 중점을 두고 있습니다. 극심한 글로벌 경쟁 상황 속에서 한국은 독자적인 기술 기반을 구축하고, AI를 통한 국가 경쟁력과 자주성을 확보하기 위한 전략을 명확히 하려 하고 있습니다.

현재 AI 분야는 미국과 중국이 주도하는 기술 경쟁 구도에서 상당히 강력한 파워를 발휘하고 있습니다. 특히 미국은 오픈AI, 구글, 메타와 같은 기술 선두 기업들을 통해 글로벌 AI 생태계를 장악하고 있으며, 중국 역시 텐센트, 화웨이, 바이두와 같은 거대 기술 기업들을 바탕으로 자체 AI 역량을 강화하고 있습니다. 미국이 5,000억 달러(약 700조 원) 규모의 '스타게이트 AI 인프라' 투자 계획을 발표하면서, 글로벌 AI 패권 경쟁이 더욱 격화되고 있습니다. 이 계획은 단순히 AI 기술을 발전시키는 것을 넘어, AI 반도체 생산부터 데이터센터 운영, AI 모델 학습과 배포에 이르는 전 과정을 미국 내에서 처리할 수 있도록 지원하는 전략적 투자입니다. 트럼프 행정부는 이를 통해 미국 주요 AI 기업들에게 강력한 지원을 제공하며, AI 연구개발뿐만 아니라 AI 반도체 및 클라우드 인프라 투자를 확대할 예정입니다. 또한, AI 반도체 및 클라우드 컴퓨팅 인프라를 포함한 전반적인 기술 분야에서 중국 AI 기업을 견제하는 전략을 유지할 가능성이 큽니다. 이는 화웨이, 딥시크 등 중국 AI 기업들의 글로벌 시장 진출을 차단하고, 미국 AI 산업이 세계 시장을 주도하도록 하려는 움직임과 연결됩니다.

이처럼 미국이 AI 인프라 및 반도체, 슈퍼컴퓨팅, 클라우드 기술에 대규모 투자를 진행하는 상황에서, 한국 또한 AI 경쟁력을 확보하기 위해 보다 적극적인 투자가 필요합니다. 한국 정부와 기업들은 AI 반도체, 초거대 언어모델 개발, 데이터센터 인프라 구축 등 필수적인 기술 요소에 대규모 투자를 지속하고 있으며, 이는 한국이 글로벌 AI 시장에서 경쟁력을 유지하기 위한 필수적인 조치입니다. 네이버의 하이퍼클로바HyperCLOVA와 카카오의 KoGPT와 같은 초거대 AI 모델을 통해 한국은 독자적인 언어모델 개발에서 중요한 진전을 이루고 있습니다. 이러한 모델들은 한국어 기반의 자연어 처리 능력을 극대화하고, 한국 특유의 문화적 특성을 반영한 AI 기술을 발전시키는 데 기여하고 있습니다. 이를 통해 한국은 외국 기술에 의존하지 않는 AI 주권을 확보하는 동시에, 국내 기업들의 디지털 전환을 지원하고, 한국어를 기반으로 한 AI 기술의 해외 확산 가능성도 증대시키고 있습니다.

하지만 미국, 중국, 유럽이 초거대 AI 모델과 AI 반도체, 데이터센터 인프라에 수백조 원 단위의 대규모 투자를 단행하는 것과 비교하면, 한국의 AI 인프라 투자는 상대적으로 부족한 상황입니다. AI 생태계 경쟁에서 살아남기 위해서는, 정부 차원의 대규모 지원과 민간 기업의 협력이 필수적입니다.

미국이 스타게이트 AI 인프라를 통해 AI 반도체와 슈퍼컴퓨터 네트워크를 확대하는 것처럼, 한국도 AI 반도체 연구개발 및 슈퍼컴퓨팅 클러스터 구축을 강화해야 합니다. 삼성전자, SK하이닉스 등 반도체 기업과 협력하여 AI 전용 반도체(가속기, ASIC, GPU 등)의 개발을 가속화하고, 이를 AI 모델 훈련에 최적화된 데이터센터와 연계해야 합니다.

현재 한국의 AI 모델들은 한국어 기반의 초거대 언어 모델 (HyperCLOVA, KoGPT 등)에 초점을 맞추고 있지만, 글로벌 시장에서 경쟁하기 위해서는 다국어 AI 모델 개발에도 지속적인 투자가 필요합니다. 아울러 미국은 오픈AI, 구글 딥마인드, 미스트랄AI 등 AI 스타트업과 대기업이 협력하는 연구개발 생태계를 조성하고 있습니다. 한국도 AI 스타트업을 육성하고, 대기업과의 협업을 촉진하는 정책적 지원이 필요합니다. 특히, AI 모델 최적화, AI 반도체 설계, 데이터 처리 기술 등을 개발하는 스타트업에 대한 지원을 확대해야 합니다.

AI 모델을 학습시키고 운영하기 위해서는 막대한 데이터 저장 공간과 연산 자원이 필요합니다. 현재 미국과 중국은 대규모 데이터센터 및 클라우드 인프라를 확장하고 있으며, 한국도 이에 대응하기 위한 데이터센터 투자 확대가 필수적입니다. 공공 및 민간 클라우드 AI 서비스 지원을 통해 국내 기업들이 AI 기술을 더욱 쉽게 활용할 수 있도록 해야 합니다.

이와 같은 전략적 투자를 통해, 한국은 AI 기술의 자립도를 높이고 글로벌 AI 경쟁에서 뒤처지지 않는 독자적인 AI 생태계를 구축할 수 있습니다. 한국이 글로벌 AI 시장에서 지속적으로 경쟁력을 유지하려면 AI 반도체, 초거대 언어모델, 데이터센터 인프라 등 핵심 기술 요소에 대한 대규모 투자가 반드시 필요합니다.

한국의 소버린 AI 입지는 다양한 산업 분야에서 사용될 뿐 아니라 군사적, 안보적 측면에서도 중요한 역할을 하므로, 한국은 AI와 관련된 데이터와 기술이 해외에 종속되지 않도록 노력하고 있습니다. 특히, 소버린 AI는 한국의 데이터가 외국 기업에 의존하지 않도록 보장하고, AI 기술이 국내에서 자주적으로 개발 및 운영될 수 있는 체계를 만드는 데 중점을 두고 있습니다. 이는 국가 안보와 정보보호 측면에서 AI 주권을 확보하려는 중요한 노력으로 볼 수 있으며, 한국은 AI와 데이터 기술에서 자립성을 유지하는 방향으로 정책적 지원을 강화하고 있습니다.

이와 같은 AI 주권을 확보하기 위한 한국의 노력은 디지털 경제

시대에 매우 중요한 의미를 지니고 있습니다. 앞으로 AI 기술이 사회, 경제, 국방 등 모든 영역에 걸쳐 중요성을 갖게 될 것이라는 점에서, 소버린 AI는 한국이 디지털 경제의 핵심 경쟁력을 유지하고 국가 자주성을 보장하는 데 중요한 역할을 할 것입니다.

틈새시장을 공략, 호랑이 등에 올라타라

▶

AI 생태계에서 한국의 스타트업들은 글로벌 빅테크와 정면으로 경쟁하기보다는, 특정 영역에서 차별화된 강점을 확보하는 전략이 필요합니다. 빅테크들은 방대한 연구개발 자원과 시장 점유율을 바탕으로 AI 산업을 선도하고 있지만, 이들이 쉽게 접근하기 어려운 분야나 특정 산업 맞춤형 솔루션을 개발하는 것이 스타트업들에게 기회의 영역이 될 수 있습니다.

특히, AI 기반의 전력효율화 기술과 경량 AI 솔루션 개발은 한국의 스타트업들이 집중해야 할 중요한 분야입니다. AI 모델은 학습과 추론 과정에서 막대한 전력을 소비하는데, 이는 데이터센터 운영 비용 증가로 이어질 뿐만 아니라, 지속 가능한 AI 기술 발전을 저해하는 요소가 됩니다. 한국은 반도체 산업의 강점을 기반으로 소프트웨어와 하드웨어 최적화를 통한 전력효율화 기술 개발을 적극적으로 추진해야 합니다. 이를 통해 AI 모델의 연산 비용을 절감하고, 환경친화적인 AI 기술로 발전할 수 있습니다.

또한, AI를 활용한 실질적인 문제 해결 역량을 갖추는 것이 중요합니다. AI는 단순한 연구개발을 넘어 산업의 생산성을 높이고, 사회적 문제를 해결하는 데 활용될 수 있어야 합니다. 의료, 제조, 건설, 금융 등 각 산업에서 AI가 제공하는 실질적인 가치가 더욱 강조되어야 합니다. 의료에서는 AI 기반 의료 영상 분석과 환자 모니터링을 통해 정확한 진단과 효율적인 치료 지원이 가능하며, 제조업에서는 예측 유지보수 및 스마트 팩토리 최적화 솔루션을 통해 생산성을 극대화할 수 있습니다. 건설 산업에서는 현장 모니터링 및 안전 관리 기술이 작업 환경을 획기적으로 개선할 수 있습니다.

이러한 AI 기술을 효과적으로 활용하기 위해서는 인재 육성이 필수입니다. AI 산업의 경쟁력은 기술력뿐만 아니라, 이를 개발하고 운영할 인적 자원에 달려 있습니다. 미국과 중국은 AI 인재 확보를 위해 대규모 투자와 정책적 지원을 아끼지 않고 있으며, AI 연구 인력과 기업 간 협업을 통해 지속적인 기술 혁신을 이루고 있습니다. 반면, 한국은 AI 인재 육성에 대한 장기적인 전략이 부족하며, 글로벌 AI 경쟁에서 뒤처질 가능성이 있습니다. AI 생태계의 근본적인 성장을 위해서는 대학 및 연구기관과의 협력을 강화하고, AI 개발자와 연구원들에게 충분한 연구 환경과 기회를 제공해야 합니다.

소버린 AI 투자 또한 절실합니다. 미국과 중국은 각각 오픈AI와 딥시크와 같은 AI 기업을 적극적으로 육성하며, 자국의 AI 주권을 확보하고 있습니다. 그러나 한국은 이러한 자국 AI 모델에 대한 투자가 상대적으로 부족한 상황입니다. 네이버의 하이퍼클로바와 카카오의 KoGPT는 한국어 기반의 초거대 AI 모델로 중요한 진전을 이루었지만, 이를 글로벌 시장에서 경쟁력 있는 수준으로 발전시키기 위한 지속적인 지원이 필요합니다. 딥시크가 AI 생태계에서 자리 잡은 것처럼, 한국도 클로바를 중심으로 한 독자적인 AI 생태계를 구축할 필요가 있습니다.

이를 위해 한국은 AI 반도체, 대규모 AI 데이터센터, AI 연구개발 지원 등 근본적인 생태계 구축에 집중해야 합니다. AI 생태계는 단순히 개별 기업의 역량만으로 성장할 수 없으며, 정부, 대기업, 스타트업이 협력하는 산업 전체의 혁신 구조가 필수적입니다.

특히, 데이터센터 인프라 확대와 AI 반도체 최적화 기술 개발이 필수적입니다. AI 모델이 더욱 고도화될수록 데이터센터의 연산 능력과 에너지 효율성 확보가 중요한 과제가 됩니다. 한국은 삼성전자와 SK하이닉스를 중심으로 반도체 산업의 경쟁력을 갖추고 있으므로, 이를 AI 반도체 개발로 연결하는 전략이 필요합니다. 또한, AI 훈련 및 운영에 최적화된 클라우드 및 데이터센터 인프라를 구축하여, 국내 AI 기업들이 안정적인 환경에서 연구개발을 진행할 수 있도록 지원해야 합니다.

한국이 AI 생태계에서 지속적으로 성장하기 위해서는, 빅테크와의 직접 경쟁이 아닌 틈새 시장을 공략하는 전략이 필요합니다. 글로벌 시장에서 한국이 강점을 지닌 산업 맞춤형 AI 솔루션, 전력효율화 기술, 다국어 AI 모델 개발, 데이터 보안 AI 기술 등을 집중적으로 육성하여, AI 생태계 내에서 차별화된 입지를 확보해야 합니다. 동시에, 이를 가능하게 할 인재 육성, AI 반도체 개발, 데이터 센터 인프라 구축이 필수적이며, 이를 위해 정부와 민간이 협력하여 장기적인 성장 전략을 마련해야 합니다.

AI 산업은 단기적인 성과로 경쟁력을 확보할 수 있는 분야가 아닙니다. 한국도 미래를 대비한 근본적인 환경을 갖춰야 합니다. 이를 위한 적극적인 투자와 전략적 지원이 이루어진다면, 한국의 AI 생태계는 지속적으로 성장할 수 있을 것입니다.

국가 간 기술 패권 경쟁의 핵심이 되다

▶

2025년 2월 개최된 파리 AI 정상회의Paris AI Summit 2025는 AI가 단순한 기술 발전을 넘어 국가 간 전략적 경쟁의 핵심 요소로 자리 잡았음을 보여주는 중요한 행사였습니다. 이번 정상회의에서 프랑스와 미국은 각기 다른 접근 방식을 내세우며 AI 산업의 방향성과 규제 방안을 논의했습니다. 프랑스는 AI 혁신을 촉진하면서도 균형 잡힌 규제를 유지하려는 입장을 보였으며, 미국은 AI 기술의 절대적 주도권을 확보하려는 강경한 태도를 드러냈습니다. 이러한 두 국가의 전략 차이는 향후 글로벌 AI 산업의 규제 및 기술 패권 경쟁에 중요한 영향을 미칠 것으로 보이며, 한국 역시 이에 대한 대응 전략을 신중히 수립해야 하는 시점에 놓여 있습니다.

프랑스는 이번 정상회의에서 유럽이 단순한 AI 규제자가 아니라 AI 산업의 핵심 주체로 자리 잡아야 한다고 강조했습니다. 에마뉘엘 마크롱 프랑스 대통령은 AI 혁신을 가속화하기 위한 '노트르담 전략'을 제시하며, 신속한 목표 설정과 추진이 필요하다고 주장했습니다. 이를 위해 프랑스는 1,000억 유로(약 140조 원) 이상의 민간 AI 투자를 유치했으며, 스타트업 육성 및 컴퓨팅 인프라 구축을 적극적으로 지원하는 정책을 발표했습니다. 특히, 마크롱 대통령은 프랑스가 원자력 발전을 통해 안정적인 전력을 공급할 수 있음을 강조하며, AI 데이터센터 운영을 위한 에너지 인프라의 중요성을 부각했습니다. 이는 탄소 배출을 줄이면서도 AI 산업을 지속 가능하게 성장시킬 수 있는 전략적 접근법으로 평가됩니다.

반면, 미국은 AI 산업에서의 절대적 패권을 추구하는 강경한 입장을 보였습니다. J.D.밴스 미국 부통령은 연설에서 미국이 AI 기술의 핵심 요소를 지배할 것이며, AI 반도체부터 소프트웨어까지 미국 중심으로 구축될 것임을 선언했습니다. 그는 유럽의 디지털 규제가 AI 혁신을 방해한다고 강하게 비판하며, 유럽이 미국과 협력하기 위해서는 기존의 규제 구조를 철폐해야 한다고 주장했습니다. 특히, AI 기술이 민주적 가치를 반영해야 한다는 점을 강조하며, 권위주의적 경쟁국, 즉 중국과의 기술 경쟁에서 유럽이 미국을 선택해야 한다는 메시지를 던졌습니다. 이는 AI 기술을 경제적·안보적 자산으로 보고, 이를 통해 글로벌 기술 질서를 미국 중심으로 재편하려는 전략의 일환으로 해석됩니다.

　프랑스와 미국의 전략 차이는 유럽과의 관계에서도 명확하게 드러났습니다. 프랑스는 유럽이 AI 기술 경쟁에서 독립적인 역량을 확보해야 한다는 입장을 유지하면서도, 규제 완화를 통해 AI 산업을 성장시키려는 태도를 보였습니다. 마크롱 대통령과 EU 집행위원장 우르줄라 폰데어라이엔은 AI 규제를 단순화할 필요성을 언급하면서도, AI 기술이 신뢰성과 윤리를 기반으로 발전해야 한다는 원칙을 고수했습니다. 이에 반해, 미국은 유럽을 AI 산업의 '주니어 파트너'로 간주하며, 미국 중심의 AI 기술 질서에 동참할 것을 요구했습니다. 이는 AI 기술 패권을 둘러싼 미국과 유럽 간의 갈등이 향후 더욱 심화될 가능성을 시사하는 대목입니다.

　이번 정상회의에서 드러난 AI 규제와 산업 전략에 대한 논의는 한국에도 중요한 시사점을 제공합니다. 한국은 AI 기술 개발을 국가 핵심 과제로 설정하고 있지만, 글로벌 AI 경쟁에서 유리한 입지를 확보하기 위해 더욱 전략적인 접근이 필요합니다. 프랑스처럼 AI 규제와 산업 육성의 균형을 맞추는 것이 중요하며, 미국의 AI 패권 전략 속에서 자국의 기술 경쟁력을 확보하는 방안을 모색해야 합니다.

　첫째, 한국은 AI 규제와 산업 육성의 균형을 고려한 정책을 마련해야 합니다. 프랑스의 사례에서 볼 수 있듯이, 과도한 규제는 기업의 성장을 저해할 수 있으며, 지나친 규제 완화는 AI의 윤리적 문제를 초래할 수 있습니다. 따라서 AI 윤리 가이드라인을 마련하되, 혁신을 저해하지 않는 방향으로 정책을 조정해야 합니다.

둘째, AI 반도체 및 데이터센터 인프라를 강화해야 합니다. 미국이 AI 반도체 공급망을 자국 내에서 통제하려는 움직임을 보이는 가운데, 한국은 반도체 산업에서 독자적인 경쟁력을 확보하는 것이 필수적입니다. 삼성전자와 SK하이닉스 같은 기업들이 AI 반도체 기술을 선도하고 있는 만큼, 이에 대한 전략적 지원과 글로벌 협력이 필요합니다. 아울러 AI 국제 협력 방향을 신중히 설정해야 합니다. 한국은 미국과 프랑스의 전략적 입장을 고려하여 AI 협력 관계를 조정해야 합니다. 미국과 협력하여 AI 기술 경쟁력을 높이는 동시에, 유럽과의 협력을 통해 AI 윤리 및 규제 프레임워크에 대한 글로벌 리더십을 확보하는 것이 바람직합니다.

셋째, AI와 에너지 정책을 연계하는 전략이 필요합니다. 프랑스가 원자력을 활용하여 AI 데이터센터를 운영하는 전략을 강조한 것처럼, 한국도 안정적인 전력 공급과 AI 기술 발전을 연계하는 방안을 검토해야 합니다. 재생 에너지 및 원자력 발전을 활용하여 AI 인프라를 구축하는 방식이 장기적인 산업 경쟁력 확보에 기여할 수 있습니다.

파리 AI 정상회의는 AI 기술이 단순한 산업 경쟁을 넘어 국제적 기술 패권 경쟁의 핵심 요소로 자리 잡고 있음을 보여주었습니다. 미국과 프랑스는 AI 산업 육성과 규제에 대해 상반된 접근 방식을 보였으며, 이는 향후 AI 글로벌 거버넌스의 중요한 논점이 될 것입니다. 한국은 이러한 변화 속에서 AI 기술 발전과 규제 정책을 조화롭게 설계하고, 글로벌 AI 경쟁에서 주도권을 확보할 수 있는 전략을 마련해야 합니다. 미국과 유럽의 전략 차이를 고려하여 AI 정책을 수립하고, AI 반도체 및 인프라 경쟁력을 강화하는 것이 향후 AI 강국으로 도약하기 위한 필수적인 과제가 될 것입니다.

2장

반도체,
사활을 건 패권 전쟁

DEEP

TECH

WAR

II

반도체의 시작,
트랜지스터와 집적 회로

    반도체 연구는 20세기 초반부터 시작되었으며, 전자기기의 발전을 이끄는 핵심 기술로 자리 잡았습니다. 반도체는 전자들이 특정한 조건에서 이동하며 전기를 전달하거나 차단할 수 있는 물질입니다. 이 특성 덕분에, 반도체는 금속과 절연체의 중간 역할을 하며 전류의 흐름을 제어할 수 있게 됩니다. 초기 반도체 연구는 전류가 금속이나 반도체 물질에서 어떻게 이동하는지에 대한 이론적 연구로 시작되었습니다. 전자의 운동과 전도 현상을 설명하는 양자역학이 발전하면서, 연구자들은 특정 조건에서 전도성을 띠는 반도체 물질의 특성을 이해하게 되었습니다. 이러한 연구를 통해 반도체의 전기적 특성을 조절할 수 있는 가능성이 열렸습니다.

    특히 독일의 물리학자 페르디난트 브라운^{Ferdinand Braun}은 1874년에 다이오드Diode를 발명하면서, 전류의 흐름을 한 방향으로만 제한하는 기술을 개발했습니다. 다이오드는 전류를 한쪽 방향으로만 흐르게 할 수 있는 특성을 갖고 있어, 주로 교류AC를 직류DC로 변환하는 정류整流에 사용될 수 있었습니다. 이러한 기술적 성과는 이후 트랜지스터Transistor와 같은 반도체 소자의 발명에 기초가 되었고, 반도체 산업의 시작을 알리는 신호탄이 되었습니다.

반도체의 역사, 4차 산업혁명

▶

　1947년, 벨 연구소Bell Labs의 존 바딘John Bardeen, 월터 브래튼Walter Brattain, 윌리엄 쇼클리William Shockley가 트랜지스터를 발명하면서 반도체 기술의 새로운 시대가 열렸습니다. 트랜지스터는 전류를 증폭하거나 전환하는 데 사용될 수 있는 소자입니다. 초기의 트랜지스터는 점접촉형으로, 작은 전류를 조작하여 큰 전류의 흐름을 조절할 수 있었습니다. 진공관에 비해 크기가 작고, 전력 소비도 적었으며, 전자기기와 컴퓨터의 소형화를 가능하게 한 중요한 발명이었습니다. 트랜지스터가 등장하면서 전자기기의 설계와 제조 방식이 급격히 변화하였고, 이는 현대 정보화 사회의 기초가 되는 기술로 자리 잡았습니다. 트랜지스터의 발명 이후, 연구자들은 여러 개의 트랜지스터를 단일 칩에 집적하는 방법을 모색하기 시작했습니다.

1958년, 잭 킬비Jack Kilby가 텍사스 인스트루먼트에서 최초의 집적 회로Integrated Circuit, IC를 개발하면서 반도체 기술은 또 한 번 혁신을 맞이하게 됩니다. 이후 로버트 노이스Robert Noyce는 실리콘을 이용해 IC를 개발함으로써, 반도체 소자의 집적도가 획기적으로 높아졌습니다. 이러한 집적 회로 기술의 발전은 컴퓨터와 전자기기의 소형화와 고성능화를 가능하게 했고, IC는 여러 전자기기의 기초가 되는 부품으로 자리 잡게 되었습니다.

1971년, 인텔Intel은 세계 최초의 마이크로프로세서Microprocessor인 4004를 출시했습니다. 마이크로프로세서는 CPU의 기능을 단일 칩에 집적하여 작은 크기에도 불구하고 복잡한 연산을 수행할 수 있는 능력을 갖추고 있습니다. 4004의 출시는 컴퓨터의 소형화와 상업화에 중요한 전환점이 되었고, 이후 마이크로프로세서는 전 세계에 걸쳐 개인용 컴퓨터와 전자기기에 널리 사용되기 시작했습니다. 이를 통해 컴퓨터와 전자기기가 가정과 사무실에 빠르게 확산되었으며, 반도체 기술은 정보화 시대의 핵심 기술로 자리 잡았습니다. 1980년대 이후 반도체 산업은 일본, 미국, 한국, 대만 등 여러 국가에서 치열한 경쟁을 벌였습니다. 일본은 특히 DRAM(메모리 반도체) 기술을 선도하며 메모리 반도체 시장에서 강력한 지위를 차지했지만, 1990년대 이후 삼성전자와 하이닉스를 비롯한 한국 기업들이 D램DRAM 시장에서 두각을 나타내며 글로벌 메모리 반도체 시장을 주도하게 되었습니다. 이와 더불어 반도체 제조 공정이 고도화되면서 트랜지스터의 크기가 미세화되었고, 집적도가 높아졌습니다. 2000년대 이후 반도체 소자의 미세화는 10nm(나노미터, 1나노미터는 10억분의 1미터) 이하의 공정도 가능하게 되었고, 새로운 제조 기술도 개발되고 있습니다.

현대 반도체 산업은 AI와 사물인터넷[IoT]의 확산으로 특수 목적의 반도체 수요가 급증하며 새로운 변화를 맞이하고 있습니다. AI 반도체는 딥러닝 및 머신러닝을 효율적으로 처리할 수 있는 능력을 갖추고 있으며, 데이터센터, 자율주행차, 스마트기기 등에 적용되고 있습니다. 또한 반도체 산업은 실리콘을 넘어선 신소재인 그래핀이나 탄소 나노튜브 등을 연구하며, 기존의 기술적 한계를 극복하려는 노력을 이어가고 있습니다. 반도체 기술은 이렇게 발전을 거듭하며 전자기기, 컴퓨터, 통신 기술, 나아가 4차 산업혁명의 근간을 이루고 있습니다.

반도체란
무엇인가?

반도체半導體, semiconductor는 전기 전도성과 절연성 사이의 중간 성질을 가지며, 특정 조건에서만 전류를 흘릴 수 있는 특수한 물질입니다. 전기는 일반적으로 도체導體, conductor를 통해 쉽게 흐르며, 구리나 알루미늄과 같은 금속이 대표적인 도체의 예입니다. 반대로 절연체insulator는 전기가 거의 흐르지 않는 물질로, 고무나 유리와 같은 물질이 이에 해당합니다. 하지만 반도체는 온도, 전압, 빛 등 특정한 외부 조건에 따라 도체처럼 전기가 흐르기도 하고, 절연체처럼 전류가 차단되기도 하는 독특한 성질을 가지고 있습니다. 이 때문에 반도체는 다양한 전자 장치에서 스위칭이나 증폭 같은 기능을 수행할 수 있어, 현대 전자공학의 기초적인 역할을 맡고 있습니다.

반도체의 소재

▶

대표적인 반도체 소재로는 실리콘^{Si}, 게르마늄^{Ge}, 갈륨 아세나이드^{GaAs} 등이 있으며, 그중에서도 실리콘이 가장 널리 사용됩니다. 모래나 석영을 정제해 얻는 실리콘은 지구상에서 비교적 쉽게 구할 수 있고, 고순도로 정제할 경우 매우 안정적인 화합물을 형성할 수 있어 반도체의 성질을 안정적으로 유지할 수 있기 때문입니다. 또한 실리콘은 다른 반도체 재료에 비해 경제적이고 가공이 쉬워, 대량 생산에 적합한 특징을 가지고 있습니다. 이러한 이유로 실리콘은 현대 반도체 산업의 주류 소재로 자리 잡게 되었으며, 이를 기반으로 한 다양한 전자제품들이 전 세계에서 광범위하게 사용되고 있습니다.

반도체는 기본적으로 결정 구조를 가지고 있으며, 여기에 불순물을 추가하여 전기적 특성을 조절할 수 있습니다. 이러한 과정을 '도핑^{doping}'이라고 하는데, 이는 순수한 실리콘에 적절한 불순물을 섞어 전자의 흐름을 촉진하거나 제한함으로써 전도성 또는 절연성을 강화하는 방법입니다. 도핑을 통해 전자가 많은 'N형 반도체'와 전자가 상대적으로 부족한 'P형 반도체'가 만들어집니다. N형 반도체와 P형 반도체는 각각 다른 전기적 특성을 가지며, 이를 조합하여 트랜지스터나 다이오드와 같은 소자를 만들 수 있습니다. 이러한 소자는 전자기기에서 스위칭 역할을 하거나 전기 신호를 증폭하는 기능을 수행합니다.

반도체의 도핑 과정에서 사용되는 불순물은 주로 인^P, 붕소^{Boron}, 갈륨^{Ga}과 같은 원소들로, 이들은 매우 적은 양만 주입해도 반도체의 특성을 크게 바꿀 수 있습니다. 예를 들어, 인을 실리콘에 주입하면 전자(음전하)가 증가하여 N형 반도체가 만들어지며, 보론^{B}을 주입하면 정공(양전하)이 생성되어 P형 반도체가 만들어집니다. 이러한 N형과 P형 반도체가 결합되어 만들어진 트랜지스터는 전기 신호를 조절하거나 증폭할 수 있어 컴퓨터, 스마트폰, 라디오 등 여러 전자 기기의 필수적인 부품으로 사용됩니다.

반도체의 개념은 이처럼 물리적이고 화학적인 특성에 기초하지만, 그 응용은 현대 기술의 발전을 가능하게 한 중요한 열쇠가 되었습니다. 컴퓨터의 CPU와 GPU 같은 고속 연산 소자부터 LED 조명과 같은 간단한 전자 장치에 이르기까지 반도체는 각종 전자 장치에 사용됩니다. 특히 반도체는 정보를 처리하고 저장하는 데 중요한 역할을 하며, 이를 통해 현대 사회는 전자 장비를 사용하여 복잡한 작업을 빠르게 수행할 수 있게 되었습니다.

반도체의 8단계 생산공정

▶

반도체 생산공정은 매우 정밀하고 복잡한 과정을 통해 이루어지며, 각 단계는 반도체의 성능과 안정성에 중요한 영향을 미칩니다. 이 공정은 웨이퍼 제조, 산화, 포토리소그래피, 식각, 도핑, 금속 배선, 테스트, 패키징의 8단계로 이루어져 있습니다.

1단계, 반도체 생산은 고순도의 실리콘을 잉곳^{ingot} 형태로 성장시키는 것에서 시작됩니다. 실리콘 잉곳은 실리콘을 순수한 결정 상태로 성장시키는 과정에서 만들어지며, 단결정으로 성장된 실리콘 잉곳은 이후에 얇게 절단되어 웨이퍼가 됩니다. 웨이퍼는 반도체 회로가 형성되는 기반이 되는 얇은 원판으로, 이후 여러 공정을 통해 트랜지스터, 다이오드와 같은 소자들이 형성됩니다. 잉곳을 단결정으로 성장시키기 위해 고온에서 실리콘을 녹여 적절한 온도와 압력에서 결정화시키며, 이때 수직으로 회전시키며 빼내는 크리스탈 풀링^{Czochralski} 공법이 주로 사용됩니다. 절단 후의 웨이퍼는 매우 얇고 균일한 두께를 가져야 하며, 표면을 매끄럽게 연마해 이후 공정의 정밀성을 높입니다.

2단계, 산화 공정은 웨이퍼 표면에 산화막을 형성하는 과정으로, 웨이퍼를 산화분위기의 고온로에 넣어 산화 실리콘층을 생성합니다. 이 산화막은 웨이퍼를 보호하는 역할을 하며, 이후 포토리소그래피 공정에서 불필요한 부분을 제거해 나가며 회로 패턴을 형성하는 데 중요한 역할을 합니다. 산화막은 반도체의 절연층을 형성하여 소자 간의 전기적 간섭을 막아주는 역할을 하며, 동시에 트랜지스터 등의 소자가 안정적으로 작동할 수 있도록 보호막 역할을 합니다.

3단계, 포토리소그래피^{photolithography}는 반도체 제조 공정에서 웨이퍼 표면에 미세한 회로 패턴을 인쇄하는 핵심 기술입니다. 이 공정은 감광제 코팅, 노광exposure, 현상 과정으로 구성되며, 각 단계는 매우 정밀하게 이루어집니다. 먼저 웨이퍼에 감광제를 얇고 균일하게 코팅한 후, 마스크mask를 통해 특정 영역에 빛을 조사照射하여 회로 패턴을 형성합니다. 마스크는 빛이 통과할 수 있는 투명한 영역과 불투명한 영역으로 나뉘어 있어, 원하는 패턴만이 웨이퍼에 남도록 도와줍니다. 노광에 사용되는 빛은 자외선UV 또는 극자외선EUV으로, 짧은 파장을 통해 더 작은 패턴을 정밀하게 구현할 수 있습니다. 노광이 끝나면 현상 과정을 통해 빛에 반응한 감광제를 처리하여 패턴을 가시화합니다. 양성 감광제는 빛을 받은 부분이 제거되며, 음성 감광제는 빛을 받은 부분이 유지되는 방식으로 웨이퍼에 마스크와 동일한 패턴을 남깁니다. 포토리소그래피는 반도체 회로의 미세화와 고성능화를 가능하게 해, 컴퓨터와 스마트폰 같은 고성능 반도체 소자를 제작하는 데 필수적인 기술입니다. 특히, EUV 리소그래피의 도입으로 나노미터 수준의 초미세공정이 가능해져 집적도가 크게 향상되고, 이는 전력 효율과 성능을 높이는 데 중요한 역할을 합니다.

4단계, 포토리소그래피 공정을 통해 형성된 패턴을 바탕으로, 불필요한 부분을 화학적으로 제거하는 공정이 식각etching입니다. 식각에는 건식 식각dry etching과 습식 식각wet etching 두 가지 방식이 있으며, 각각의 방식은 특정한 조건에서 더욱 정밀한 식각을 가능하게 합니다. 건식 식각은 플라스마를 사용해 특정 물질을 제거하는 방식으로, 주로 미세한 패턴을 요구하는 경우 사용됩니다. 반면, 습식 식각은 특정 용액을 사용하여 화학적으로 반응시켜 불필요한 물질을 제거하는 방식입니다. 식각을 통해 필요한 회로 구조를 만들어 반도체의 각 소자들이 구분될 수 있게 합니다.

5단계, 도핑(이온 주입Ion Implantation)은 반도체 소자의 전기적 특성을 조절하기 위해 불순물을 주입하는 과정입니다. 도핑을 통해 N형 반도체와 P형 반도체를 만들어낼 수 있으며, 이를 통해 반도체 소자들이 전기적 특성을 갖게 됩니다. 도핑 공정은 주로 이온 주입기를 사용하여 특정 불순물 원소(인, 붕소 등)를 빠른 속도로 웨이퍼에 주입하는 방식으로 이루어집니다. 이온 주입을 통해 웨이퍼의 특정 부분에 불순물을 주입하면 전자나 정공의 밀도가 달라져, 각각의 소자가 원하는 전기적 특성을 가지게 됩니다. 이러한 도핑 공정은 반도체의 성능과 기능을 결정하는 중요한 단계입니다.

6단계, 금속 배선metallization을 통해 반도체 소자들이 연결될 수 있도록 하는 공정입니다. 이를 위해 웨이퍼 위에 금속(주로 알루미늄 또는 구리)을 얇게 증착해 회로를 연결합니다. 금속 배선은 전기 신호가 반도체 칩 내에서 각 소자 간에 전달될 수 있도록 해주며, 이를 통해 반도체 칩이 전체적으로 작동할 수 있게 됩니다. 이 단계에서도 포토리소그래피와 식각 공정을 통해 정확한 패턴이 형성되며, 필요에 따라 여러 층의 배선을 쌓아 올려 3차원적 구조를 가지는 배선망을 형성하기도 합니다.

7단계, 반도체 테스트는 반도체가 설계대로 작동하는지 확인하여 결함이 있는 제품이 출하되지 않도록 하는 과정입니다. 테스트는 웨이퍼 테스트wafer test와 패키지 테스트package test로 나뉩니다. 웨이퍼 테스트는 웨이퍼 상에서 개별 칩으로 분리되기 전, 각 소자가 정상적으로 작동하는지 특수 프로브 장비로 각 소자가 설계에 맞게 작동하는지 검사합니다. 결함이 있는 칩은 이후 공정으로 넘어가지 않아 불량률을 줄일 수 있습니다. 이후 패키징된 칩은 패키지 테스트를 거칩니다. 패키지 테스트는 고온, 저온, 전압 변화 등 다양한 조건에서 칩이 정상 작동하고 내구성을 유지하는지 확인하여 최종 품질을 보증합니다.

8단계, 패키징packaging은 테스트를 통과한 반도체 칩을 보호하고 외부 기기와의 전기적 연결을 용이하게 하는 단계입니다. 가장 먼저, 웨이퍼 상의 개별 칩을 다이싱dicing으로 정밀하게 절단하여 분리합니다. 이후 본딩bonding 과정을 통해 PCB 같은 외부 기판에 칩을 접합하여 전기 신호가 흐르도록 연결합니다. 본딩에는 주로 와이어 본딩과 플립칩 본딩이 사용됩니다. 칩은 몰딩molding을 통해 플라스틱이나 레진으로 둘러싸여 충격과 습기로부터 보호됩니다. 패키징이 완료되면 레이저 마킹으로 제품명과 일련번호를 각인합니다. 마지막으로 최종 검사를 통해 결함 여부를 확인하여 품질을 보증합니다.

반도체 생산 공정은 미세한 단위의 정밀함이 요구됩니다. 반도체 소자의 크기는 나노미터 수준으로 작아, 각 공정이 정밀하게 이루어져야 원하는 특성과 성능을 가진 반도체 칩이 완성됩니다. 이러한 공정들은 수백 차례 반복되며, 수십억 개의 트랜지스터가 하나의 칩에 집적됩니다. 때문에 반도체 공정은 매우 복잡하고 까다로우며, 수많은 고도의 기술과 장비가 필요합니다. 반도체는 전자기기의 두뇌 역할을 하는 핵심 부품이므로, 이 공정의 성공 여부가 제품의 성능과 직결됩니다.

또한, 반도체 제조는 매우 청결한 환경을 요구합니다. 웨이퍼 표면에 미세한 먼지 하나만 묻어도 회로의 전기적 특성이 달라질 수 있기 때문에, 반도체 공장은 클래스 1 수준의 클린룸에서 작업이 이루어집니다. 여기서 클래스 1 수준은 $0.5\,\mu\text{m}$(마이크로미터, 1마이크로미터는 백만분의 1미터) 크기 이상의 입자가 1ft^3(세제곱피트, 1피트는 약 30센티미터) 당 1개 이하로 유지되는 환경을 의미하며, 이는 사람의 머리카락 굵기보다도 훨씬 작은 입자가 거의 없는 상태를 의미합니다. 이러한 환경에서 일관성 있고 고성능의 반도체를 생산하기 위해 공정 관리와 품질 관리가 철저하게 이루어져야 합니다.

왜 반도체가
중요한가?

　반도체는 현대 전자공학에서 없어서는 안 될 핵심 부품입니다. 컴퓨터와 스마트폰부터 자동차, 산업 장비에 이르기까지 우리가 일상적으로 사용하는 모든 전자기기에는 반도체가 들어 있습니다. 이러한 반도체는 정보를 처리하고 전기 신호를 변환하며 각종 기능을 구현하는 데 필수적인 역할을 합니다. 특히, 오늘날 디지털 세계에서 데이터를 빠르고 정확하게 처리하는 능력은 모든 산업의 생산성과 효율성을 결정짓는 중요한 요소로 자리 잡고 있으며, 그 중심에 반도체 기술이 있습니다.

AI 시대,
반도체가 더욱 주목받는 이유

▶

현대 전자기기는 반도체의 집적 회로IC를 통해 고속 연산과 다양한 연산을 수행할 수 있습니다. 예를 들어, 컴퓨터와 스마트폰의 CPU는 반도체 집적 회로로 구성되어 있으며, 이것이 기기의 두뇌 역할을 합니다. 또한, 메모리 반도체는 데이터를 저장하는 데 필수적인 역할을 하고 있어, 우리가 앱이나 파일을 저장하고 불러오는 일을 가능하게 합니다. 자동차에도 수십에서 수백 개의 반도체 칩이 사용됩니다. 자율주행과 같은 최신 기능은 반도체 기술 덕분에 가능해졌으며, 차량의 안정성과 효율성을 높이기 위한 다양한 센서와 제어 시스템에도 반도체가 필수적입니다. 산업 장비에서도 공장의 자동화 및 효율적 운영을 위해 반도체가 핵심 부품으로 사용됩니다. 이러한 산업용 반도체는 높은 내구성과 성능을 요구하므로 기술적 발전이 특히 중요합니다.

AI 시대에 들어서면서 반도체는 더욱 주목받고 있습니다. AI 연산에 필요한 막대한 양의 데이터를 실시간으로 처리하기 위해서는 기존의 CPU나 GPU 이상의 성능이 필요하며, 이에 따라 AI 특화 반도체가 개발되고 있습니다. 대표적인 예로, AI 전용 프로세서인 TPU나 NPU는 AI 알고리즘을 위한 연산 성능을 극대화하여, AI 모델 학습과 추론을 훨씬 빠르고 효율적으로 수행할 수 있게 합니다. NPU는 AI와 딥러닝 작업에 최적화된 프로세서로 신경망 네트워크 연산을 가속하기 위해 설계된 하드웨어입니다. AI 시대의 도래로 인해 반도체 산업은 새로운 성장 동력을 확보하였고, 이에 따라 각국과 기업들은 AI 특화 반도체 개발에 막대한 투자를 진행하고 있습니다.

차세대 반도체의 미래는 신소재와 양자/광 기반 반도체, 그리고 AI 특화 반도체의 개발로 이어질 전망입니다. 기존 반도체는 실리콘을 기반으로 하고 있지만, 점차 한계에 직면하고 있어 이를 해결하기 위한 신소재 연구가 활발히 진행 중입니다. 실리콘보다 전기적 특성이 뛰어난 그래핀, 탄소 나노튜브 등의 새로운 소재가 반도체 산업에 혁신을 가져올 것으로 기대됩니다. 양자컴퓨팅을 지원하는 양자 기반 반도체는 기존 반도체의 한계를 뛰어넘는 초고속 연산을 가능하게 해줄 수 있으며, 이를 통해 AI 연구와 데이터 분석의 새 장을 열 것입니다. 또한, 빛을 이용한 광 기반 반도체는 기존의 전기 신호보다 훨씬 빠르게 데이터를 전송할 수 있어 데이터 통신 속도를 극대화하는 데 큰 역할을 할 수 있습니다.

반도체는 AI와 같은 차세대 기술이 발전하는 데 핵심적인 역할을 하며, 그 중요성은 시간이 지날수록 더욱 커지고 있습니다. 앞으로 차세대 반도체가 얼마나 혁신적인 기술로 발전할지 기대되며, 반도체 기술의 발전은 모든 산업의 패러다임을 바꿀 가능성을 지니고 있습니다.

미국,
반도체 산업의 중심

    반도체 산업의 시작과 발전은 수많은 과학자와 기업의 혁신적인 노력이 집약된 결과입니다. 특히, 미국은 반도체 산업의 발상지이자 중심지로, 이를 기반으로 오늘날의 정보화 사회를 가능하게 했습니다. 미국이 반도체 산업의 중심지로 자리 잡게 된 배경에는 초기 연구소와 스타트업들이 밀집된 실리콘밸리의 독특한 혁신 생태계와 기술 발전에 대한 강력한 투자가 있었습니다.

    반도체 산업의 시작점으로 평가받는 쇼클리 반도체 연구소Shockley Semiconductor Laboratory는, 트랜지스터 발명 공로로 노벨물리학상을 수상한 윌리엄 쇼클리William Shockley가 1956년 설립한 연구소입니다. 쇼클리 반도체 연구소는 트랜지스터와 같은 반도체 소자의 발전에 큰 기여를 했으며, 그곳에서 일하던 '배신의 8인Traitorous Eight'이라 불리는 연구자들이 페어차일드 반도체Fairchild Semiconductor를 창업했습니다. 배신의 8인은 쇼클리의 힘든 성격을 견디지 못하고 쇼클리 반도체 연구소를 나온 연구자 8명을 말합니다.

페어차일드 반도체는 단순한 연구소를 넘어 상업화와 대량 생산을 목표로 반도체 기술을 개발했습니다. 이들은 반도체 소자의 미세화와 집적화 기술을 발전시켜, 이후 미국 반도체 산업을 이끌어갈 인재를 양성하고 기술적 기초를 다졌습니다. 페어차일드 출신 인물들은 '실리콘밸리의 아버지'라 불리며, 향후 수많은 반도체 및 테크 스타트업을 창립해 실리콘밸리의 창업 생태계를 구축했습니다.

페어차일드의 창립 멤버 중 하나였던 로버트 노이스Robert Noyce는 고든 무어Gordon Moore와 함께 1968년 인텔Intel을 설립했습니다. 인텔은 실리콘 기반의 집적 회로를 개발하며 빠르게 성장했고, 1971년 세계 최초의 마이크로프로세서인 '인텔 4004'를 출시하면서 반도체 기술의 역사를 새롭게 썼습니다. 인텔의 성공은 실리콘밸리와 미국 전역의 반도체 기술 혁신에 큰 자극을 주었고, 반도체 기술의 경쟁력을 강화하는 토대를 마련했습니다.

반도체 산업이 꽃필 수 있었던 이유

▶

미국이 반도체 산업의 꽃을 피우게 된 배경에는 몇 가지 중요한 이유가 있습니다. 첫째, 강력한 군사 및 정부의 지원입니다. 2차 세계대전 후 미국 정부는 군사 기술 개발을 위해 대규모 투자를 단행했고, 반도체 기술도 그 일환으로 발전할 수 있었습니다. 정부는 연구 자금을 통해 벨 연구소와 같은 선도 연구기관을 지원했으며, 이러한 투자는 민간으로도 확산되어 군사 및 상업적 목적의 연구가 상호 보완적으로 이루어졌습니다.

둘째, 실리콘밸리라는 독특한 생태계의 역할입니다. 캘리포니아에 위치한 실리콘밸리는 초기부터 연구기관, 대학, 스타트업이 모여 있는 혁신 클러스터였습니다. 스탠포드대학교는 특히 벤처 자본과 창업을 장려했으며, 연구 성과가 상업화로 이어질 수 있는 인프라와 네트워크를 제공합니다. 이로 인해 수많은 반도체 관련 스타트업이 탄생하였고, 그중 일부는 세계적인 대기업으로 성장하게 되었습니다.

셋째, 미국의 강력한 지식 재산권 보호와 시장경제 시스템입니다. 미국의 지식 재산권 보호는 기술 혁신을 촉진할 뿐 아니라, 창의적 아이디어와 기술이 상업적 성공으로 이어질 수 있는 환경을 제공했습니다. 반도체와 같은 기술 집약적 산업에서는 혁신적인 아이디어와 기술 개발이 지속적인 투자를 통해 유지되며, 이를 통해 경쟁 우위를 점할 수 있었습니다.

미국은 쇼클리 반도체 연구소와 페어차일드 반도체를 시작으로 한 혁신적인 연구와 창업 생태계를 통해 세계 반도체 산업을 주도하게 되었고, 이후 인텔이 마이크로프로세서 기술을 발전시키며 현대의 정보화 사회를 이끌었습니다. 이러한 배경 속에서 미국 반도체 산업은 지속적으로 성장할 수 있었습니다.

PC 시장을 장악한
반도체의 선두 주자, 인텔

▶

인텔은 1968년 실리콘밸리에서 로버트 노이스와 고든 무어에 의해 창립되었으며, 창업 당시부터 컴퓨터 및 전자기기 산업에 큰 영향을 미칠 반도체 기술의 혁신을 목표로 삼았습니다. 인텔은 초기에는 메모리 칩 제조에 중점을 두었지만, 1971년에 세계 최초의 상업용 마이크로프로세서인 인텔 4004를 발표하면서 큰 전환점을 맞이하게 됩니다. 인텔 4004의 출시는 전자기기와 컴퓨터의 성능을 획기적으로 개선할 수 있는 계기를 제공하였으며, 이러한 기술 혁신으로 인해 인텔은 반도체 산업의 선두 주자로 자리매김하게 되었습니다.

인텔은 이후에도 8086, 80286, 펜티엄Pentium 등 다양한 프로세서 시리즈를 연이어 성공적으로 발표하였으며, 이들 제품은 개인용 컴퓨터PC와 다양한 전자기기에서 널리 사용되면서 큰 인기를 얻었습니다. 이러한 인텔의 마이크로프로세서는 기술의 발전에 따라 성능이 점차 높아지면서도 소형화되었고, 더불어 효율성을 극대화했습니다. 인텔의 CPU는 이후 수십 년간 전 세계 PC 시장을 장악하며,

인텔이 반도체 산업의 상징적인 기업으로 자리 잡는 데 중요한 역할을 했습니다.

인텔의 성공적인 성장에는 창립자 고든 무어의 '무어의 법칙'이 큰 기여를 했습니다. 무어의 법칙은 반도체 칩의 성능이 약 18개월마다 두 배로 증가한다는 예측으로, 실제로 인텔은 이 법칙을 실현하기 위해 꾸준히 연구개발에 막대한 자원을 투자하며 반도체 기술의 발전을 견인해 왔습니다. 무어의 법칙은 인텔의 제품 개발과 혁신 전략의 중요한 지침이 되었으며, 반도체의 고성능화와 소형화에 따라 디지털 기기의 성능이 급격히 향상될 수 있었습니다. 이는 반도체 기술이 정보기술IT 산업 전반에 걸쳐 폭넓게 확산되도록 만든 기초가 되었으며, 결국 디지털 경제의 성장에도 결정적인 역할을 했습니다.

인텔은 또한 마케팅 전략 측면에서도 독특한 접근을 통해 소비자와의 관계를 강화했습니다. '인텔 인사이드Intel Inside'라는 캠페인을 통해 인텔 프로세서가 탑재된 PC를 쉽게 인식할 수 있도록 하였으며, 소비자들에게 인텔이라는 브랜드를 각인시켰습니다. 이 캠페인은 인텔의 기술력이 탑재된 PC나 전자기기가 신뢰할 수 있는 제품이라는 이미지를 확립하는 데 큰 역할을 했으며, 인텔의 인지도를 글로벌 시장에서 급격히 높였습니다. 이로써 인텔은 단순한 B2B 기업이 아닌 일반 소비자와의 접점을 늘리며 브랜드 가치를 강화하게 되었습니다.

최근 인텔은 AI와 IoT, 5G 등 차세대 기술 분야에서도 존재감을 확대하고자 노력하고 있습니다. 인텔은 고성능 컴퓨팅과 에지 컴퓨팅 등 차세대 응용 분야에서 다양한 활용 방안을 모색하고 있으며, 이를 통해 반도체 시장에서의 입지를 더욱 공고히 하고자 합니다. 특히 데이터 처리의 성능이 점차 중요한 요소로 부상하는 가운데, 인텔은 AI와 머신러닝 관련 기술 개발을 통해 데이터센터 및 클라우드 컴퓨팅에서도 높은 성능을 제공하는 제품을 출시하고 있습니다. 이는 인텔이 데이터 기반 경제에서의 기회를 놓치지 않고, 계속해서 시장의 요구에 대응해 나가겠다는 전략적 방향을 보여줍니다.

그러나 최근 몇 년 동안 인텔은 CPU와 GPU 시장에서 AMD, 엔비디아 등과의 경쟁이 심화되면서 어려움을 겪고 있습니다. AMD는 고성능 프로세서인 라이젠Ryzen 시리즈를 통해 가격 대비 성능에서 강력한 경쟁력을 확보하였고, 엔비디아는 GPU 분야에서 AI와 데이터 처리 성능을 향상시키는 GPU 제품을 통해 인텔의 시장 점유율을 위협하고 있습니다. 이러한 경쟁 구도 속에서 인텔은 기술력을 더욱 강화하고자 파운드리foundry(위탁생산) 사업에도 적극적으로 투자하고 있습니다.

반도체와 임베디드 프로세서의 중심, 텍사스 인스트루먼트

▶

텍사스 인스트루먼트Texas Instruments, TI는 1930년 석유 탐사 회사로 시작했습니다. 이후 전자 부품과 반도체, 임베디드 시스템 기술 분야에서 세계적인 선도 기업으로 성장했습니다. 1950년대 중반부터 반도체 기술에 집중하기 시작한 TI는 최초의 상용 실리콘 트랜지스터를 개발하고, 이후 집적 회로IC 분야에서의 혁신적인 성과를 통해 시장에서 영향력을 넓혀갔습니다. 특히 1958년 TI의 엔지니어인 잭 킬비Jack Kilby가 집적 회로를 발명하여 노벨물리학상을 수상하는 등 기술 혁신의 중심에서 활약하며 반도체 기술을 디지털 경제의 필수적인 요소로 자리 잡게 했습니다.

TI의 가장 대표적인 기술 중 하나는 전 세계에서 널리 사용되는 계산기 제품입니다. 1972년에 TI는 세계 최초의 휴대용 계산기인 'TI-2500 DataMath'를 출시했으며, 이후 다양한 모델의 계산기를 지속적으로 개발하여 교육과 산업 분야에서 필수적인 도구로 자리 잡게 했습니다. TI의 계산기는 단순한 계산을 넘어 그래프 계산기, 과학용 계산기, 공학용 계산기 등 복잡한 수식을 다룰 수 있는 제품으로 발전하였으며, 특히 학생과 전문가들 사이에서 폭넓게 사용되었습니다. 이는 TI가 단순한 반도체 제조를 넘어, 임베디드 기술을 통해 교육 및 산업 전반에 걸쳐 영향력을 확장한 대표적인 사례입니다.

TI는 아날로그 반도체와 임베디드 프로세서 분야에서도 중요한 기술력을 보유하고 있습니다. 아날로그 반도체는 전자 장비에서 전력 관리, 신호 증폭, 데이터 변환 등 다양한 기능을 수행하며, TI는 이 분야에서 세계 최대의 공급업체로 자리매김하고 있습니다. 아날로그 반도체는 디지털 기기뿐 아니라 자동차, 통신, 의료기기, 산업 자동화 등 다양한 산업 분야에서 사용되며, TI는 이러한 제품들에 필요한 고성능 반도체를 공급하며 높은 시장 점유율을 유지하고 있습니다. 또한 TI의 임베디드 프로세서는 IoT, 자동차, 산업 자동화 등의 응용 분야에서 필수적인 역할을 하며, 다양한 시스템의 기능을 강화하고 있습니다.

　TI는 연구개발에 대한 적극적인 투자와 인프라 확충을 통해 혁신을 지속하고 있으며, 차세대 기술 분야에서도 경쟁력을 높이고자 노력하고 있습니다. 특히 자율주행, 산업용 로봇, 스마트 홈, 의료기기 등 첨단 기술이 요구되는 분야에서 TI는 아날로그 및 임베디드 솔루션을 제공하여 제품의 성능과 효율성을 높이고, 고객의 요구를 충족하는 제품을 개발하는 데 주력하고 있습니다. 이를 통해 TI는 단순한 반도체 제조사를 넘어, 다양한 산업 분야에서 신뢰받는 기술 파트너로 자리매김하고 있습니다.

　TI의 전략은 기술의 전문성과 시장 적응력을 동시에 강화하는 데 중점을 두고 있습니다. 이 회사는 특정 기술 분야에서 리더십을 유지하기 위해 포트폴리오를 최적화하고, 필요한 경우 비핵심 사업을 매각하거나 축소하는 방식으로 자원을 효율적으로 재배치하고 있습니다. 예를 들어, 1990년대에 TI는 소비자용 컴퓨터 사업을 포기하고 반도체와 임베디드 프로세서 분야에 집중함으로써 기술 역량을 강화하고, 더욱 효율적인 성장 전략을 펼칠 수 있었습니다.

통신과 보안 솔루션의 강자, 모토로라

▶

　모토로라Motorola는 1928년 미국에서 설립된 통신 및 반도체 분야 기업으로, 특히 이동 통신과 무선 기술 개발에서 중요한 역할을 해왔습니다. 초기에는 자동차 라디오 제조사로 시작했으나, 곧 혁신적인 통신 기술과 반도체 분야로 사업 영역을 확장하면서 세계 최초의 주요 기술을 다수 선보였습니다. 모토로라는 그동안 무전기, 휴대전화, 시스템 반도체 등 다양한 제품군에서 큰 성과를 이룩했으며, 통신 장비와 시스템 솔루션을 제공하는 기업으로도 두각을 나타냈습니다.

　모토로라는 2차 세계대전 당시 군사용 무전기 'SCR-300'을 개발하면서 무선 통신 기술 분야에서 강력한 입지를 다지기 시작했습니다. 이 무전기는 미군이 활용하여 성공적인 작전을 수행하는 데 중요한 역할을 했으며, 이를 통해 모토로라는 무선 통신의 핵심 기업으로 자리 잡게 되었습니다. 전후에는 경찰, 소방서, 응급 의료 등 여러 공공 기관에서도 모토로라의 무전기를 널리 사용하며 신뢰성 높은 통신 장비로 평가받았습니다.

　모토로라는 1973년 세계 최초의 휴대전화 '다이나택DynaTAC'를 개발하며 이동 통신 혁명의 선두 주자로 나섰습니다. 당시 다이나택은 1.1kg의 무게에 제한적인 통화 시간과 큰 크기를 가졌지만, 이를 계기로 휴대전화 기술이 상용화되기 시작했고 모토로라는 이동 통신 분야의 개척자로 자리 잡았습니다. 이후 모토로라는 소형화, 경량화된 다양한 휴대전화 모델을 출시하면서 전 세계 이동 통신 시장을 선도했습니다. 1980년대 후반에는 '마이크로택MicroTAC' 시리즈, 1990년대에는 '스타택StarTAC'과 같은 혁신적인 폴더형 휴대전화를 선보이며 전 세계에서 큰 인기를 끌었습니다.

모토로라는 반도체 사업에서도 강력한 기술력을 보유했습니다. 특히 자동차, 통신, 산업용 애플리케이션에 맞는 시스템 온 칩SoC개발을 통해 업계를 선도했습니다. 모토로라는 마이크로컨트롤러와 디지털 신호 처리기DSP 분야에서도 혁신을 이루었으며, 이들은 다양한 전자기기에 핵심 부품으로 활용되었습니다. 특히, 모토로라는 32비트 마이크로프로세서 '68000' 시리즈를 개발하여 애플의 초기 맥킨토시 컴퓨터와 같은 제품에 탑재되며 유명해졌습니다. 이러한 반도체 기술은 산업 전반에서 폭넓게 사용되며, 모토로라의 기술적 입지를 강화하는 데 중요한 역할을 했습니다.

모토로라는 통신 장비와 솔루션 제공 업체로도 두각을 나타냈습니다. 특히 2G, 3G, 4G 이동 통신 장비와 인프라를 구축하는 데 중요한 역할을 하며 전 세계 이동 통신 네트워크의 성장을 지원했습니다. 모토로라는 경찰, 소방서와 같은 공공 안전 분야에서도 무선 통신 솔루션을 제공하여 공공 및 민간 부문에서의 신뢰도를 쌓아왔습니다. 현재는 모토로라 솔루션Motorola Solutions이라는 이름으로 공공 안전 네트워크 및 보안 솔루션에 집중하며 활동을 이어가고 있습니다.

2000년대 들어 모토로라는 스마트폰 시장의 급격한 변화 속에서 어려움을 겪었으며, 이에 따라 2011년 모토로라 모빌리티^{Motorola} ^{Mobility}와 모토로라 솔루션으로 사업부를 분할했습니다. 이후 모토로라 모빌리티는 구글에 인수되었다가 다시 레노버로 인수되면서 스마트폰 사업을 이어가고 있으며, 모토로라 솔루션은 공공 안전 및 통신 솔루션 분야에서 계속해서 중요한 역할을 하고 있습니다. 이러한 변화 속에서도 모토로라는 통신과 보안 솔루션 분야에서 강력한 입지를 유지하며 시장에서의 경쟁력을 확보하고 있습니다.

리쇼어링 정책을 추진하는 미국

▶

미국은 반도체 분야에서의 리쇼어링^{reshoring}(해외로 생산 시설을 옮긴 기업들이 다시 자국으로 돌아오는 현상)을 통해 자국 내 생산 역량을 강화하고자 하는 노력을 집중적으로 펼치고 있습니다. 이는 반도체가 현대 디지털 경제의 핵심 부품이자 국가 안보와 경제 성장에 필수적인 요소로 자리 잡고 있기 때문입니다. 반도체는 컴퓨터, 스마트폰, 자동차, 군사용 장비 등 거의 모든 첨단 기기의 필수 부품으로, 안정적인 공급망 확보가 매우 중요합니다. 그러나 그동안 미국은 반도체 생산의 상당 부분을 대만, 한국, 중국 등의 아시아 국가들에 의존해 왔습니다. 특히 미중 무역 갈등과 코로나19 팬데믹 이후 이러한 해외 의존이 심각한 문제로 대두되면서, 미국은 반도체 리쇼어링 정책을 적극 추진하게 되었습니다.

미국의 반도체 리쇼어링은 단순한 경제적 이유를 넘어 국가 안보와 직결됩니다. 반도체가 군사, 정보 보안, 첨단 무기 체계 등에 필수적인 부품으로 사용되는 만큼, 안정적 공급이 국가 안보에 있어 매우 중요합니다. 중국과의 기술 경쟁이 심화되는 상황에서, 미국은 반도체 생산을 자국 내로 옮겨야만 핵심 기술과 공급망을 안전하게 유지할 수 있다고 판단했습니다. 대만은 전 세계 반도체 파운드리 생산의 50% 이상을 담당하는 TSMC 본사가 위치한 국가로, 반도체 공급망에서 매우 중요한 역할을 하고 있습니다. 미국은 만약 중국이 대만을 위협하거나 공급망에 문제가 발생할 경우를 대비해, 자국 내에서 반도체를 안정적으로 공급할 수 있는 체계를 구축하려 하고 있습니다.

미국은 반도체 리쇼어링을 촉진하기 위해 2022년 'CHIPS and Science Act(반도체와 과학법, 이하 칩스법)'를 통과시켰습니다. 이 법안은 반도체 산업에 대한 총 520억 달러 규모의 지원을 포함하며, 인프라 구축, 연구개발, 반도체 제조시설 건립 등에 자금을 투입하도록 설계되었습니다. 이 법안은 반도체 기업들이 미국 내에 새로운 공장을 설립하고 기존 시설을 확장하는 데 강력한 재정적 인센티브를 제공합니다. TSMC와 삼성전자 같은 세계적 반도체 제조업체들은 이 법안의 지원을 통해 애리조나와 텍사스에 새로운 반도체 공장을 건설하고 있습니다. 또한, 인텔도 오하이오와 애리조나에 반도체 제조 공장을 신설하는 대규모 투자 계획을 발표했습니다. 이는 단순한 공장 건립에 그치지 않고, 미국 내에서 첨단 반도체를 생산하고 공급망의 자립성을 강화하려는 전략의 일환입니다.

리쇼어링은 특히 첨단 반도체 제조 기술에서의 자립성을 목표로 합니다. 미국은 오랜 기간 반도체 설계 분야에서 강점을 보여 왔으나, 제조 및 생산 과정에서는 아시아 국가들에 대한 의존도가 높았습니다. 리쇼어링을 통해 미국은 미세공정 기술과 같은 첨단 반도체 제조 능력을 자국 내로 확보하려 하고 있습니다. 첨단 반도체는 AI, 5G, 자율주행, 클라우드 컴퓨팅 등 미래 기술의 핵심 부품이 되기 때문에, 이를 자국 내에서 안정적으로 생산할 수 있는 능력을 보유하는 것이 중요합니다. 이를 위해 미국 정부는 나노미터급 미세공정 및 첨단 패키징 기술 개발에도 지원을 아끼지 않고 있으며, 반도체 제조 기술을 고도화해 글로벌 시장에서의 경쟁력을 유지하려 하고 있습니다.

미국의 반도체 리쇼어링은 글로벌 경제에 큰 영향을 미칠 것으로 예상됩니다. 미국이 반도체 자급을 추구하면서, 이는 글로벌 공급망의 구조에도 변화를 일으킬 수 있습니다. 미국이 자체 생산을 강화하면서 특정 국가들에 대한 의존도를 줄이고, 기술과 경제적 자립성을 강화하려는 방향은 다른 국가들에게도 영향을 줄 수 있습니다. 동시에, 미국 내 반도체 생산이 활성화되면 글로벌 반도체 가격과 공급에도 변화가 생길 수 있습니다. 자국 내에서 안정적으로 공급을 조달할 수 있는 체계를 구축함으로써, 글로벌 반도체 시장의 불안정성을 해소할 수 있으며, 이는 궁극적으로 반도체를 활용하는 전 세계 산업에 긍정적인 영향을 미칠 것입니다.

일본, 기술 격차를
줄이기 위한 대추격

1980년대 일본은 NEC, 히타치Hitachi, 후지쯔Fujitsu, 도시바Toshiba, 미쓰비시전기Mitsubishi Electric 등 대기업을 중심으로 반도체 산업에서 글로벌 경쟁력을 높이며 미국과의 기술 격차를 줄이기 위한 강력한 추격에 나섰습니다. 이 시기 일본 기업들은 주로 D램 등 메모리 반도체 시장에서 강세를 보였으며, 대규모 정부 지원과 기술 개발을 통해 생산성 향상 및 품질 개선을 이뤄냈습니다. 이러한 추격 과정에서 일본은 다음과 같은 전략을 취했습니다. 일본 정부는 반도체 산업을 국가적 전략산업으로 지정하고, 전자공업진흥조합Electronic Industries Association of Japan, EIAJ과 같은 조직을 통해 각 기업이 공동으로 기술을 연구하고 개발할 수 있는 환경을 조성했습니다. 이로 인해 기업 간 연구개발 협력이 강화되었고, NEC와 후지쯔는 초대규모 집적 회로Very Large Scale Integration, VLSI 프로젝트와 같은 정부 주도 연구 프로젝트에 참여해 기술 발전에 기여했습니다.

　NEC와 히타치, 도시바 등은 반도체 설계와 제조 과정을 수직 통합하여 생산성을 극대화하고 원가 절감을 실현했습니다. 또한, 품질 관리를 강화하며 경쟁사보다 높은 신뢰성을 확보하는 데 성공했습니다. 일본 기업들은 기존의 기술을 지속적으로 개선하는 동시에 신기술을 개발하는 데 집중했습니다. 예를 들어, 도시바는 효율적인 제조 공정을 도입하고 D램 개발에 주력하여 생산성을 높였으며, NEC는 메모리 칩의 소형화와 고성능화를 이뤄냈습니다.

　일본 기업들은 미국 및 유럽 시장에 진출하여 저렴한 가격으로 반도체를 공급하는 전략을 취했습니다. 이를 통해 일본산 반도체의 시장 점유율을 확대하고, D램 분야에서는 글로벌 선두로 자리 잡을 수 있었습니다. 아울러 일본 기업들은 자체적으로 기술 인력을 양성하는 데 집중하며, 각 기업이 독자적인 연구소를 운영하여 인재를 확보하고 신기술을 개발하는 기반을 다졌습니다. 1980년대 일본의 이러한 전략적 접근은 NEC, 히타치, 후지쯔, 도시바, 미쓰비시 전기가 세계 반도체 시장에서 빠르게 성장할 수 있게 하였으며, 당시 메모리 반도체 분야에서 일본이 글로벌 리더로 자리매김하는 중요한 계기가 되었습니다.

반도체 기초 체력이 강한 일본

▶

일본은 오랜 기간에 걸쳐 반도체 핵심 소재·부품·장비(소부장) 산업에서 강력한 기초 체력을 쌓아 왔으며, 이는 반도체 산업에서 일본이 여전히 중요한 위치를 차지하는 원동력으로 작용하고 있습니다. 일본은 소부장 분야에서 다음과 같은 특징과 강점을 가지고 있습니다.

일본 기업들은 웨이퍼, 포토레지스트, 에칭 가스 등 고품질 반도체 소재를 공급하며 글로벌 시장에서 큰 점유율을 차지하고 있습니다. 세계 반도체 생산에 필수적인 불화수소^{HF}와 같은 특수 화학물질과 웨이퍼 제조 기술은 일본의 주요 강점으로, 신에츠화학공업Shin-Etsu Chemical과 스미토모화학Sumitomo Chemical 같은 기업들이 해당 분야를 주도하고 있습니다. 이러한 소재는 반도체 생산 공정의 필수 요소로, 일본의 높은 기술력과 품질 관리가 반도체 공정의 안정성을 뒷받침합니다.

일본은 반도체 제조 공정에서 사용되는 장비, 특히 포토리소그래피와 증착 장비, 검사 장비 등에 있어 세계적인 경쟁력을 자랑합니다. 니콘Nikon과 캐논Canon은 반도체 공정의 핵심 장비인 스테퍼 및 노광 장비 시장에서 강세를 보였으며, 반도체 패키징과 검사 장비에서도 일본의 키엔스Keyence와 같은 기업이 주도권을 유지하고 있습니다.

일본은 반도체 산업의 기초가 되는 소재와 부품에 대해 지속적으로 연구개발에 투자해 왔습니다. 일본의 각 기업들은 연구소와 협업하여 기초 소재를 개선하고, 최신 기술을 반도체 공정에 접목해 품질과 생산성을 향상시켰습니다. 이를 통해 일본의 소부장 기술은 높은 신뢰성을 유지하게 되었고, 전 세계 반도체 기업들이 일본 제품을 선호하는 이유가 되었습니다. 일본은 국가 차원에서 소부장 산업의 경쟁력을 확보하기 위해 법적 지원과 인프라 투자를 아끼지 않고 있습니다. 특히 2019년, 한국과의 무역 갈등을 통해 일본은 특정 반도체 소재의 수출 규제를 강화하여 일본의 소부장 산업의 영향력을 보여준 사례도 있었습니다.

일본의 반도체 소재와 장비 업체들은 반도체 제조 기업들과 긴밀하게 협력하여 맞춤형 제품을 공급하고, 생산 공정 개선을 함께 연구하는 방식으로 높은 품질과 성능을 유지하고 있습니다. 이러한 산업 연계와 협력 생태계는 일본이 반도체 소부장 산업에서 지속적인 발전을 이루는 기반이 되고 있습니다. 일본의 소부장 산업은 단순히 소재와 장비를 공급하는 수준을 넘어, 반도체 생산 공정의 품질과 효율성을 좌우하는 핵심 기반으로 자리 잡고 있습니다. 이는 일본이 반도체 기초 체력이 강한 국가로서 꾸준히 국제 시장에서 영향력을 발휘하게 하는 요소로, 반도체 시장의 변동 속에서도 일본이 확고한 입지를 유지할 수 있는 원동력입니다.

재기를 꿈꾸다

▶

1980년대 일본의 반도체 산업은 NEC, 히타치, 후지쯔, 도시바, 미쓰비시전기 등 대기업들이 글로벌 메모리 반도체 시장에서 압도적인 위치를 점하며 미국을 추격하던 시기였습니다. 당시 일본 정부와 기업들은 강력한 협력을 통해 고품질 반도체 기술을 개발하고 글로벌 시장에서 경쟁력을 확보했습니다. 그러나 1990년대 이후 미국의 기술 주도권 강화와 함께 한국과 대만 기업들의 급부상으로 인해 일본의 반도체 산업은 쇠퇴의 길을 걸었습니다. 이후 일본의 반도체 산업은 과거의 영광을 되찾기 위해 '재기'를 꿈꾸며 새로운 전략을 펼치고 있습니다.

2025년 현재 일본은 차세대 반도체 기술 개발에 대규모 투자를 진행하고 있습니다. 특히 AI 반도체, 전력 반도체, 고성능 컴퓨팅 칩 등 미래 핵심 산업에 요구되는 고급 기술 분야에서 경쟁력을 확보하고자 합니다. 이러한 분야는 전기차, 스마트 시티, IoT 등 차세대 산업과 밀접하게 연결되어 있어 높은 성장 가능성을 가지고 있습니다. 일본은 이러한 기술 개발을 위해 국가 차원의 지원을 아끼지 않으며, 기업들도 이를 바탕으로 지속적인 연구개발에 매진하고 있습니다. 또한 일본은 대만 TSMC와 협력하여 일본 내 최첨단 반도체 공장을 설립하고, 이를 통해 차세대 반도체 생산 기지를 구축하는 중입니다. 일본은 이렇게 첨단 기술에 대한 투자와 생산 기반 강화로 글로벌 반도체 시장에서 새로운 경쟁력을 확보하려는 노력을 기울이고 있습니다.

또한 일본은 소부장 산업의 강점을 극대화하며 반도체 생태계에서 중요한 역할을 지속적으로 확대하고 있습니다. 일본은 전 세계에서 가장 높은 품질의 고순도 실리콘 웨이퍼, 포토레지스트, 에칭가스 등을 공급하며, 이러한 핵심 소재는 글로벌 반도체 제조 공정에 필수적입니다. 신에츠화학공업, 스미토모화학 등 일본의 소부장 기업들은 세계적인 기술력과 안정적인 공급망을 바탕으로 반도체 생산에 필수적인 요소를 제공합니다. 일본은 이러한 기초 체력을 바탕으로 반도체 생산 공정에서 일본 제품의 경쟁력을 유지하고, 심지어 증가시키려는 전략을 펼치고 있습니다. 이로 인해 일본산 소재와 장비는 전 세계 반도체 기업들에게 신뢰받는 선택지로 자리 잡고 있으며, 일본은 이를 적극적으로 활용해 반도체 시장에서 자국의 입지를 강화하고 있습니다.

해외 기업과의 협력 및 일본 내 생산 공장 유치도 중요한 전략 중 하나입니다. 일본은 자국 내 반도체 생산 역량을 높이기 위해 TSMC, 인텔과 같은 글로벌 기업들과 협력 관계를 강화하고 있습니다. 아울러 파운드리 부문에서 다시 입지를 강화하려 하고 있습니다. 2020년대 들어 일본 정부는 반도체 산업 재건을 위해 정책적 지원을 강화하고 있으며, 특히 라피더스Rapidus라는 새로운 파운드리 회사를 설립해 첨단 반도체 제조 기술을 확보하려는 계획을 추진 중입니다. 라피더스는 정부의 지원을 받아 2nm 이하 공정 개발에 집중하며, 이를 통해 글로벌 최첨단 파운드리 시장에 진입하고

자 합니다. 일본 정부는 초기 자금을 지원하는 동시에, 민간 기업들
이 적극적으로 참여할 수 있는 환경을 조성하고 있습니다.

한국과 대만, 서로 다른 전략으로 이뤄낸 반도체 강국

한국과 대만의 반도체 산업 발전 과정은 정부의 적극적인 산업 정책과 민간 기업의 과감한 투자, 그리고 글로벌 기술 협력이 결합된 성공적인 산업화의 대표적 사례입니다. 두 국가는 서로 다른 전략으로 반도체 강국의 길을 걸어왔습니다.

한국의 반도체 산업은 1960년대 후반 외국 기업의 저부가가치 조립생산으로 시작되었습니다. 당시 한국 정부는 수출 주도형 경제성장 정책을 추진하면서 반도체를 전략산업으로 선정하고, 1970년대부터 본격적인 육성을 시작했습니다. 특히 1974년 한국반도체주식회사(현 SK하이닉스의 전신)의 설립을 시작으로 국내 기업들의 반도체 산업 진출이 본격화되었습니다. 삼성전자는 1974년 한국반도체로부터 기술을 이전받아 반도체 사업에 첫발을 내디뎠으며, 1983년

64K D램 개발에 성공하며 메모리 반도체 강국으로 가는 첫걸음을 내딛었습니다.

대만의 경우, 1970년대 초반 정부 주도의 연구기관인 공업기술연구원ITRI을 중심으로 반도체 산업 육성을 시작했습니다. 1974년 ITRI 내에 전자공업연구소를 설립하고, 미국 기업 RCA^{Radio Corporation of America}로부터 기술을 도입하여 반도체 제조 기술을 확보했습니다. 이후 1987년 TSMC를 설립하며 파운드리 전문 기업으로서의 성장 전략을 택했는데, 이는 한국이 메모리 반도체에 집중한 것과는 다른 접근이었습니다.

한국은 1980년대 들어 과감한 기술 투자와 연구개발을 통해 메모리 반도체 분야에서 급속한 성장을 이루었습니다. 특히 삼성전자는 1983년 64K D램을 시작으로 지속적인 기술 혁신을 이루어냈고, 1992년에는 64M D램 개발에 세계 최초로 성공하며 글로벌 메모리 반도체 시장의 선두 주자로 올라섰습니다. SK하이닉스 역시 꾸준한 기술 개발과 투자를 통해 세계적인 메모리 반도체 기업으로 성장했습니다.

대만은 TSMC를 중심으로 파운드리 비즈니스 모델을 성공적으로 구축했습니다. 설계와 제조를 분리하는 '팹리스fab-less – 파운드리' 체제를 확립하고, 첨단 공정 기술 개발에 집중 투자하여 글로벌 시스템 반도체 제조를 선도하게 되었습니다. 특히 TSMC는 모리스 창 회장의 리더십하에 철저한 고객 중심 전략과 지속적인 기술 혁신을 통해 세계 최대의 파운드리 기업으로 성장했습니다.

딥테크 AI 로봇 전쟁

한국과 대만, 두 나라의 성공 요인에는 몇 가지 공통점이 있습니다. 첫째, 정부의 적극적인 산업 정책과 지원입니다. 한국과 대만 모두 반도체를 국가 전략산업으로 선정하고 세제 혜택, 연구개발 지원, 인프라 구축 등을 통해 산업 발전을 뒷받침했습니다. 둘째, 과감한 투자와 기술 혁신입니다. 두 나라의 기업들은 경기 변동과 관계없이 지속적인 설비 투자와 연구개발을 진행했으며, 이는 글로벌 경쟁력 확보의 핵심이 되었습니다.

또한 두 나라는 각각의 전문화 전략을 통해 독자적인 경쟁력을 확보했습니다. 한국은 메모리 반도체 분야에서 규모의 경제와 기술 우위를 달성했고, 대만은 파운드리 특화를 통해 시스템 반도체 제조 분야에서 독보적인 위치를 차지했습니다. 이러한 전문화 전략은 글로벌 반도체 산업 생태계에서 각국의 고유한 포지션을 확립하는 데 기여했습니다.

인재 양성 측면에서도 두 나라는 주목할 만한 성과를 거두었습니다. 한국은 대기업 중심의 사내 교육과 산학협력을 통해 전문 인력을 양성했으며, 대만은 ITRI를 중심으로 한 연구개발 인력 육성과 해외 인재 유치를 통해 기술 역량을 강화했습니다. 특히 양국 모두 해외 유학 인력의 적극적인 활용과 글로벌 기술 협력을 통해 선진 기술을 빠르게 습득하고 발전시켰습니다.

현재 한국과 대만은 글로벌 반도체 산업에서 핵심적인 역할을 수행하고 있습니다. 한국은 메모리 반도체 시장의 70% 이상을 점유하고 있으며, 대만의 TSMC는 글로벌 파운드리 시장의 50% 이상을 차지하고 있습니다. 두 나라는 각자의 전문 분야에서 기술 혁신을 주도하며, 4차 산업혁명 시대의 핵심 부품인 반도체의 발전을 이끌고 있습니다.

앞으로도 한국과 대만은 반도체 산업의 발전을 위해 지속적인 투자와 혁신을 이어갈 것으로 예상됩니다. 특히 AI, 5G, 자율주행 등 신기술 발전에 따른 반도체 수요 증가에 대응하여, 더욱 첨단화된 제품과 기술 개발에 주력할 것으로 전망됩니다. 또한 글로벌 공급망 재편 과정에서 두 나라의 전략적 중요성은 더욱 커질 것으로 예상되며, 이는 반도체 산업에서의 영향력 확대로 이어질 것으로 기대됩니다.

중국, 국가 주도하에
추진하는 반도체 자립

중국의 반도체 자립은 국가적 기술 독립을 위한 필수 전략입니다. 세계 반도체 시장은 오랫동안 미국이 주도해 왔으며, 이는 단순한 기술 우위를 넘어 경제와 국방, 정보 보안에 걸친 복합적인 영향력을 발휘해 왔습니다. 이러한 맥락에서 중국은 자국의 반도체 자립이 필수적임을 인식하고, 독자적인 반도체 산업을 육성하고자 하는 목표를 설정했습니다.

중국의 반도체 자립 배경에는 미국과의 기술 갈등이 큰 영향을 미쳤습니다. 특히 2018년 이후 미국이 중국의 대표 IT 기업인 화웨이에 대한 제재를 시작으로, 중국 반도체 기업들에 대한 기술 이전 및 수출을 제한하는 조치들이 잇달아 시행되면서 중국의 기술 독립 의지는 더욱 강화되었습니다. 중국은 이에 대응하여 자국 내에서 반도체 설계, 제조, 장비 및 소재 등 모든 단계에 걸친 생태계를 구축하고자 목표를 세웠습니다.

중국의 반도체 자립은 단순한 기술적 성과를 넘어 경제 안보와 국가 주권을 지키기 위한 필수적인 수단으로 간주됩니다. 미국의 제재와 제한 조치는 중국의 반도체 산업이 글로벌 공급망에 크게 의존하고 있음을 보여주었고, 이는 자국 기술력 강화를 위한 절박함을 불러일으켰습니다. 이에 따라 중국 정부는 반도체 산업에 막대한 투자를 하고 있으며, 국가 주도하에 기업들 또한 기술 개발에 박차를 가하고 있습니다.

전략적 핵심 분야, 설계
: 하이실리콘, 룽손, 유니SOC

▶

중국의 반도체 설계 분야는 자국 내 자립화를 목표로 한 전략적 핵심 분야로 자리 잡고 있습니다. 그 중심에는 중국의 기술력을 대표하는 여러 기업이 있으며, 이들은 각각 특화된 기술과 전략을 통해 글로벌 경쟁력을 키우려 하고 있습니다. 특히, 화웨이의 자회사인 하이실리콘, 자체 CPU 설계로 이름을 알리고 있는 룽손, 그리고 저가 스마트폰과 IoT 기기 시장에 집중하는 유니SOC는 중국의 반도체 설계 산업을 이끄는 주요 기업으로, 이들의 각기 다른 역할과 목표는 중국의 반도체 자립화에 중요한 기여를 하고 있습니다.

하이실리콘HiSilicon은 화웨이의 자회사로, 중국어 기업명은 하오쓰반다오티海思半导体입니다. AI 및 5G 칩 설계에 뛰어난 기술력을 보유하고 있습니다. 5G와 AI는 4차 산업혁명을 선도하는 주요 기술로, 글로벌 경쟁이 치열한 분야이기도 합니다. 하이실리콘은 화웨이의 주력 스마트폰과 네트워크 장비에 필요한 첨단 칩을 설계하여, 자회사이자 공급자로서 화웨이의 경쟁력을 뒷받침해 왔습니다. 특히 AI 연산을 극대화하고 5G 네트워크 처리를 강화한 Kirin 시리즈 칩은 고성능 스마트폰의 핵심 부품으로 인정받으며, 시장에서 상당한 성공을 거두었습니다.

그러나 2019년부터 미국의 제재가 시작되며 하이실리콘의 상황은 급변했습니다. 미국은 화웨이를 글로벌 통신 네트워크의 위협 요소로 간주하고, 미국 기술을 기반으로 한 반도체 제조 및 공급을 중단시키는 강력한 제재를 가했습니다. 이로 인해 하이실리콘은 자사가 설계한 칩을 제조할 수 있는 TSMC와의 협력이 중단되었고, 이를 대체할 파운드리를 확보하기 어려운 상황에 처하게 되었습니다. 하이실리콘은 이러한 위기를 극복하기 위해 자국 내에서 반도체 제조 생태계를 확립하는 데 집중하고 있으며, 더 나아가 중저가 칩 개발로 사업 포트폴리오를 다변화하고 있습니다. 현재 하이실리콘은 중국 내 파운드리와의 협력을 통해 생산 역량을 보완하고 있으며, 장기적으로는 미국의 제재에 의존하지 않는 자급자족형 공급망을 구축하는 것을 목표로 삼고 있습니다.

화웨이 또한 자체 기술력을 바탕으로 새로운 칩 설계와 제조 생태계 구축을 시도하며, 하이실리콘의 설계 기술력을 유지 및 발전시키고자 합니다. 이 과정에서 화웨이와 하이실리콘은 기술 자립을 위한 혁신적인 연구개발에 막대한 투자를 감행하고 있으며, 외국 기술에 의존하지 않는 자체 기술력 확보에 주력하고 있습니다. 이와 같은 전략은 단기적인 생존 전략을 넘어서, 장기적인 기술 자립을 위한 초석을 다지려는 중국의 강력한 의지를 반영하고 있습니다.

룽손Loongson은 중국의 자체 CPU 설계 분야에서 선구적인 역할을 수행하는 기업으로, 중국어 기업명은 룽신龙芯입니다. 중국의 기술 독립을 상징하는 대표적인 사례로 꼽힙니다. 중국은 오래전부터 CPU와 같은 핵심 기술에서 외국 의존도를 낮추고자 노력해 왔으며, 특히 미국의 기술 제재가 강화되면서 이러한 자립의 필요성은 더욱 두드러지게 되었습니다. 룽손은 초기에는 MIPS 아키텍처를 기반으로 한 CPU를 개발했으나, 현재는 자체 아키텍처로 전환하여 독립적인 기술력을 갖추기 위한 노력을 지속하고 있습니다.

룽손의 CPU는 중국 내 공공 부문, 국방 산업, 그리고 일부 기업 부문에서 사용되며, 특히 국가 안보를 위한 중요 기술로 주목받고 있습니다. 중국 정부는 룽손의 성장에 대해 강력한 지원을 아끼지 않으며, 다양한 국가 프로젝트와 국책 과제를 통해 룽손이 CPU 시장에서 확고한 입지를 다지도록 지원하고 있습니다. 이는 미국과의 기술 갈등 상황에서 자국의 기술력 강화를 통해 국가 안보를 강화하려는 중국 정부의 전략적 의도를 반영합니다.

룽손은 중국 정부의 전폭적인 지원을 바탕으로 기술력을 빠르게 향상시키고 있으며, 자국 내 다양한 분야에 걸쳐 CPU 기술을 보급하고 있습니다. 중국의 주요 국영기업과 공공 기관들도 점차 룽손 CPU를 채택하며, 자국 내에서 외국산 기술에 의존하지 않는 반도체 생태계를 구축하려는 움직임을 가속화하고 있습니다. 이러한 과정은 중국이 글로벌 기술 경쟁에서 독립적 위치를 확보하고자 하는 노력의 일환으로, 룽손의 성장과 중국의 CPU 자립화는 중국 반도체 산업의 중요한 전환점으로 작용하고 있습니다.

유니SOC^{Unisoc}는 저가 스마트폰과 IoT 기기를 위한 반도체 설계에 특화된 기업으로, 중국어 기업명은 쯔꽝 잔루이紫光展锐입니다. 유니SOC는 세계 시장에서 경쟁력을 강화하며 존재감을 넓혀가고 있습니다. 중국의 기술 자립 목표에 부응하면서도, 실용적인 시장 전략을 통해 대규모 국제 시장에서의 영향력을 키우고 있습니다. 유니SOC의 주요 목표 시장은 아프리카와 동남아시아 등 신흥국으로, 이들 지역은 가격 대비 성능이 중요한 시장 특성을 지니고 있습니다. 유니SOC는 이러한 수요에 맞추어 저렴한 비용으로 우수한 성능을 제공하는 반도체 칩을 개발하여, 현지 시장에서 높은 수요를 창출하고 있습니다.

또한, 유니SOC는 IoT 기기와 같은 새로운 성장 분야에 집중하여 4차 산업혁명 시대에 대비하고 있으며, 자율주행 및 스마트 가전 등과 관련된 반도체 개발에도 관심을 기울이고 있습니다. 이를 통해 단순히 저가 시장에 머무르지 않고, IoT와 같은 고부가가치 산업에서의 성장 가능성을 확보하고자 합니다. 유니SOC는 다양한 현지 파트너들과의 협력 관계를 통해 글로벌 시장에서의 입지를 확장하고 있으며, 이를 통해 신흥 시장에서 제품 공급을 강화하고 시장 점유율을 높이고 있습니다.

유니SOC의 글로벌 확장 전략은 단순히 제품 공급을 넘어서, 각국의 주요 업체들과 협력하며 브랜드 인지도를 쌓고 시장 점유율을 확대하는 방향으로 이루어지고 있습니다. 이와 같은 전략은 단순히 수익을 창출하는 것을 넘어서, 중국 반도체 산업의 국제 경쟁력을 높이고 자국의 기술력을 알리는 데 중요한 역할을 하고 있습니다.

파운드리 기술의 자립화, 제조
: SMIC, 화홍반도체

▶

중국의 반도체 제조 분야는 반도체 자립을 이루기 위해 필수적인 부분으로, 특히 파운드리 기술의 자급자족이 중요한 역할을 합니다. 중국 내에서는 여러 기업들이 글로벌 제조 경쟁력을 확보하기 위해 노력하고 있으며, 그중에서도 SMIC(중국 국제반도체 제조)와 화홍반도체는 중국 반도체 제조 생태계를 이끌어가는 핵심 기업입니다. 이들은 각각 첨단 공정 개발과 레거시(구형) 반도체 제조에서의 강점을 살려 중국의 반도체 산업 자립화를 위해 적극적인 전략을 펼치고 있습니다.

SMIC^{Semiconductor Manufacturing International Corporation}는 중국 최대의 파운드리 기업으로, 글로벌 반도체 산업에서 자국의 기술 의존도를 줄이고자 하는 중국의 주요 제조 기반입니다. SMIC는 반도체 제조 기술을 내재화하기 위해 7nm 이하의 첨단 공정 기술 개발에 박차를 가해왔으며, 미국의 강력한 제재 속에서도 첨단 파운드리 기술을 발전시키기 위한 노력을 멈추지 않고 있습니다. 7nm 이하 공정은 고성능 스마트폰, 데이터센터, AI 연산 등 첨단 기술을 위해 필수적인 요소로, 이를 개발할 수 있는 능력은 반도체 산업에서 국제적 경쟁력을 상징합니다.

미국은 2019년 이후 중국 반도체 기업들이 첨단 제조 장비를 확보하지 못하도록 다양한 제재를 가해왔습니다. 대표적으로, 미국의 첨단 반도체 장비 수출을 제한하면서 SMIC는 네덜란드의 ASML에서 EUV^{Extreme Ultraviolet}(극자외선) 노광 장비를 도입할 수 없는 상황에 직면했습니다. 이로 인해 SMIC는 첨단 공정 개발에 필요한 장비와 기술 확보에 큰 어려움을 겪고 있지만, 이와 같은 제재 상황 속에서도 7nm 공정 개발에 일부 성과를 보였습니다. SMIC는 기존의 DUV^{Deep Ultraviolet}(심자외선) 노광 장비를 활용한 혁신적인 기술 개발을 통해 제재로 인해 발생한 한계를 극복하고자 하고 있습니다.

또한 SMIC는 첨단 공정 외에도 다양한 중급 공정 기술을 활용하여 고객군을 다각화하고 있으며, 자국 내 주요 고객뿐 아니라 신흥 국가의 반도체 수요에 맞춘 제품군도 확대하고 있습니다. 이를 통해 미국의 제재에도 불구하고 안정적인 수익원을 확보하며 장기적인 생존 가능성을 높이는 전략을 추구합니다. 중국 정부는 SMIC의 첨단 제조 기술 개발을 지원하기 위해 대규모 자금을 투입하고 있으며, 이와 같은 지원은 SMIC가 장기적으로 중국의 반도체 자립을 위해 필수적인 역할을 하도록 만드는 밑바탕이 되고 있습니다.

화홍반도체Hua Hong Semiconductor는 중국의 주요 파운드리 기업 중 하나로, 특히 레거시 반도체 제조에 강점을 가지고 있습니다. 레거시 반도체는 첨단 공정보다 낮은 기술력을 필요로 하지만, 여전히 다양한 산업 분야에서 폭넓게 사용되며 안정적인 수요를 자랑합니다. 화홍반도체는 이러한 레거시 기술을 기반으로 산업용 전자 장비, 자동차 전장 시스템, 가전제품 등 여러 분야에서 안정적인 반도체 공급망을 구축하고 있으며, 이러한 강점을 살려 시장 점유율을 확대하는 전략을 이어가고 있습니다.

또한 화홍반도체는 중국 내 여러 생산 기지를 확충하여 안정적인 생산 기반을 갖추고 있으며, 이는 공급망 안정성을 강화하고 수요 증가에 대응할 수 있는 능력을 더욱 높여줍니다. 화홍반도체는 8인치와 12인치 웨이퍼 생산 시설을 갖추고 있으며, 자국의 수요를 충족시키는 것을 넘어 글로벌 시장에서도 경쟁력을 유지하고자 합니다. 특히 중국 정부의 제조업 자립화 목표에 부합하면서, 공정 개발을 지속하여 레거시 반도체 분야에서 기술 자립을 이루기 위한 중요한 역할을 하고 있습니다.

이와 같은 생산 기지 확충 전략은 화홍반도체가 전 세계적인 반도체 수급 불균형 상황 속에서 안정적인 공급 능력을 유지할 수 있도록 돕고 있습니다. 특히 전력 반도체, 아날로그 반도체와 같은 특정 분야에서의 기술력을 강화하는 데 중요한 역할을 하고 있습니다. 전력 반도체는 전력 관리와 에너지 효율성 향상에 필수적인 부품으로, 전기차 및 친환경 에너지 장비 등 신산업에서도 수요가 크게 증가하고 있습니다. 화홍반도체는 이러한 시장의 수요에 맞추어 제품군을 다변화하고 있으며, 중국 내 수요뿐만 아니라 해외 신흥 시장에서의 고객 확대를 목표로 하고 있습니다.

화홍반도체는 장기적으로 중국 반도체 산업의 자립에 기여하기 위해 레거시 공정 분야에서 안정적인 기술을 확보하고, 자국 내에서의 생산 역량을 확장하는 방식으로 대응하고 있습니다. 또한, 중국 내 다른 반도체 기업과의 협력을 통해 파운드리 생태계를 강화하고 있으며, 이를 통해 자국 반도체 산업의 자립과 국제 경쟁력을 높이는 데 기여하고 있습니다.

고도로 전문화된 기술, 장비
: AMEC, NAURA, SMEE
▶

중국의 반도체 장비 분야는 중국 반도체 자립화 전략에서 매우 중요한 요소입니다. 첨단 제조를 위한 장비와 기술이 주로 미국과 유럽에서 공급되면서 자국 반도체 산업의 성장이 제약을 받는 현실에 대응이 필요해졌습니다. 반도체 제조 장비는 고도로 전문화된 기술이 요구되며, 특히 EUV 노광 장비와 같은 첨단 장비는 매우 제한적인 국가에서만 생산할 수 있습니다. 이러한 상황 속에서 중국은 미국의 제재로 인해 주요 반도체 장비에 접근하기 어려워지자, 자국 내 장비 제조 역량을 키우기 위해 다양한 노력을 기울이고 있습니다.

이 가운데 AMEC(중국전신기술공사), NAURA(베이징 중국반도체설비연구소), 그리고 SMEE는 중국 반도체 장비 자립화를 위한 핵심 기업으로 자리 잡고 있으며, 각각의 전문 분야에서 기술 개발과 시장 점유율 확대를 위해 전략적 투자를 이어가고 있습니다.

AMEC^{Advanced Micro-Fabrication Equipment China}은 중국의 대표적인 반도체 장비 제조사로, 플라스마 에칭^{Plasma Etching}과 화학 기상 증착^{Chemical Vapor Deposition, CVD} 장비 분야에서 두각을 나타내고 있습니다. 반도체 제조 공정에서 에칭과 증착은 필수적인 단계로, 특히 에칭 공정은 미세한 반도체 회로를 형성하는 데 있어 매우 중요한 역할을 합니다. 플라스마 에칭은 고도로 정밀한 기술이 요구되며, 이를 수행하는 장비는 주로 일본, 미국, 유럽 기업들이 독점적으로 공급해 왔습니다. AMEC은 이 분야에서 글로벌 경쟁력을 확보하기 위해 최첨단 기술을 개발하고 있으며, 이를 통해 중국 반도체 산업의 자립을 돕는 역할을 하고 있습니다. 특히 CVD 장비는 반도체 웨이퍼 표면에 얇은 막을 형성하는 중요한 역할을 하며, AMEC은 이 분야에서도 기술력을 높이기 위해 대규모 연구개발 투자를 진행하고 있습니다. CVD 장비는 반도체뿐만 아니라 태양광, LED 등 다양한 첨단 산업

딥테크 AI 로봇 전쟁

에서도 사용되기 때문에, AMEC의 기술 발전은 반도체를 넘어 다른 첨단 산업에도 기여할 수 있습니다.

　중국 정부는 반도체 장비 자립화를 국가 전략으로 삼고 있으며, AMEC과 같은 기업에 대규모 자금을 지원하여 자국 내 반도체 공급망에서 안정적인 위치를 확보할 수 있도록 돕고 있습니다. 이러한 지원을 바탕으로 AMEC은 장비 기술을 고도화하며, 중국의 반도체 장비 자립화를 위한 주요 기업으로 성장하고 있습니다.

　NAURA는 반도체 제조 장비 및 연구개발 분야에서 중국의 선두 기업으로, 중국어 기업명은 베이팡화창北方华创입니다. 다양한 반도체 제조 장비를 공급하며 중국 반도체 산업의 발전에 기여하고 있습니다. NAURA는 노광, 도포 및 현상, 웨이퍼 세정 등 반도체 제조 공정의 여러 단계에서 필요한 장비를 설계 및 생산하며, 특히 중국과 아시아 시장을 중심으로 영향력을 확대하고 있습니다. 중국은 미국과 유럽 장비에 대한 의존을 줄이기 위해 NAURA와 같은 기업에 큰 기대를 걸고 있으며, NAURA 역시 중국 정부의 지원 속에서 빠르게 기술력을 강화하고 있습니다. 특히 반도체 제조 공정에서 중요한 단계인 웨이퍼 세정 장비는 반도체의 불량률을 줄이기 위해 필수적이며, NAURA는 이 분야에서도 높은 기술력을 발휘하고 있습니다.

　NAURA는 중국 내 주요 반도체 제조사와의 협력을 통해 시장 점유율을 점차 확대하고 있으며, 아시아 지역을 넘어 더 넓은 국제 시장으로의 확장을 목표로 하고 있습니다. 아시아 신흥 시장에서 반도체 수요가 증가함에 따라 NAURA의 성장 가능성은 더욱 커지고 있습니다. 또한 NAURA는 기술력을 더욱 강화하기 위해 연구개발 부서에 막대한 투자를 지속하며, 첨단 장비 개발에 박차를 가하고 있습니다. 이 과정에서 중국 정부의 지원도 중요한 역할을 하며, NAURA는 중국 반도체 장비 산업의 자립화를 이끌어가는 주요 기업으로 자리 잡고 있습니다.

SMEE Shanghai Micro Electronics Equipment는 중국에서 유일하게 노광 Lithography 장비를 개발하는 기업으로, 중국 반도체 장비 자립화 전략에서 매우 중요한 역할을 맡고 있습니다. 노광 장비는 반도체 제조에서 가장 중요한 공정 중 하나로, 미세한 회로를 실리콘 웨이퍼 위에 형성하는 핵심 장비입니다. 그러나 현재 최첨단 EUV 노광 장비는 네덜란드의 ASML이 독점적으로 공급하고 있으며, 중국은 미국의 제재로 인해 이 장비를 도입할 수 없는 상황입니다.

이에 따라 SMEE는 DUV 노광 장비 개발을 통해 중국 내 반도체 제조 공정을 지원하고 있습니다. 현재 SMEE는 최대 28nm급 공정용 DUV 노광 장비를 개발 중이며, 향후 14nm, 7nm급 노광 장비 개발을 목표로 하고 있습니다. 하지만 ASML, 니콘, 캐논 등 글로벌 경쟁사와 비교했을 때 여전히 상당한 기술 격차가 존재합니다.

중국 정부는 SMEE를 전략적으로 육성하기 위해 대규모 투자를 지속하고 있으며, 특히 반도체 장비의 국산화를 가속화하기 위한 다양한 지원 정책을 추진하고 있습니다. SMEE가 성공적으로 첨단 노광 장비를 개발할 경우, 중국 반도체 산업의 자립화 수준이 크게 향상될 것으로 기대됩니다.

중국의 반도체 장비 산업은 여전히 글로벌 선두 기업들과 비교했을 때 기술적으로 상당한 격차가 존재하지만, 정부의 강력한 지원과 기업들의 적극적인 연구개발을 통해 빠르게 성장하고 있습니다. AMEC은 에칭 및 CVD 장비 분야에서, NAURA는 다양한 반도체 제조 공정 장비에서, SMEE는 노광 장비 분야에서 각각 중요한 역할을 수행하며, 중국 반도체 산업의 자립화를 위한 핵심 기업으로 자리 잡고 있습니다. 향후 이들 기업의 성과는 중국 반도체 산업의 독립성과 글로벌 경쟁력 확보에 중요한 변수가 될 것입니다.

첨단 소재 및 반도체 제조 공정, 재료 : YMTC, 화홍반도체

▶

양쯔메모리테크놀로지Yangtze Memory Technologies, YMTC는 중국의 대표적인 낸드NAND 플래시 메모리 제조업체로서, 중국이 반도체 분야에서 자급자족과 기술 독립을 이루기 위한 핵심 기업 중 하나로 자리 잡았습니다. YMTC는 2016년 창립 이후 중국 내 첨단 메모리 반도체 생산을 목표로 대규모 연구개발과 투자를 통해 빠르게 성장했습니다. 특히 낸드플래시 메모리 분야에서의 기술력을 키우며, 3D 낸드 제품을 개발하고, 독자적인 기술과 경쟁력 있는 가격으로 글로벌 시장에서 입지를 강화하려는 전략을 펼치고 있습니다.

YMTC는 혁신적인 3D 낸드 아키텍처 개발에 집중하고 있으며, 대표적으로 '엑스테킹Xtacking'이라는 독자 기술을 통해 기술적 차별화를 이루고 있습니다. 엑스테킹은 전통적인 3D 낸드와 비교해 데이터 처리 속도와 전송 속도를 크게 향상시키며, 생산 효율을 극대화하는 기술입니다. 이를 통해 YMTC는 상대적으로 기술 격차가 큰 글로벌 반도체 시장에서의 경쟁력을 높이고 있습니다. YMTC의 낸드플래시 메모리는 주로 데이터센터, 스마트폰, 자동차 등 다양한 분야에 활용될 수 있는 특성을 가지고 있어, 글로벌 수요에 맞춘 대량 생산 체계를 구축하는 동시에 수요에 맞춘 다양한 제품 라인업을 선보이며 글로벌 시장 진출을 강화하고 있습니다.

또한 YMTC는 중국 정부의 지원을 받아 중국 내부와 글로벌 시장에서의 시장 점유율을 늘리려는 전략을 추진하고 있습니다. 특히 중국 정부는 YMTC가 기술적으로 더 나아가 경쟁력을 확보할 수 있도록 연구개발에 대한 지원과 더불어, 자본 투자와 세제 혜택을 통해 기업 성장을 적극적으로 돕고 있습니다. 이러한 정부의 적극적인 지원은 YMTC가 빠르게 성장하고 발전할 수 있는 기반이 되고 있으며, 동시에 기술적 격차를 줄이고 글로벌 반도체 시장에서 경쟁력을 확보하는 데 중요한 역할을 하고 있습니다.

YMTC의 글로벌 시장 진출 전략은 아시아 및 유럽 시장으로의 진출 확대와 함께, 현지 기업과의 파트너십을 강화하는 것입니다. 이를 통해 글로벌 공급망을 확보하고 제품을 안정적으로 공급할 수 있는 체계를 갖추고자 합니다. 또한, YMTC는 향후 자사의 3D 낸드 제품을 미국, 유럽, 아시아 등의 주요 시장에 진출시키기 위해, 현지화 전략과 글로벌 브랜드 인지도를 높이는 방안을 추진 중입니다. 하지만 여전히 일부 기술적 제약과 경쟁사들과의 기술 격차를 줄여야 하는 과제가 있으며, 특히 미국과 유럽의 제재 상황에서도 자사의 기술력과 생산 효율을 유지해야 하는 어려움이 있습니다.

화훙반도체는 중국의 주요 반도체 제조업체로서, 메모리 반도체와 관련한 다양한 소재를 생산하며 중국 내 반도체 자급자족을 위한 중요한 역할을 담당하고 있습니다. 화훙반도체는 특히 메모리 반도체 소재에서 강점을 가지고 있으며, 중국 내부에 안정적인 공급망을 구축하여 반도체 산업의 성장과 발전을 지원하는 것을 목표로 하고 있습니다.

화훙반도체는 초기부터 반도체 제조 공정의 핵심 소재 및 장비를 내재화하려는 노력을 기울였습니다. 이로 인해 일부 소재에서 자급자족을 실현하고 생산 단가를 절감할 수 있었습니다. 이러한 전략은 중국 정부가 주도하는 자급자족 정책과도 일맥상통하며, 중국 내수 시장에서의 반도체 소재에 대한 수요가 꾸준히 증가하는 상황에서 매우 중요한 전략적 포지셔닝입니다. 특히 화훙반도체는 중국의 주요 반도체 기업들과 협력하여 소재 공급을 안정화하고, 내수 공급망을 강화함으로써 중국의 반도체 산업 전반에 기여하고자 합니다.

또한 화훙반도체는 반도체 제조 공정에서 발생하는 다양한 요구를 충족시키기 위해 다양한 형태의 반도체 소재를 제공하고 있으며, 이를 통해 중국 내 반도체 제조업체들이 수입에 의존하지 않고 소재를 확보할 수 있도록 돕고 있습니다. 화홍반도체의 이러한 내수 공급망 구축 전략은 글로벌 반도체 공급망 불안정 상황에서도 중국이 독자적으로 반도체를 제조할 수 있는 기반을 강화하는 데 기여하고 있습니다.

내수 공급망 구축 외에도 기술적인 발전과 혁신을 통해 글로벌 시장에서의 경쟁력을 높이기 위해 화홍반도체는 연구개발에 대한 투자를 지속하고 있습니다. 특히 중국 정부의 정책적 지원과 자금 지원을 통해 첨단 소재 및 반도체 제조 공정을 개발하고, 이를 통해 중국 반도체 산업의 기술적 독립을 목표로 하고 있습니다. 화홍반도체는 향후 자사의 기술력과 생산 역량을 바탕으로 중국 내 반도체 산업 전반에 중요한 역할을 담당하는 것을 목표로 하고 있으며, 이를 위해 지속적인 혁신과 품질 향상을 추구하고 있습니다.

첨단 칩 부족 문제와 레거시 칩

▶

중국은 첨단 반도체, 특히 최첨단 칩의 부족 문제에 직면해 있으며, 이는 여러 분야에서 큰 도전과 제약으로 작용하고 있습니다. 미국과의 무역 갈등이 격화되면서 첨단 반도체의 수입이 제한되고, 이를 대체할 자국 내 기술과 인프라 부족이 중국 산업 전반에 큰 영향을 미치고 있습니다. 특히 AI, 5G, 자율주행, 고성능 컴퓨팅 등의 핵심 분야는 고성능 반도체에 대한 수요가 급증하고 있지만, 이에 필요한 5nm 이하의 첨단 공정 기술이 자국 내에서 아직 충분히 확보되지 못했습니다.

중국은 기술적 격차를 해소하고 자국 내 자급률을 높이기 위해, 대규모 연구개발 투자와 다양한 정책적 지원을 통해 반도체 산업을 육성하고 있습니다. 중국 정부는 '중국제조 2025' 정책에 따라 반도체 자립도를 끌어올리고, 미국과의 기술적 차이를 줄이기 위해 대규모 자금 투입과 인재 양성에 힘을 기울이고 있습니다. 특히 SMIC와 같은 주요 반도체 제조업체들은 7nm 공정까지 자체적으로 개발하는 데 성공했지만, 여전히 최첨단 공정 분야에서는 글로벌 시장과 큰 차이를 보이고 있습니다.

또한, 중국의 반도체 제조업체들은 첨단 장비와 소재를 여전히 해외, 특히 미국과 일본의 공급에 의존하고 있어, 안정적인 반도체 공급망 확보에 어려움을 겪고 있습니다. 미국의 대중 수출 제한 조치는 이러한 문제를 더욱 심화시키고 있으며, 이를 해결하기 위한 대체 공급망 구축 또한 상당한 시간과 자원을 필요로 합니다. 이에 따라 중국은 반도체 장비와 소재의 국산화를 촉진하고, 미국의 제재로부터 독립적인 반도체 공급망을 구축하기 위한 다양한 노력을 기울이고 있습니다.

하지만 이러한 문제 해결에는 상당한 시간과 노력이 필요할 것으로 보입니다. 첨단 반도체 개발은 높은 수준의 기술적 요구사항과 막대한 자본 투자가 요구되며, 이미 오랜 기간 선진국들이 구축한 기술적 기반과 격차를 단기간에 좁히기는 어려운 상황입니다. 중국은 장기적인 관점에서 반도체 자급률을 높이고 첨단 칩 제조 능력을 확보하기 위해 꾸준히 노력하고 있으며, 이러한 움직임이 미래 중국 반도체 산업의 경쟁력을 강화하는 데 중요한 역할을 할 것으로 예상됩니다.

중국은 첨단 칩 분야에서 기술적 격차로 어려움을 겪고 있지만, 레거시 칩Legacy Chip 분야에서는 상당한 강점을 보이고 있습니다. 레거시 칩은 28nm 이상의 공정으로 제조된 반도체로, 주로 저전력 IoT 장치, 가전제품, 자동차, 산업용 기기 등에서 널리 사용됩니다. 이러한 레거시 칩은 최첨단 칩보다 상대적으로 복잡도가 낮고 대량 생산에 유리하여, 중국의 반도체 제조업체들이 기술적 한계를 극복하고 안정적인 공급을 유지할 수 있는 분야로 주목받고 있습니다.

중국은 SMIC, 화홍반도체, YMTC와 같은 주요 반도체 제조사를 통해 레거시 칩 생산을 확대하고 있으며, 이를 통해 내수 시장의 안정성과 자급률을 높이고자 하는 전략을 추구하고 있습니다. 특히 중국은 전자기기와 산업 분야에서 레거시 칩의 수요가 높기 때문에, 이러한 칩을 국산화함으로써 첨단 반도체에 대한 의존도를 낮추고 반도체 자립에 기여하려는 목표를 가지고 있습니다.

레거시 칩의 국산화는 중국 내 전자제품 및 산업 장비의 공급망 안정화에 중요한 역할을 하고 있습니다. 예를 들어, 가전제품이나 자동차와 같은 산업에서 레거시 칩의 수요가 꾸준히 유지되고 있는 가운데, 중국은 이러한 분야의 요구를 자체적으로 충족할 수 있는 기반을 마련하고자 노력 중입니다. 이는 미국과의 무역 제재가 강화되더라도 내수 시장을 안정적으로 운영할 수 있게 해주며, 기술 발전과 자급률 향상을 동시에 이룰 수 있는 기회를 제공합니다.

중국의 레거시 칩 생산은 글로벌 시장에서도 중요한 위치를 차지하고 있으며, 중국 기업들은 안정적인 레거시 칩 공급망을 통해 글로벌 가전 및 산업용 전자제품 시장에서 점유율을 확보하고 있습니다. 다만 레거시 칩이 최첨단 기술을 요구하지는 않지만, 여전히 생산 과정에서 고도의 공정 기술과 장비가 필요하기 때문에, 중국은 장기적으로 반도체 장비의 국산화도 적극적으로 추진하고 있습니다.

이러한 전략은 단기적으로 중국의 반도체 자급률을 높이는 데 기여할 수 있으며, 향후 첨단 반도체로의 기술 확장을 위한 기반을 마련하는 데 중요한 역할을 할 것입니다. 레거시 칩 분야에서의 성공을 발판 삼아, 중국은 앞으로 첨단 기술에 대한 역량을 점진적으로 향상시키고 글로벌 반도체 시장에서의 입지를 강화하고자 하는 장기적인 목표를 두고 있습니다.

공공 투자의 지속 가능성

▶

중국의 공공 반도체 투자가 단기적으로는 자국 내 반도체 산업을 급격히 발전시키는 데 중요한 역할을 해왔지만, 장기적 지속 가능성에는 여러 도전과 제한 요소가 존재합니다. 중국 정부는 수조 원에 달하는 자금을 투입해 반도체 제조, 연구개발, 인프라 구축 등 다양한 분야를 지원해 왔습니다. 그러나 이와 같은 대규모 투자는 장기적으로 재정 부담을 유발할 수 있습니다. 특히, 단기적 성과를 목표로 급격하게 증가한 투자가 반도체 산업의 수익성이나 효율성과 연결되지 않으면 비효율적인 자금 낭비가 발생할 위험이 있습니다. 또한, 투자된 자금이 실질적인 기술 혁신으로 이어지지 않으면 국가 재정에 큰 부담이 될 수 있으며, 이는 투자의 지속 가능성에 대한 의문으로 이어질 수 있습니다.

현재 중국 반도체 산업의 발전은 정부 주도의 공공 투자가 큰 비중을 차지하고 있지만, 민간 부문과의 협업이나 자율적인 시장 구조는 아직 제한적입니다. 정부 주도의 투자는 민간 기업의 창의성과 자발성을 저해할 수 있으며, 특정 기업이나 기술에 대한 과도한 집중이 산업의 다양성과 균형 발전을 저해할 수 있습니다. 반도체 산업의 발전은 장기적으로 민간의 경쟁과 혁신을 기반으로 해야 하기 때문에, 공공 투자 중심의 발전 전략이 장기적으로 효과적일지에 대해서는 우려가 존재합니다.

반도체 기술은 매우 빠르게 발전하고 있으며, 첨단 공정 기술에 있어 미국, 한국, 대만 등과의 격차를 좁히는 데는 상당한 시간이 필요합니다. 중국은 첨단 공정 분야에서 자급자족을 목표로 하고 있지만, 공공 투자를 통해 단기간 내에 최첨단 기술 격차를 해소하기는 어려운 상황입니다. 또한, 반도체 장비와 소재의 상당 부분이 미국과 일본 등의 국가에서 수입되고 있어 기술 제재와 공급망 문제가 투자의 성과를 제한할 수 있습니다. 이러한 요소들이 장기적 투자 지속 가능성을 저해할 수 있으며, 기술 격차가 완전히 해소되지 않는 한 해외 의존도가 여전히 높은 상태에서 공공 투자만으로 안정적인 성과를 얻기는 어려울 수 있습니다.

반도체 산업의 발전에는 고급 기술 인력의 확보가 필수적이지만, 중국은 숙련된 반도체 기술 인재의 공급이 아직 부족한 상태입니다. 현재 중국은 해외 유학생이나 외국의 전문가들을 적극적으로 영입하고 있으나, 장기적으로 국내에서의 인재 양성이 충분히 이루어지지 않는다면 지속 가능성이 제한될 수 있습니다. 기술 혁신은 인재의 질과 직결되며, 공공 투자만으로 인재를 양성하고 유지하는 데는 한계가 존재합니다.

미국과의 무역 분쟁 및 첨단 기술 제재는 중국의 반도체 발전에 큰 장애 요소로 작용하고 있습니다. 제재로 인해 첨단 장비나 소재를 확보하는 데 제한이 있으며, 이로 인해 공공 투자로 확보한 기술적 성과가 국제 제재에 의해 좌절될 위험이 큽니다. 또한, 반도체 산업은 국제 경제 환경에 큰 영향을 받으며, 중국 정부의 투자가 예상한 성과를 달성하지 못할 경우 경제적 불확실성이 확대될 수 있습니다.

중국의 공공 반도체 투자가 현재까지는 내수 시장 안정과 일부 기술 성과를 달성하는 데 기여했지만, 장기적 지속 가능성을 위해서는 전략적 재평가가 필요합니다. 민간과의 조화로운 협업, 기술 혁신을 위한 고급 인력 양성, 외국 의존도를 낮추기 위한 소재 및 장비의 국산화, 그리고 글로벌 시장과의 기술 격차 해소가 동반되지 않는다면 현재의 공공 투자가 지속 가능한 성과를 보장하지 못할 수 있습니다.

유럽, 특화된
시장 분야에 집중

유럽의 반도체 산업은 미국과 아시아의 대규모 시장 경쟁자들 사이에서 특유의 전략적 위치를 지니고 있습니다. 유럽은 자국 반도체 산업을 대규모의 표준화된 칩 생산에 초점을 맞추기보다는, 고유의 강점을 발휘할 수 있는 특화된 시장 분야에 집중하고 있습니다. 이러한 접근 방식은 유럽이 미국이나 아시아와 같은 반도체 생산 강국과는 차별화된 전략을 구사할 수 있게 하며, 특히 첨단 반도체 장비, 자동차용 반도체, 그리고 특수 반도체 시장에서 경쟁력을 강화하는 데 중점을 두고 있습니다.

반도체 장비 분야에서 유럽의 대표 기업은 ASML로, 고도의 기술력을 바탕으로 세계 반도체 제조에 필수적인 EUV 리소그래피 장비를 독점적으로 공급하고 있습니다. 또한 자동차 산업이 전동화되면서 인피니언과 NXP 같은 유럽 기업들은 자동차용 반도체 분야에서 중요한 입지를 다지고 있습니다. 여기에 더해 소이텍과 ST마이크로일렉트로닉스는 산업용 및 IoT 애플리케이션을 위한 특수 반도체와 실리콘 웨이퍼 분야에서 탁월한 기술력으로 유럽 반도체 산업의 독창성을 더하고 있습니다. 이러한 니치 마켓을 공략하는 전략을 통해 유럽은 글로벌 반도체 생태계에서 독보적인 위치를 확보하고 있습니다.

세계 유일의 반도체 장비 기업, ASML

▶

ASML은 유럽을 대표하는 반도체 장비 기업으로, 특히 EUV 리소그래피 기술을 독점적으로 공급하는 세계 유일의 기업입니다. ASML의 EUV 리소그래피 장비는 반도체 제조 공정에서 미세한 회로 패턴을 실현할 수 있는 유일한 솔루션을 제공하며, 이 기술은 고성능·고집적 반도체 제조의 핵심 요소로 손꼽힙니다. 1990년대부터 시작된 ASML의 EUV 연구개발은 수십 년에 걸친 막대한 투자와 연구 인프라, 그리고 우수한 엔지니어들의 노력에 힘입어 진화해 왔습니다. EUV 리소그래피는 기존의 DUV 리소그래피와 비교해 더 짧은 파장을 이용해 미세 회로를 형성할 수 있는 기술로, 이를 통해 소자의 집적도를 극도로 높여 반도체의 성능을 획기적으로

딥테크 AI 로봇 전쟁

향상시키는데 기여합니다.

ASML이 EUV 리소그래피 시장에서 독점적 위치를 차지하게 된 배경에는 수십 년간의 기술적 혁신과 더불어 막대한 자본이 투입된 연구개발 노력이 있었습니다. EUV 리소그래피 장비의 제작 과정은 고난도의 정밀성과 복잡한 제조 공정을 요구하기 때문에 극히 제한된 기업만이 이에 도전할 수 있었으며, ASML은 지속적인 개발에 성공했습니다. 이 장비는 나노미터 단위의 미세 회로 패턴을 구현할 수 있어 차세대 반도체 제조에 필수적이며, 특히 고성능 프로세서나 메모리칩과 같은 첨단 반도체에 필요한 정밀성을 제공합니다. 이는 결국 ASML이 글로벌 반도체 시장에서 필수 불가결한 파트너로 자리매김하는 데 기여했으며, 수많은 반도체 제조업체가 ASML의 EUV 장비에 의존하게 되는 결과를 낳았습니다.

EUV 리소그래피 기술이 전 세계적으로 중요한 이유는 단순히 소형화된 반도체 제조의 실현을 넘어섭니다. 반도체 성능 향상과 관련된 전력 효율성, 데이터 처리 속도, 메모리 용량 향상 등 다양한 요구사항이 충족되어야 하는 현대의 IT, AI, 5G, 자율주행 기술 발전에 있어서도 핵심적인 역할을 하고 있습니다. 이러한 첨단 기술들은 전자기기, 데이터센터, 스마트 디바이스 등에서 필수적인 요소로 작용하는 반도체 소자의 성능에 의해 좌우됩니다. ASML의 EUV 리소그래피 장비는 이러한 고성능 반도체 생산에 필수적이며, 따라서 ASML은 각국의 반도체 산업이 경쟁력을 갖추는 데 필수적인 존재로 평가받고 있습니다.

또한 ASML은 EUV 리소그래피 장비의 독점적 공급업체로서 세계 각국의 반도체 산업과 전략적 파트너십을 형성해 왔습니다. 대표적인 예로 미국의 인텔, 한국의 삼성전자, 대만의 TSMC와 같은 글로벌 반도체 제조업체들이 ASML의 EUV 장비를 도입함으로써 반도체 제조의 혁신을 이루어냈습니다. ASML의 장비가 도입된 후 이들 기업은 나노미터급의 정밀 회로를 구현할 수 있게 되었고, 그 결과 현재의 첨단 IT 인프라와 전자제품이 가능하게 되었습니다. ASML은 단순한 반도체 장비 제조업체를 넘어 반도체 공급망 전체에 걸쳐 중요한 역할을 담당하는 기업으로 성장했으며, 글로벌 반도체 산업의 미래를 좌우할 핵심 기업으로 평가받습니다.

자동차용 반도체 기업, 인피니언과 NXP

▶

인피니언Infineon과 NXP는 유럽을 대표하는 주요 자동차용 반도체 기업으로, 전 세계 자동차 산업에서 점점 더 중요한 역할을 차지하고 있습니다. 최근 자동차 산업은 전동화electrification와 자율주행을 포함한 다양한 기술 혁신이 빠르게 진행되면서, 자동차용 반도체에 대한 수요가 급격히 증가하고 있습니다. 전통적으로 자동차에는 엔진 제어와 안전 시스템을 위한 일부 전자 부품만이 사용되었으나, 전기차의 확산, 자율주행 기술의 발전, 그리고 차량 내부 통신 시스템의 고도화로 인해 자동차용 반도체 수요가 폭발적으로 증가하고 있습니다. 이러한 변화는 자동차가 단순한 기계적 장치에서 복합적인 전자 장치로 진화하는 과정을 촉진하며, 인피니언과 NXP 같은 주요 반도체 제조업체들이 자동차 산업에서 핵심적인 공급자로 자리 잡는 배경이 되었습니다.

인피니언은 전력 반도체, 센서, 그리고 마이크로컨트롤러 분야에서 탁월한 기술력을 바탕으로 전기차 및 하이브리드 차량의 전동화에 필수적인 반도체 솔루션을 제공하고 있습니다. 특히, 인피니언의 전력 반도체는 전기차에서 배터리와 모터 간의 에너지 효율성을 극대화하는 데 중요한 역할을 합니다. 예를 들어, 인피니언의 CoolMOS 시리즈와 같은 고성능 전력 반도체는 전력 손실을 줄이고 효율성을 극대화하는 데 기여하며, 전기차의 주행 거리를 늘리고 배터리 수명을 연장하는 데도 긍정적인 영향을 미칩니다. 또한, 인피니언은 자율주행을 위한 레이더 센서와 같은 고도의 센서 솔루션도 제공하고 있어, 차량의 주행 안전성을 강화하고 있습니다. 이러한 제품 포트폴리오는 인피니언이 전 세계 전기차 및 자율주행 차량 시장에서 강력한 입지를 구축하는 데 기여했으며, 이를 통해 인피니언은 글로벌 자동차 반도체 시장에서 중요한 위치를 차지하고 있습니다.

NXP 또한 자동차용 반도체 분야에서 높은 경쟁력을 자랑하는 기업입니다. NXP는 자동차용 마이크로컨트롤러, 네트워킹 반도체, 안전 시스템을 위한 칩 등 다양한 솔루션을 제공하며, 특히 자율주행차의 첨단 운전자 지원 시스템ADAS 구현에 중요한 역할을 하고 있습니다. NXP는 차량 내 다양한 전자 시스템 간의 통신을 가능하게 하는 V2X Vehicle-to-Everything 솔루션을 개발하여 차량 간 통신뿐만 아니라 인프라와의 연결성도 강화하고 있습니다. 이 기술은 자율주행차가 주행 중 주변 환경을 더욱 정확하게 파악하고, 교통사고를 줄이는 데 기여할 수 있도록 돕습니다. 또한 NXP는 차량 내 보안 솔루션에서도 강점을 가지고 있는데, NXP의 보안 칩은 차량의 통신을 안전하게 보호하며, 해킹과 같은 외부 위협으로부터 차량 시스템을 안전하게 보호하는 데 중요한 역할을 합니다. NXP의 다양한 제품 포트폴리오는 차량의 통신과 보안을 강화하여, 자율주행차의 신뢰성을 높이는 데 기여하고 있습니다.

인피니언과 NXP는 자동차 산업의 핵심 트렌드인 전동화와 자율주행으로 인한 반도체 수요 증가에 발맞춰 고유의 기술적 강점을 살린 다양한 제품을 선보이고 있으며, 이는 두 회사가 자동차 반도체 시장에서 차별화된 입지를 확보하게 만드는 중요한 요소입니다. 전동화 트렌드로 인해 자동차용 전력 반도체 수요가 급증하고 있는 가운데, 인피니언은 고효율 전력 반도체를 통해 전기차 배터리 관리와 에너지 전환을 최적화하는 데 중요한 역할을 하고 있습니다. 전기차의 배터리 관리 시스템과 모터 제어 시스템에 필수적인 인피니언의 전력 반도체 솔루션은 차량의 에너지 효율성을 극대화하며, 전기차 시장의 확대에 따라 수요가 점점 증가하고 있습니다. NXP는 ADAS와 자율주행 기능에 필요한 통신과 보안 기술을 중심으로 시장에서 차별화된 포지셔닝을 강화하고 있습니다. 자율주행차가 발전함에 따라 차량 내 네트워킹과 보안이 더욱 중요해지며, NXP는 이러한 기술을 통해 자동차 제조사들이 안전하고 신뢰할 수 있는 자율주행차를 개발할 수 있도록 돕고 있습니다.

고객 맞춤형 반도체 솔루션, 소이텍과 ST마이크로일렉트로닉스

▶

소이텍과 ST마이크로일렉트로닉스는 각각의 강력한 기술력을 바탕으로 실리콘 웨이퍼와 맞춤형 반도체 솔루션 시장에서 두각을 나타내고 있습니다. 이들은 특히 IoT 및 산업용 애플리케이션에 적합한 혁신적인 반도체 솔루션을 제공하며, 고도로 특화된 시장 수요를 충족시키기 위해 기술적 우위를 확립하고 있습니다.

프랑스에 본사를 둔 소이텍Soitec은 스마트 전력 및 스마트폰, IoT 애플리케이션 등 다양한 분야에서 사용되는 혁신적인 실리콘 웨이퍼를 개발해 온 기업입니다. SOISilicon-On-Insulator 기술로 유명하며, 이를 통해 전통적인 실리콘 웨이퍼보다 높은 성능과 에너지 효율성을 제공하는 반도체를 제조할 수 있습니다. 특히, 이 기술은 전력 소모를 줄이고 속도는 향상시키는 장점이 있어 5G 통신 장비, 자율주행 자동차, AI 등 고성능을 요구하는 산업에서의 수요가 급격히 증가하고 있습니다. SOI 기술을 통해 소이텍은 고객의 요구에 맞춰 고성능 반도체 솔루션을 제공하며, 이는 차세대 통신 네트워크와 고속 컴퓨팅 애플리케이션에 필수적인 기술로 자리 잡고 있습니다.

ST마이크로일렉트로닉스STMicroelectronics는 유럽의 대표적인 반도체 제조업체로서, 특히 IoT와 산업용 애플리케이션에서 강력한 입지를 확보하고 있습니다. 이 회사는 임베디드 시스템, 센서, 전력 관리 IC 등의 다양한 솔루션을 제공하여 스마트 팩토리, 스마트 홈, 의료기기, 전기차와 같은 새로운 시장을 개척하고 있습니다. ST마이크로일렉트로닉스는 산업 환경에서 발생하는 다양한 요구사항에 맞춰 맞춤형 반도체 솔루션을 제공하여 IoT 기기 간의 원활한 통신과 전력 효율성을 극대화하는 역할을 합니다. 또한, 이 회사의 마이크로컨트롤러와 센서 기술은 정밀한 데이터 수집과 고속 처리를 가능하게 하여 고도로 자동화된 환경에서도 신뢰성을 보장합니다.

IoT와 산업용 반도체 시장에서 소이텍과 ST마이크로일렉트로닉스는 각각의 강점과 특화된 기술을 통해 중요한 역할을 하고 있습니다. 소이텍의 SOI 기반 실리콘 웨이퍼는 높은 효율성과 속도를 필요로 하는 고성능 디바이스의 핵심 기술로, 특히 전력 소모를 최소화해야 하는 모바일 기기 및 IoT 애플리케이션에 이상적입니다. 반면, ST마이크로일렉트로닉스는 각종 센서와 전력 관리 솔루션을 통해 IoT 디바이스 간의 상호 연결성과 에너지 효율을 극대화하여 스마트 제조 및 스마트 시티 등의 인프라 구축에 필수적인 요소로 자리 잡고 있습니다.

특히 소이텍과 ST마이크로일렉트로닉스는 고객 맞춤형 반도체 솔루션 제공에 중점을 두고 있습니다. 소이텍은 고객의 니즈에 맞춰 다양한 크기와 성능의 웨이퍼를 제공할 수 있으며, 이를 통해 제조업체들이 자신들의 제품에 최적화된 반도체를 개발할 수 있게 돕습니다. 마찬가지로, ST마이크로일렉트로닉스는 마이크로컨트롤러부터 전력 관리 모듈에 이르기까지 고객의 구체적인 요구를 반영한 맞춤형 제품을 제공하여 시장의 다양한 수요를 만족시키고 있습니다. 이러한 맞춤형 솔루션은 특히, 하나의 산업이 아닌 다양한 산업 전반에 걸쳐 활용 가능하며, 이는 미래의 반도체 시장에서 이들의 경쟁력을 더욱 강화하는 요인으로 작용하고 있습니다.

더 치열한 반도체 산업의
패권 경쟁

글로벌 반도체 경쟁이 심화됨에 따라, 미국, 중국, 유럽, 일본 등 주요 국가들은 국가 안보와 경제 경쟁력 강화를 위한 다양한 전략을 추진하고 있습니다. 각국은 공급망 안정화, 기술 자립도 향상, 그리고 독자적인 첨단 반도체 생태계 구축을 목표로 정책을 전개하며, 서로 다른 강점을 바탕으로 글로벌 시장에서의 입지를 강화하고 있습니다. 이러한 움직임은 향후 반도체 산업의 패권 경쟁 구도를 재편할 중요한 요소로 작용할 전망입니다.

미국, 칩스법과
반도체 공급망 강화

▶

　미국의 반도체 정책은 국가 안보와 경제적 경쟁력을 동시에 확보하기 위한 전략의 일환으로 강화되고 있습니다. 특히, 반도체 산업은 기술 및 경제 패권 경쟁에서 핵심적인 역할을 하고 있으며, 이에 따라 미국 정부는 반도체 공급망 강화를 위한 다양한 정책을 펼치고 있습니다.

　먼저, 2021년 발의된 미국 칩스법은 반도체 제조와 연구개발에 대한 대규모 재정 지원을 제공하는 법안으로, 향후 5년간 반도체 제조시설 및 장비에 대한 투자 장려를 위해 총 520억 달러 규모의 보조금 및 세제 혜택을 지원하는 내용을 담고 있습니다. 이는 미국 내 반도체 제조시설 확충과 첨단 기술 연구에 집중적으로 사용되며, TSMC, 삼성전자 등 글로벌 반도체 기업들이 미국에 제조 공장을 건설하도록 유도하고 있습니다. 이러한 법안은 반도체 공급망의 국가 내 구축을 촉진하며, 외국 의존도를 줄이고 자급률을 높이는 데 중점을 두고 있습니다. 하지만 최근 트럼프 2기 정부가 들어서면서 외국 반도체 기업이 미국에 반도체 공장을 짓더라도 보조금을 지급하지 않을 수도 있다는 입장을 밝히고 있습니다. 여기에 더해 트럼프 대통령은 반도체 수입품에 25~100%의 관세를 부과하는 방향도 검토 중이라고 밝혔습니다.

　국가 안보 강화의 측면에서도 미국은 반도체 산업에 대한 정책적 관심을 높이고 있습니다. 반도체는 국방, 첨단 무기, AI, 5G 통신 등 국가 안보에 필수적인 요소로 작용하기 때문에, 미국은 전략적으로 중요한 반도체 기술이 외국 기업이나 적대국에 노출되지 않도록 방어적인 조치를 강화하고 있습니다. 특히, 중국과의 기술 패권 경쟁에서 우위를 확보하기 위해 수출 규제를 통해 중국의 첨단 반도체 접근을 제한하고 있으며, ASML과 어플라이드 머티어리얼즈Applied Materials 등 주요 반도체 장비 제조사에 대해 중국으로의 장비 수출을 막고 있습니다.

또한, 산업 인프라와 생태계 구축을 위해 미국 정부는 반도체 설계, 제조, 테스트, 패키징 등 전반적인 산업 생태계의 강화를 위해 민간 부문과 협력하고 있습니다. 이는 연구개발 지원 외에도 새로운 인재 양성과 첨단 제조업 활성화를 목적으로 한 인센티브 제공을 포함합니다. 이를 통해 미국은 기술 인재의 해외 유출을 방지하고, 반도체 산업의 지속적인 성장과 혁신을 유지하고자 합니다.

글로벌 파트너십 측면에서, 미국은 동맹국들과의 반도체 협력을 강화하고 있습니다. 예를 들어, 한국, 일본, 대만, EU와의 기술 협력을 통해 반도체 기술의 공동 개발과 안정적 공급망 구축을 목표로 하고 있습니다. 이러한 협력은 미중 경쟁 속에서 반도체 공급망을 강화하는 동시에, 미국이 반도체 산업에서 지속적으로 리더십을 유지할 수 있도록 지원합니다.

미국의 반도체 정책은 국가 전략적 자산으로서의 반도체 산업 보호라는 기조 아래, 기술 자급률과 자립도를 강화하며, 글로벌 반도체 산업에서 지속적인 주도권을 유지하고자 하는 방향으로 전개되고 있습니다. 이와 같은 종합적인 접근은 기술 패권을 둘러싼 경쟁이 심화되는 상황에서 미국의 기술 우위와 경제적 이익을 장기적으로 보호하는 데 기여하고 있습니다.

중국 중심의 반도체 자립과 생태계 구축 목표

▶

중국은 중국제조 2025 계획의 핵심 목표 중 하나로 반도체 산업의 자립도를 높이고, 장기적으로 자국 중심의 첨단 반도체 생태계를 구축하는 데 중점을 두고 있습니다. 이를 위해 중국 정부는 일명 '빅펀드'라 불리는 국가반도체산업투자기금National Integrated Circuit Industry Investment Fund을 운용하여 자국 반도체 산업에 막대한 자금을 투입하고 있습니다. 이 빅펀드는 특히 반도체 설계, 제조, 장비, 재료와 같은 산업 전반에 걸쳐 기술력을 키우고 글로벌 경쟁력을 확보할 수 있도록 돕는 중요한 자금 지원 시스템으로 자리 잡고 있습니다.

빅펀드는 주로 중국 내 주요 반도체 기업들과 연구기관들에 재정적 지원을 제공하여 이들이 글로벌 반도체 시장에서 경쟁할 수 있도록 기술 개발과 인프라를 지원합니다. 반도체 분야에만 수천억 위안(약 수백억 달러) 규모의 자금을 투입하며, 단기적인 연구개발 프로젝트뿐만 아니라 장기적인 제조 인프라 구축에도 활용됩니다.

빅펀드는 자국 반도체 설계 및 제조 역량을 높이기 위해 하이실리콘, 유니SOC 등의 팹리스 설계 회사뿐만 아니라 SMIC와 같은 대규모 제조사에 대한 연구개발 투자를 확대하고 있습니다. 연구개발에 대한 지속적인 투자를 통해 반도체 설계 기술력을 증대하고, 중국 자체 기술로 고성능 칩 설계 및 제조 공정을 확보하는 것을 목표로 합니다. 이는 외국 기업에 대한 의존도를 줄이기 위한 핵심 전략으로, 해외에서 확보하기 어려운 핵심 기술을 자국 내에서 개발하는 것을 의미합니다.

중국 반도체 산업이 자급자족할 수 있도록 하는 중요한 부분은 제조 장비와 인프라입니다. 반도체 제조에는 매우 정밀하고 복잡한 장비가 필요하며, 이를 대부분 네덜란드의 ASML 같은 외국 기업에서 수입해 왔습니다. 그러나 미국 및 기타 국가의 수출 제한이 강화되면서, 중국은 첨단 제조 장비를 자국에서 생산할 수 있는 능력을 키워야 하는 상황에 직면했습니다. 빅펀드는 반도체 장비와 인프라 구축에 재정 지원을 아끼지 않으며, 제조 장비의 국산화를 위해 장비 개발에 필요한 연구 및 제조 시설 건설에 대규모 자금을 지원하고 있습니다. 이를 통해 중국 내 반도체 산업이 독립적이고 자급자족할 수 있는 구조를 만드는 것을 목표로 하고 있습니다.

반도체 제조에는 고순도의 웨이퍼, 포토레지스트, 화학 약품 등이 필수적이며, 그동안 주로 일본, 미국, 한국 등 해외에서 수입해 왔습니다. 빅펀드는 이와 같은 재료 산업에도 투자하여 자국에서 반도체 제조에 필요한 재료를 공급할 수 있도록 하는 자급화를 추진하고 있습니다. 이러한 재료 산업 육성은 자국 내 반도체 공급망을 강화하고, 해외 공급망의 불확실성으로부터 반도체 생산이 영향을 받지 않도록 하는 데 중요한 역할을 하고 있습니다. 빅펀드는 단순히 기술 개발에 필요한 자금 지원을 넘어서, 중국이 자체적으로 반도체 생태계를 구축하는 데 있어 핵심적인 역할을 하고 있습니다. 중국제조 2025의 목표를 달성하기 위해 빅펀드는 자국 내 반도체 기업들을 세계적 수준으로 끌어올리는 것을 목표로 하고 있으며, 이를 통해 중국은 글로벌 반도체 시장에서의 영향력을 강화하고자 합니다. 또한, 중국 정부는 이 빅펀드를 통해 해외 기술 의존을 줄이고, 특히 미국의 기술 제재로부터 자국 산업을 보호하려는 강력한 의지를 보여주고 있습니다.

보다 세부적으로, 중국의 반도체 산업 육성 전략은 D램과 낸드플래시 메모리 반도체 분야에서 두드러지게 나타나고 있습니다. D램 분야에서는 창신메모리CXMT, 낸드플래시 분야에서는 YMTC가 대표적인 기업으로 떠오르고 있으며, 중국 정부의 막대한 지원을 바탕으로 빠른 성장을 이어가고 있습니다. 중국은 반도체 자립을 목표로 천문학적인 규모의 투자를 단행하고 있으며, 한국의 반도체 산업을 위협하는 수준까지 성장할 가능성이 점점 높아지고 있습니다.

D램 시장은 삼성전자, SK하이닉스, 마이크론의 3대 기업이 과점하고 있는 대표적인 고부가가치 반도체 시장입니다. 하지만 중국 정부의 강력한 지원을 등에 업은 창신메모리는 2016년 설립 이후 빠르게 성장하며 시장에서 점유율을 확대하고 있습니다. 2023년 기

준으로 19nm 공정을 적용한 D램을 양산 중이며, 향후 17nm 이하의 미세공정 기술을 개발하는 것을 목표로 하고 있습니다. 현재까지는 주로 중국 내수 시장을 중심으로 공급하고 있지만, 향후 해외 시장 진출 가능성도 배제할 수 없습니다.

창신메모리의 성장은 중국의 '빅펀드'와 지방정부의 대규모 보조금 지원에 힘입은 것입니다. 2014년 설립된 1차 빅펀드는 약 1,387억 위안(약 27조 원), 2019년 출범한 2차 빅펀드는 약 2,042억 위안(약 40조 원)을 투입해 반도체 기업들을 지원하고 있습니다. 이 같은 정부 주도의 대규모 지원 덕분에 창신메모리는 막대한 연구개발비 부담을 덜면서 기술력을 빠르게 축적할 수 있었습니다.

또한, 창신메모리는 중국 정부의 '국산화' 기조에 따라 중국 내 데이터센터, 클라우드 서비스 업체, PC 제조업체들로부터 적극적인 구매 지원을 받고 있습니다. 특히, 미국과의 기술 패권 경쟁이 심화되는 가운데, 중국은 반도체 분야에서 자국 제품을 우선적으로 사용하는 정책을 강화하고 있으며, 이는 창신메모리의 성장에 긍정적인 영향을 미치고 있습니다.

낸드플래시 시장에서는 삼성전자, SK하이닉스, 키옥시아(구 도시바), 마이크론, 웨스턴디지털WD 등이 경쟁하고 있습니다. 이러한 상황에서 중국 정부의 적극적인 지원을 바탕으로 YMTC는 2016년부터 낸드플래시 생산을 본격화하며 시장에 도전장을 내밀었습니다.

YMTC는 2020년 업계 최초로 128단 3D 낸드를 개발하며 기술력을 입증했으며, 2022년에는 232단 낸드를 개발해 글로벌 경쟁사들과 어깨를 나란히 하는 수준까지 도달했습니다. 이는 중국 기업이 선진국 반도체 기업들과의 기술 격차를 빠르게 좁히고 있다는 점을 보여주는 사례입니다. 또한, YMTC는 중국의 스마트폰 제조 업체 및 서버 시장을 중심으로 공급망을 확대하고 있으며, 미국의 수출 규제에도 불구하고 기술 개발을 지속하고 있습니다.

그러나 미국의 견제가 강화되면서 YMTC의 글로벌 시장 진출에는 어려움이 따르고 있습니다. 2022년 미국 정부는 YMTC를 '수출 통제 리스트'에 추가하며, 첨단 반도체 제조 장비 및 기술 이전을 차단했습니다. 이에 따라 YMTC는 주요 원자재 및 장비 조달에서 어려움을 겪고 있으며, 미국과 동맹국들의 제재가 지속될 경우 기술 개발 속도가 둔화될 가능성이 있습니다.

중국은 반도체 자립을 위해 총 3조 위안(약 562조 원)에 달하는 대규모 투자 계획을 추진하고 있습니다. 이는 '제14차 5개년 계획 (2021~2025년)'의 핵심 목표 중 하나로, 반도체 산업 육성을 위해 중앙정부와 지방정부가 공동으로 투자하고 있습니다. 또한, 2030년까지 세계 반도체 시장에서 70% 이상의 자급률을 달성하는 것을 목표로 삼고 있으며, 이를 위해 막대한 보조금과 세금 감면 혜택을 제공하고 있습니다.

특히, 중국은 반도체 산업의 공급망을 완전히 국산화하기 위해 반도체 설계, 제조, 후공정(패키징·테스트)뿐만 아니라 반도체 장비 및 소재 분야에도 적극적으로 투자하고 있습니다. 이는 미국의 반도체 제재에 대응하고, 글로벌 반도체 시장에서 자국 기업들의 경쟁력을 강화하기 위한 전략적 움직임입니다.

중국의 반도체 지원 정책은 한국과 비교할 때 압도적인 규모를 자랑합니다. 한국 정부도 반도체 산업을 국가 핵심 전략산업으로 육성하고 있으나, 보조금과 지원 정책의 규모가 중국에 비해 상대적으로 부족한 상황입니다. 2023년 발표된 '반도체 초강대국 전략'에 따라 한국 정부는 10년간 약 300조 원을 투자할 계획이지만, 이는 중국의 지원 규모에 비하면 절반 수준에 불과합니다.

한국은 반도체 산업에서 세계적인 경쟁력을 보유하고 있지만, 정부의 보조금 및 지원 정책은 중국과 비교했을 때 부족하다는 지적이 많습니다. 특히, 미국의 칩스법을 통해 자국 반도체 산업에 527억 달러(약 70조 원) 규모의 보조금을 지급하는 것과 비교해도 한국의 반도체 지원 정책은 미흡하다는 평가가 나옵니다.

한국 반도체 업계는 중국의 대규모 지원을 경계하면서도, 한국 정부의 지원이 보다 적극적으로 이루어져야 한다는 목소리를 내고 있습니다. 특히, 반도체 산업은 막대한 연구개발비가 필요한 분야이므로, 정부 차원의 세금 감면, 연구개발 지원, 인프라 구축 지원이 필수적입니다. 하지만 현재 한국의 반도체 관련 세액공제율은 15% 수준으로, 미국의 25%나 중국의 50% 이상과 비교하면 경쟁력이 떨어지는 수준입니다.

또한, 반도체 인력 양성 문제도 중요한 과제로 떠오르고 있습니다. 한국은 반도체 관련 전공자의 공급이 부족해지고 있으며, 우수 인재들이 해외로 유출되는 현상이 발생하고 있습니다. 이에 반해 중국은 매년 수십만 명의 반도체 관련 전공자를 배출하고 있으며, 해외 유학을 통해 최첨단 반도체 기술을 습득한 인재들을 적극적으로 유치하고 있습니다.

중국은 국가 차원의 대규모 지원을 통해 반도체 자립을 적극적으로 추진하고 있으며, 창신메모리와 YMTC를 앞세워 메모리 반도체 시장에서도 영향력을 확대하고 있습니다. 반면, 한국은 세계 최고의 반도체 제조 기술을 보유하고 있음에도 불구하고, 정부의 보조금과 지원 정책이 상대적으로 부족한 상황입니다. 한국이 반도체 산업의 글로벌 경쟁력을 유지하기 위해서는 보다 적극적인 투자와 지원이 필요하며, 반도체 인력 양성 및 연구개발 지원 확대 등의 전략이 필수적입니다.

유럽,
강력한 반도체 생태계 구축

▶

유럽의 반도체 정책은 기술 자립과 생태계 강화라는 두 가지 큰 목표를 중심으로 진행되고 있으며, 이를 위해 '유럽 반도체 이니셔티브European Chips Act'가 핵심 역할을 하고 있습니다. EU는 반도체 공급망의 불안정성이 국가 경제와 안보에 직접적인 영향을 미친다는 점을 인식하고, 반도체 기술 확보를 통해 자국 내 생산 역량을 확충하고 있습니다. 특히 팬데믹으로 인한 공급망 위기가 유럽의 의존성을 드러내면서, EU는 반도체 산업에서 자립도를 높이고 생태계를 강화하기 위해 적극적으로 나서고 있습니다.

유럽 반도체 이니셔티브는 2022년에 발표된 EU의 전략적 계획으로, 2030년까지 세계 반도체 시장 점유율을 현재의 약 10%에서 20%로 늘리는 것을 목표로 하고 있습니다. 이 계획의 핵심은 반도체 생산과 연구개발 역량을 유럽 내에서 확대하고, 새로운 첨단 제조 시설과 연구기관을 설립하는 것입니다. 이를 통해 유럽은 반도체 생산의 자급자족 구조를 구축하고, 공급망 안정성을 강화하려는 장기적 비전을 가지고 있습니다.

EU는 반도체 기술 자립을 위해 첨단 반도체 생산에 필수적인 기술과 제조 공정을 유럽 내에서 확보하는 데 주력하고 있습니다. 이를 위해 주요 반도체 기업들과 협력하여 유럽 내 생산 시설을 구축하고 있으며, 인텔과 TSMC 같은 기업들과의 협력을 통해 대규모 반도체 제조 공장을 유럽 내에 설립하고 있습니다. 이러한 협력은 유럽이 자국 내 반도체 제조 능력을 강화하고, 고성능 칩 생산 역량을 갖추는 데 중요한 역할을 하고 있습니다.

유럽은 기술 자립을 위해 높은 자금을 투입하고 있으며, 총 430억 유로(약 65조 원) 규모의 자금을 반도체 산업에 투입할 계획입니다. 이는 반도체 생산뿐만 아니라 연구개발, 인재 양성, 인프라 구축까지 포함한 전방위적인 지원 체계로, 이를 통해 유럽은 첨단 반도체 기술 개발과 생산 역량을 함께 강화하려는 목표를 가지고 있습니다.

딥테크 AI 로봇 전쟁

유럽 반도체 이니셔티브는 유럽 내 반도체 생태계를 강화하기 위한 노력도 역시 포함하고 있습니다. 유럽은 다양한 분야의 반도체 관련 기술 기업과 연구소들을 연결하여 생태계를 확장하고, 협력체계를 구축하여 유럽 반도체 산업의 경쟁력을 높이고자 합니다. 특히, 벨기에의 IMEC^Interuniversity Microelectronics Center, 독일의 프라운호퍼 ^Fraunhofer, 프랑스의 CEA-Leti(프랑스 원자력청 산하 전자정보기술연구소)와 같은 유럽의 선도적 연구기관들이 연구와 혁신에 기여할 수 있도록 하고 있습니다. 이러한 연구기관들은 첨단 반도체 기술 개발에서 중요한 역할을 담당하며, 유럽의 기술 발전에 필수적인 자원으로 여겨집니다.

또한, 유럽은 기술 표준화를 통해 유럽 내 다양한 기업들이 반도체 산업의 공급망에 참여할 수 있도록 장려하고 있습니다. 이를 통해 중소기업과 대기업, 학계와 산업이 서로 협력하는 생태계를 구축하여, 반도체 생산의 모든 단계에 걸친 종합적이고 견고한 네트워크를 형성하고 있습니다.

유럽 반도체 이니셔티브는 유럽이 아시아와 미국에 대한 의존성을 줄이고, 자급자족 가능한 공급망을 확보하기 위한 전략적 조치로 간주됩니다. 특히, 유럽은 반도체 산업에서 제조 역량을 갖추는 것이 핵심이라는 점을 인식하고 있으며, 이를 통해 반도체 공급의 안정성을 확보하고, 글로벌 공급망의 변화에도 대응할 수 있는 능력을 갖추고자 합니다.

EU는 반도체의 전략적 중요성을 강조하며, 이니셔티브를 통해 반도체 제조와 공급망에서 유럽의 독립성을 확대하고 있습니다. 이로 인해 유럽은 반도체 산업의 주요 부분인 팹리스 설계, 제조 공정, 재료 공급망, 장비 및 유지 보수 등 모든 부분에서 자체 역량을 갖출 수 있도록 하고 있으며, 장기적으로 유럽 내 반도체 산업의 지속 가능성을 높이는 데 중점을 두고 있습니다.

유럽 반도체 이니셔티브는 반도체 생산과 연구개발 외에도 인재 양성, 인프라 구축, 장비 공급망 확보 등 전방위적인 지원책을 포함합니다. 특히, 유럽 내 인재 양성을 위해 연구소와 대학을 통한 교육과정 지원 및 기업 협력 프로그램을 강화하고 있으며, 이는 장기적으로 기술력을 가진 인재들이 유럽 반도체 산업의 중심에서 활동할 수 있는 기반을 제공합니다.

또한, EU는 유럽투자은행European Investment Bank, EIB과의 협력을 통해 중소기업이 반도체 공급망에 참여할 수 있도록 금융 지원을 강화하고 있으며, 중소기업들이 반도체 생산의 일부를 담당하여 생태계를 더욱 확장할 수 있도록 하고 있습니다. 이를 통해 유럽은 반도체 산업에서 중소기업의 역할을 확대하고, 산업 전반에서의 혁신을 촉진하고자 합니다.

유럽 반도체 이니셔티브는 반도체 산업의 자립을 넘어, 유럽 내 강력한 반도체 생태계를 구축하려는 전략적 계획입니다. 이를 통해 유럽은 아시아와 미국에 의존하지 않는 독립적인 공급망을 구축하고, 첨단 반도체 기술의 선두에 서기 위한 기반을 마련하고 있습니다. 유럽의 반도체 정책은 단순한 자금 지원이 아니라, 반도체 생태계를 종합적으로 강화하고, 장기적인 자급자족 구조를 구축하려는 EU의 전방위적인 전략입니다.

일본, 국가 안보와 경제 경쟁력 강화

▶

일본의 반도체 정책은 국가 안보와 경제 경쟁력을 동시에 강화하기 위한 전략으로 추진되고 있습니다. 일본 정부는 반도체를 디지털 사회의 핵심 인프라로 간주하며, 자국 반도체 산업의 회복과 글로벌 공급망에서의 지위를 확립하기 위해 다각적인 정책을 수립하고 있습니다.

첫째, 일본은 자국 내 반도체 생산능력을 강화하고자 미국, 대만 등 주요 반도체 강국과 협력하고 있습니다. 미국과의 협력을 통해 안정적인 공급망을 구축하고, 첨단 기술 교류와 공동 연구개발을 촉진하며 상호 보완적인 관계를 이어가고 있습니다. 최근 일본 정부는 미일 경제 협력의 일환으로 자국에 첨단 반도체 제조 공장을 설립하도록 유도하며, TSMC와 같은 대만 반도체 기업의 일본 투자 유치를 통해 기술적 상생을 도모하고 있습니다. 이러한 투자 유치는 일본 내 첨단 반도체 인프라 확보와 인재 양성을 위한 기반을 제공하고 있습니다.

둘째, 일본 정부는 차세대 반도체 기술 개발을 위해 연구개발에 막대한 자금을 투입하고 있습니다. 일본 경제산업성은 반도체 제조 공정에서 중요한 역할을 하는 소재 및 장비 분야에서의 자국 기술 경쟁력을 유지하는 데 중점을 두고 있으며, 이를 위해 관련 기업과 연구기관에 지원금을 제공하고 있습니다. 특히 일본은 반도체 생산에 필수적인 EUV 기술과 같은 첨단 제조 기술의 국산화를 목표로 연구개발을 적극 추진하고 있습니다. 이러한 연구개발 투자는 자국의 기술 독립성을 확보하는 동시에 글로벌 반도체 경쟁력 강화를 목적으로 합니다.

셋째, 일본은 반도체 산업의 인재 양성을 위해 교육 및 훈련 프로그램을 확대하고 있습니다. 반도체 산업은 첨단 기술이 필요하므로 고급 기술 인재의 확보가 필수적입니다. 이를 위해 일본 정부는 대학 및 연구소와 협력하여 반도체 관련 전문 교육 프로그램을 운영하며, 차세대 엔지니어와 연구 인력의 육성에 힘을 쏟고 있습니다. 이러한 정책은 산업 전반에 걸쳐 고급 인재를 확보하는 데 기여하며, 장기적으로 반도체 산업의 지속 가능성을 높이는 데 중요한 역할을 합니다.

한국의 반도체
생존 전략

한국의 반도체 산업은 세계 경제에서 중요한 위치를 차지하고 있으며, 특히 메모리 반도체 분야에서 독보적인 경쟁력을 보여주고 있습니다. 한국은 삼성전자와 SK하이닉스 같은 세계적인 반도체 기업을 보유하고 있으며, 이러한 기업들은 글로벌 반도체 공급망에서 핵심적인 역할을 하고 있습니다. 삼성전자와 SK하이닉스는 D램과 낸드플래시 메모리 시장에서 주요한 점유율을 차지하며, 글로벌 기술 리더로 자리 잡고 있습니다.

기술적 우위를 확보하기 위한
지속적인 혁신

▶

　삼성전자는 메모리 반도체 분야에서 오랜 기간 세계 1위를 유지하고 있는 기업입니다. D램, 낸드플래시 메모리 시장에서 압도적인 점유율을 기록하고 있으며, 특히 미세공정 기술과 고성능 메모리 제품의 개발에 주력하고 있습니다. 삼성전자는 차세대 기술인 AI, 5G, 자율주행 자동차 등에 필요한 고성능 반도체를 개발하고 있으며, 이를 통해 고부가가치 시장에서의 점유율을 확대하고 있습니다. 또한, 메모리 반도체뿐만 아니라 시스템 반도체 및 파운드리 사업에서도 적극적인 확장을 추진하고 있습니다. 파운드리 사업에서는 세계 최대의 반도체 위탁생산 업체인 대만의 TSMC와의 경쟁이 치열하지만, 삼성전자는 EUV 공정을 도입하며 기술적 우위를 확보하기 위해 노력하고 있습니다.

　SK하이닉스는 D램 분야에서 세계 2위를 차지하고 있으며, 낸드플래시 시장에서도 강력한 경쟁력을 보유하고 있습니다. SK하이닉스는 최근 미세공정 기술을 바탕으로 고용량, 고성능 메모리 제품을 개발하고 있으며, 이를 통해 데이터센터, AI, 클라우드 컴퓨팅 등 고성능 컴퓨팅 수요에 대응하고 있습니다. 특히, SK하이닉스는 친환경적인 반도체 제조 공정을 도입하여 ESG 경영에도 집중하고 있습니다. 이는 전 세계적인 탄소 배출 저감 요구와 맞물려, 지속 가능한 기업 활동의 일환으로 평가받고 있습니다. 또한, 해외 생산

시설 확장과 연구개발 투자에 집중하고 있으며, 글로벌 시장에서의 입지를 강화하고 있습니다.

한국의 반도체 산업은 이러한 두 주요 기업 외에도 다양한 중소기업 및 반도체 장비, 소재 업체들의 협업과 기술 혁신으로 이루어져 있습니다. 예를 들어, 한미반도체, 원익IPS, 두산테스나 등의 반도체 장비 업체들은 첨단 공정에 필요한 핵심 장비를 공급하고 있으며, SK머티리얼즈, 솔브레인 등의 소재 업체들은 반도체 생산에 필수적인 고순도 화학 물질과 소재를 제공하고 있습니다. 이러한 기업들의 기술적 협력과 공급망의 안정성은 한국 반도체 산업의 중요한 경쟁력 요소로 작용하고 있습니다.

한국 정부는 반도체 산업을 국가 경제의 핵심 성장 동력으로 인식하고, 이를 지원하기 위한 다양한 정책을 추진하고 있습니다. 정부는 연구개발 투자, 세제 혜택, 인력 양성 프로그램 등을 통해 반도체 산업의 경쟁력을 높이고 있습니다. 특히, 반도체 연구개발에 대한 투자는 차세대 메모리 기술, 비메모리 반도체 기술, AI 반도체 기술 등 다양한 분야에 집중되고 있습니다. 또한, 반도체 전문 인력 부족 문제를 해결하기 위해 정부와 대학, 기업 간의 협력 체계를 구축하여, 교육 프로그램과 산학 협력 연구를 확대하고 있습니다.

한국 반도체 산업은 또한 글로벌 공급망 변화에 적극적으로 대응하고 있습니다. 미중 무역 갈등과 글로벌 반도체 공급 부족 문제로 인해, 반도체 생산의 안정성과 공급망의 다각화가 중요한 과제가 되고 있습니다. 이에 따라, 한국의 주요 반도체 기업들은 해외 생산

기지의 확장과 함께 국내 생산 능력의 강화에 투자하고 있습니다. 삼성전자는 미국 텍사스주에 새로운 반도체 공장을 건설하고 있으며, SK하이닉스는 미국과 유럽 지역에 추가적인 연구개발 센터를 설립하고 있습니다. 이러한 노력은 글로벌 공급망의 안정성을 확보하고, 주요 고객사와의 장기적인 신뢰 관계를 강화하기 위한 전략의 일환입니다.

한편, 한국의 반도체 산업은 기술적인 혁신을 통해 미래 시장의 변화에 대응하고 있습니다. 차세대 반도체 기술인 AI 반도체, 자동차용 반도체, 데이터센터용 메모리 등 다양한 신제품 개발에 박차를 가하고 있으며, 이를 통해 새로운 시장 기회를 창출하고 있습니다. 특히, 삼성전자는 자율주행 및 전기차 시장을 겨냥한 고성능 차량용 반도체 개발에 집중하고 있으며, SK하이닉스는 AI와 클라우드 컴퓨팅의 발전에 따른 메모리 수요 증가에 맞춰 HBM High Bandwidth Memory(고대역폭 메모리)과 같은 고속 메모리 제품의 생산을 확대하고 있습니다.

한국의 반도체 산업은 세계적인 기술력과 생산 능력을 바탕으로 높은 수준의 경쟁력을 유지하고 있으며, 글로벌 시장에서 중요한 위치를 차지하고 있습니다. 그러나 대만의 TSMC, 미국의 인텔, 중국의 반도체 굴기와 같은 치열한 경쟁 속에서 기술적 우위를 확보하기 위한 지속적인 혁신이 필요합니다. 한국은 메모리 반도체 분야에서의 강점을 바탕으로 비메모리 반도체와 차세대 반도체 기술로의 다각화를 추진하고 있으며, 이를 통해 글로벌 반도체 산업의 리더로 자리매김하기 위한 노력을 계속하고 있습니다.

전력 반도체와
AI 반도체 경쟁력 높이기

▶

한국 반도체 산업의 생존 전략은 정부의 지원, 기업의 혁신, 기술 자립성 확보, 국제 협력이라는 네 가지 주요 축을 중심으로 이루어지고 있습니다.

먼저, 정부 차원의 전략은 반도체 산업의 연구개발 지원과 생태계 조성에 초점을 맞추고 있습니다. 한국 정부는 반도체를 국가 전략산업으로 지정하고, 연구개발 예산을 대폭 확대하며 관련 인프라 구축을 적극적으로 지원하고 있습니다. 특히, 대학과 연구기관을 중심으로 차세대 반도체 전문 인력을 양성하고 있으며, 인력 부족 문제를 해결하기 위해 산업과 학계 간 협력 모델을 개발하고 있습니다.

기업 차원의 전략은 글로벌 시장 확장과 기술 혁신, 그리고 차세대 메모리 반도체 및 전력 반도체 연구에 집중하고 있습니다. 한국의 주요 반도체 기업들은 기존의 메모리 반도체 분야에서 글로벌 시장 점유율을 더욱 확대하는 동시에, 비메모리 반도체 시장에서도 경쟁력을 확보하기 위해 적극적으로 투자하고 있습니다. 특히, 미래 시장의 수요 증가가 예상되는 차세대 메모리 반도체 기술을 강화하며, AI 및 고성능 컴퓨팅HPC 시장을 겨냥한 HBM, MRAM, ReRAM 등의 반도체 연구를 가속화하고 있습니다.

전력 반도체power semiconductor는 전력을 변환하고 제어하는 역할을 하는 반도체로 전기차, 신재생에너지, 산업 자동화, 데이터센터, 가전제품 등 다양한 산업에서 필수적인 요소로 자리 잡고 있습니다. 특히 전력 반도체는 전력 효율성을 극대화하는 역할을 하며, 글로벌 에너지 절감 및 탄소 중립 정책과 맞물려 시장 수요가 빠르게 증가하고 있습니다. AI 서버, 전기차, 스마트 팩토리 등 에너지를 많이 소비하는 산업에서는 전력 반도체의 성능이 곧 전체 시스템의 효율성을 결정짓는 핵심 요소가 되고 있습니다.

현재 전력 반도체 시장은 일본의 로옴, 미쓰비시, 유럽의 인피니언, ST마이크로일렉트로닉스, 미국의 온세미, 텍사스 인스트루먼트 등이 주도하고 있으며, 한국은 상대적으로 후발 주자로 평가되고 있습니다. 그러나 삼성전자, SK하이닉스, DB하이텍 등이 전력 반도체 연구개발을 확대하면서, 실리콘 카바이드SiC, 질화 갈륨GaN 기반의 고효율 전력 반도체 기술 확보에 나서고 있습니다.

한국이 전력 반도체 시장에서 경쟁력을 갖추기 위해서는 반도체 제조 공정 최적화, 소재 및 부품 기술 개발, 차세대 전력 소자 연구에 대한 전략적 투자가 필수적입니다. 또한, 전기차, 신재생에너지, AI 데이터센터 등 전력 효율이 중요한 산업과의 협력을 확대하여, 실질적인 시장 적용 사례를 늘려야 합니다.

AI, 클라우드 컴퓨팅, 데이터센터 등의 급성장으로 인해 반도체의 전력 효율성이 산업의 핵심 이슈로 떠오르고 있습니다. AI 연산이 증가할수록 연산에 필요한 전력 소비도 급격히 늘어나고 있으며, 이는 데이터센터 운영 비용 증가와 탄소 배출 문제로 이어지고 있습니다. 이를 해결하기 위해, 반도체 설계 및 소프트웨어 최적화를 통해 전력 소비를 줄이는 기술 개발이 필수적입니다. AI 칩이 학습과 추론을 수행하는 과정에서 전력 효율을 극대화할 수 있도록 저전력 연산 기법, AI 모델 경량화, 전력 관리 알고리즘 등의 연구가 활발하게 이루어져야 합니다.

특히, 에지 컴퓨팅Edge Computing 기술과 결합하여, AI 연산을 클라우드 데이터센터가 아닌 로컬 디바이스에서 직접 수행함으로써 전력 소모를 줄이는 방식이 중요합니다. 한국 기업들이 AI 반도체 개발에서 경쟁력을 확보하기 위해서는, 단순히 고성능을 목표로 하는 것이 아니라 에너지 효율까지 고려한 최적화된 반도체 설계가 이루어져야 합니다.

현재 미국과 중국은 AI 반도체 및 전력 반도체 최적화를 위한 국가적 투자를 강화하고 있습니다. 미국은 스타게이트 AI 인프라를 통해 전력 효율을 고려한 차세대 AI 반도체 및 데이터센터 최적화 기술을 개발하고 있으며, 중국도 딥시크와 같은 AI 스타트업을 적극 지원하면서 자체 반도체 기술력을 키우고 있습니다.

반면, 한국은 소버린 AI 및 AI 반도체 관련 국가적 투자와 연구개발 지원이 상대적으로 부족한 상황입니다. 한국이 독자적인 AI 반도체 및 전력 효율화 기술을 확보하지 않는다면, 글로벌 AI 및 반도체 경쟁에서 뒤처질 가능성이 큽니다. 한국 반도체 산업이 지속적으로 성장하고 글로벌 시장에서 경쟁력을 유지하기 위해서는 메모리 반도체 중심에서 벗어나 시스템 반도체, 전력 반도체, AI 반도체로 확장하는 전략이 필요합니다.

한국이 반도체 산업에서 지속적인 경쟁력을 확보하기 위해서는 전력 반도체 및 AI 반도체 분야의 투자 확대, 전력 효율 최적화 기술 개발, AI 생태계 구축이 필수적입니다. 전력 반도체와 AI 반도체는 단순한 시장 경쟁을 넘어, 산업 전반의 전력 효율성을 개선하고 지속 가능한 기술 혁신을 주도하는 핵심 요소가 될 것입니다. 이를 위한 정부와 기업의 전략적 협력과 적극적인 연구개발 지원이 반드시 필요합니다.

차세대 메모리 기술과 시스템 반도체로의 확장

▶

미래 반도체 기술을 준비하는 과정은 AI, 5G, IoT 등 차세대 산업 전반에 걸쳐 중요한 기반이자 필수 과제로 여겨지고 있습니다. 특히 D램과 낸드와 같은 기존 메모리 기술이 물리적 한계에 가까워지면서 차세대 메모리 기술에 대한 연구가 활발히 이루어지고 있습니다. D램의 성능은 지속적인 발전을 거듭해왔지만, 초고속 연산 및 초저전력을 필요로 하는 AI와 데이터 중심의 환경에서는 한계를 드러내고 있습니다. 이에 따라 차세대 비휘발성 메모리^{NVM}인 RRAM(저항성 메모리), PRAM(상변화 메모리), MRAM(자기 저항성 메모리) 등의 연구가 적극적으로 진행되고 있으며, 이는 D램 이후를 대비한 미래 메모리 기술로서의 가능성을 제시합니다. 이러한 차세대 메모리는 데이터 보존력과 속도에서 강점을 지니며, 전력 소모를 줄여 효율성을 높일 수 있어 고성능 연산이 필요한 AI나 데이터 처리에 적합한 대안으로 주목받고 있습니다.

또한, 새로운 소재와 공정 기술의 개발은 반도체 기술 발전에 있어 중요한 역할을 하고 있습니다. 기존 실리콘 기반 반도체는 나노미터 단위 이하로의 미세공정에서 성능의 한계를 맞이하고 있어, 이를 대체하거나 보완할 수 있는 신소재 연구가 활발히 이루어지고 있습니다. 특히 탄소 나노튜브와 그래핀과 같은 2차원 소재는 뛰어난 전기적 특성은 물론 물리적 안정성까지 갖추고 있어 차세대 반도체 소자로 평가되고 있습니다. 이와 함께, EUV 리소그래피 같은 첨단 공정 기술은 더욱 정밀한 미세공정 구현을 가능하게 하고 있으며, 공정의 효율성을 높이는 방법으로 활용되고 있습니다. 또한, 3D 패키징과 칩 스태킹 기술은 반도체 소자의 집적도를 높이는 방안으로서 중요한 기술로 자리 잡고 있으며, 이를 통해 메모리의 용량과 성능을 극대화하는 혁신이 이루어지고 있습니다.

한편, AI와 고성능 컴퓨팅^{HPC}용 메모리와 프로세서 개발은 반도체 기술의 또 다른 주요 연구 방향입니다. AI 연산의 특성상 대량의 데이터가 빠르게 처리되어야 하기 때문에 기존 메모리 구조만으로는 한계가 있으며, 이에 따라 AI 가속기와 같은 특화된 프로세서와 연산 최적화 메모리 구조가 도입되고 있습니다. 특히 AI와 HPC에 최적화된 메모리 솔루션이 개발되고 있으며, 이를 통해 방대한 데이터 처리에 적합한 연산 성능을 극대화하는 것이 주요 목표입니다. 이러한 고성능 메모리 솔루션은 AI와 데이터센터 산업의 발전을 뒷받침하는 핵심 기술로 자리 잡고 있으며, 향후 AI 기술이 반도체 분야에 더욱 널리 적용됨에 따라 메모리 반도체의 역할이 더욱 중요해질 것입니다.

더불어, 시스템 반도체로의 확장은 메모리 반도체 중심의 구조를 탈피해 반도체 산업의 포트폴리오를 다각화하고 경쟁력을 강화할 수 있는 전략적 방향입니다. 메모리 반도체는 데이터 저장 용도로 많이 활용되지만, 시스템 반도체는 데이터 처리와 제어를 담당하는 반도체로 다양한 응용 분야에 필수적인 역할을 하고 있습니다. 특히 자율주행차와 같은 미래 기술에는 CPU, GPU, AI 가속기와 같은 비메모리 반도체가 필수적이며, 이러한 미래 기술에 대응하기 위해서는 비메모리 반도체가 필요합니다. 비메모리 분야의 성장 가능성이 높은 만큼 이를 위한 연구와 투자가 중요시되고 있으며, 비메모리 반도체는 차량용 반도체, IoT 기기, 모바일 기기 등 다방면에 걸쳐 활용될 수 있어 산업 전반에서 그 수요가 증가할 전망입니다. 주요 국가들은 시스템 반도체의 연구 및 개발에 투자하면서 글로벌 시장에서의 경쟁력을 확보하고자 노력하고 있습니다.

이러한 흐름 속에서, 국내 반도체 산업이 지속적인 경쟁력을 확보하기 위해서는 메모리 반도체의 강점을 유지하면서도 시스템 반도체 분야에서의 혁신과 시장 점유율 확대를 동시에 추진해야 합니다. 이를 위해서는 독자적인 반도체 설계 역량을 강화하고, 글로벌 팹리스(반도체 설계 전문 기업) 및 파운드리(반도체 위탁 생산) 기업과의 협력을 확대하는 것이 중요합니다. 또한, 반도체 제조 공정의 첨단화를 위한 연구개발 투자와 더불어, 반도체 인재 육성 정책을 강화해 우수한 엔지니어와 연구진을 확보하는 것이 필수적입니다. 특히 AI, 6G, 양자컴퓨팅과 같은 차세대 기술과 연계된 시스템 반도체의 개발을 선도한다면, 글로벌 반도체 시장에서의 주도권을 강화하는 동시에 미래 산업의 핵심 공급자로 자리 잡을 수 있을 것입니다. 아울러 무엇보다 기술 엔지니어 인력 중심의 경영 리더십 확보와 인력 양성에 대한 문제도 매우 중요합니다.

3장

로봇,
인간을 닮아가는 신인류

DEEP

TECH

WAR

II

로봇의 시작,
기계와 자동화

 '로봇'이라는 단어는 20세기 초반, '강제 노동' 또는 '노역'을 의미하는 체코어 '로보타^robota'에서 유래했습니다. 원래는 인간의 의도나 요구에 따라 수동적으로 일하는 존재를 가리켰던 단어였는데, 현대적 의미의 '로봇'으로 처음 사용된 사례는 체코 작가 카렐 차페크^Karel ^Čapek가 1920년에 발표한 연극 ⟨R.U.R. ^Rossum's Universal Robots⟩에서 찾을 수 있습니다. 차페크의 작품에서 로봇은 인간의 모습과 유사하게 만들어졌으며, 노동을 대신할 수 있는 인조인간으로 등장합니다. 이들은 인간 노동을 대체하고 사회적 효율성을 극대화하기 위해 만들어진 존재들로, 공장에서 대량 생산되는 설정으로 그려졌습니다. 당시 차페크는 로봇을 통해 기술적 발전의 가능성과 동시에 잠재된 위험성을 다루고자 했습니다. 그는 로봇이 인간의 노동을 대신하면서도 인간의 뜻에 절대적으로 복종하는 상황을 설정하였으나, 동시에 인간 노동의 기계화가 인간의 존재 가치를 훼손할 수 있다는 메시지를 작품에 담아냈습니다.

작품 〈R.U.R.〉은 로봇이라는 개념을 대중에게 선보이며, 인간의 노동을 대체할 기계적 생명체에 대한 사회적 상상을 불러일으켰습니다. 당시 대량 생산이 기술적으로 가능해지며 효율성과 생산성을 중심으로 기술 개발이 이루어지던 시대적 배경 속에서, 차페크의 로봇은 사람들로 하여금 기술 발전의 이면에 있는 윤리적 질문과 문제를 다시 한번 생각하게 하는 계기를 마련했습니다. 특히 이 연극은 노동력을 제공하기 위해 인간의 외형을 가진 인공적 존재를 생산한다는 설정을 통해, 인간의 경제적, 사회적 가치가 기계에 의해 대체될 수 있음을 암시했습니다. 차페크는 작품을 통해 노동이 단순히 경제적 효율성의 관점에서 평가되는 것이 아니라, 인간의 가치와 연결된 문제임을 강조하며 '로봇'이 노동력과 기계적 기능만으로 축소될 때 발생할 수 있는 문제점을 탐구했습니다.

미래 혁신을 일으킬 중요한 원동력

▶

제2차 세계대전이 끝난 이후에는 본격적으로 산업용 로봇의 개념이 등장하게 되었는데, 이는 대량 생산을 통해 산업 혁신을 이루려는 움직임 속에서 미국의 발명가 조지 데볼George Devol과 엔지니어 조셉 엥겔버거Joseph Engelberger의 연구가 크게 기여했습니다. 1950년대 후반 이들이 개발한 최초의 산업용 로봇은 현대적 개념의 로봇공학의 시작을 알렸으며, 인간이 수행하기 어려운 반복적이고 위험한 작업을 대체하는 기계로써의 로봇이 공장과 제조업 현장에 본격적으로 자리 잡게 되었습니다. 초기의 산업용 로봇은 주로 용접이나 조립과 같은 단순 작업을 수행하였으며, 프로그래밍을 통해 정해진 루틴을 반복하는 방식으로 작동했습니다. 이 시기의 로봇은 주로 제조업에서 활용되어 생산성을 높이고, 산업의 효율성을 극대화하는 데 중요한 역할을 했습니다.

1960년대에 이르러서는 MIT와 스탠포드대학교를 중심으로 한 연구자들에 의해 로봇공학이라는 학문적 분야가 본격적으로 형성되었습니다. 이들은 단순한 노동을 대체하는 기계가 아니라, 정보를 수집하고 이를 바탕으로 스스로 판단하여 작업을 수행할 수 있는 지능형 로봇을 연구하게 되었습니다. 특히 AI의 초기 발전과 더불어 로봇이 단순히 인간의 지시를 수행하는 기계를 넘어서, 지능적 작업을 할 수 있는 가능성에 주목하기 시작했습니다. 이 과정에서 로봇은 자율성을 갖춘 기계로 발전하게 되었으며, 다양한 센서와 프로세서를 통해 외부 환경의 정보를 감지하고 분석하여 적절한 행동을 결정할 수 있게 되었습니다. 이러한 발전은 이후 인간과 로봇이 협력하여 작업을 수행하는 개념으로까지 확장되었으며, 인간-로봇 상호작용Human-Robot Interaction이라는 연구 분야가 생겨났습니다. 인간–로봇 상호작용 연구는 로봇이 단순히 물리적 작업을 넘어, 감성적이고 정서적인 측면에서도 인간과 소통할 수 있는 가능성을 열어 주었으며, 로봇이 점차 인간 사회에 통합되어 함께 공존할 수 있는 기반을 마련하는 데 기여하게 되었습니다.

1980년대와 1990년대에 접어들면서 로봇은 일본을 중심으로 가정용 로봇과 엔터테인먼트 로봇의 형태로까지 발전하기 시작했습니다. 특히 소니의 아이보^AIBO와 혼다의 아시모^ASIMO는 단순히 공장에서의 생산성을 위해 존재하는 기계적 장치를 넘어, 사람들과 일상 속에서 생활할 수 있는 로봇의 가능성을 보여주었습니다. 아이보는 애완동물처럼 사람과 상호작용할 수 있는 기능을 갖춘 최초의 엔터테인먼트 로봇으로, 로봇이 단순히 기능적 요소를 넘어 정서적 유대감을 형성할 수 있음을 보여주었습니다. 아시모는 두 발로 걷고 계단을 오르내릴 수 있는 기술을 갖추어 인간과 더욱 가까운 모습으로 발전하게 되었고, 이러한 발전은 사람들로 하여금 로봇을 인간 생활의 일상 속 파트너로 인식할 수 있는 계기를 마련해 주었습니다. 이러한 시도의 결과, 로봇은 이제 인간의 물리적 노동을 대체할 뿐만 아니라 인간과 정서적으로 상호작용할 수 있는 존재로 자리 잡게 되었습니다.

21세기 들어 로봇공학은 더욱 혁신적인 발전을 이루었으며, 로봇의 적용 분야 역시 대폭 확대되었습니다. 자율주행 기술과 AI의 급속한 발전에 힘입어, 로봇은 단순한 프로그램의 수행을 넘어 복잡한 환경에서도 자율적으로 판단하고 행동할 수 있는 '스마트 로봇'

으로 진화하게 되었습니다. 특히 의료 로봇, 군사 로봇, 농업용 로봇, 심지어는 우주 탐사용 로봇에 이르기까지 다양한 산업과 분야에서 로봇이 적극적으로 활용되고 있습니다. 의료 로봇의 경우, 정밀한 수술을 수행할 수 있는 기술이 도입되면서 인간의 의료 행위를 대체할 수 있는 가능성을 보여주었고, 우주 탐사용 로봇은 인간이 도달하기 어려운 환경에서도 임무를 수행할 수 있는 능력을 갖추게 되었습니다. 이처럼 로봇은 인간의 삶의 질을 높이고, 산업의 효율성을 극대화할 뿐만 아니라 미래 사회의 발전에도 큰 기여를 하고 있으며, 로봇 기술이 사회적, 경제적 혁신을 일으킬 중요한 원동력으로 자리 잡고 있습니다.

로봇이란
무엇인가?

　로봇이란 인간의 지시나 프로그래밍에 따라 특정 작업을 자동으로 수행할 수 있는 기계 또는 장치를 의미합니다. 외부 환경을 인식하고 분석하여 일정한 동작을 수행하며, 복잡한 작업일 경우 상황에 맞게 스스로 판단하고 조정할 수 있는 능력을 갖춘 기계로, 다양한 센서와 컴퓨터 시스템이 결합되어 있습니다.

　이러한 로봇의 개념은 기본적으로 '작업의 자동화'라는 근본 목적을 기반으로 하며, 인간의 일상생활과 산업 현장에서 다양한 역할을 수행하는 기술로 발전해 왔습니다. 로봇의 개념은 크게 산업적 자동화뿐 아니라 서비스나 자율적 기계의 역할까지 포함하여 영역을 확장하고 있습니다.

로봇이 목표하는 기능을
수행하기 위한 구조

▶

로봇의 주요 구성요소는 로봇이 목표하는 기능을 수행하기 위한 기본 구조와도 같습니다. 로봇이 원활하게 작업을 수행하려면 각 구성요소들이 유기적으로 작동해야 합니다. 이러한 구성요소는 주로 제어 시스템, 구동 장치, 센서, 전원 공급 장치, 그리고 엔드 이펙터end effector로 나눌 수 있습니다. 제어 시스템은 로봇의 핵심적인 역할을 수행하는 컴퓨터 시스템으로, 로봇의 동작을 지시하고 명령을 실행하는 중심 역할을 합니다. 이 시스템은 로봇이 받는 명령에 따라 각 부품을 제어하며, 실시간으로 데이터를 분석하여 로봇이 환경 변화에 적응할 수 있도록 돕습니다. 이러한 제어 시스템은 소프트웨어와 하드웨어가 결합된 복합적인 구조를 이루며, AI나 머신러닝 기술이 적용된 경우 점점 더 높은 자율성과 학습 능력을 가지게 됩니다.

구동 장치는 로봇이 움직이는 것을 가능하게 해주는 장치로, 모터와 같은 액추에이터actuator가 포함되어 있습니다. 구동 장치는 로봇의 팔, 다리, 바퀴, 또는 다른 이동 수단을 움직이게 하고, 이를 통해 로봇이 지정된 위치로 이동하거나 특정 작업을 수행할 수 있도록 합니다. 로봇의 이동성이나 동작 범위는 구동 장치의 종류와 성능에 따라 크게 좌우되며, 다양한 구동 기술의 발전이 로봇의 응용 범위를 더욱 넓히고 있습니다. 예를 들어, 산업용 로봇은 강력한 구동 장치를 통해 정밀한 위치 이동과 반복 작업을 수행할 수 있는 반면, 서비스 로봇은 구동 장치가 사용 환경에 맞게 설계되어 보다 유연하고 다양한 동작을 수행할 수 있습니다.

센서는 로봇의 눈과 귀 역할을 하며, 로봇이 외부 환경을 감지하고 상호작용할 수 있도록 돕는 핵심 요소입니다. 센서는 로봇이 주위의 물체나 상황을 인식하고, 이를 통해 다음 동작을 결정할 수 있게 해줍니다. 예를 들어, 카메라 센서는 영상 정보를 수집하고, 초음파 센서는 거리와 물체의 존재 여부를 탐지하며, 촉각 센서는 접촉 여부를 감지합니다. 이러한 센서를 통해 로봇은 외부 환경에 대한 정보와 데이터를 실시간으로 받아들이며, 이를 제어 시스템으로 전달하여 환경 변화에 맞는 동작을 수행할 수 있게 됩니다. 최근에는 AI와 결합하여 센서로 수집된 데이터를 실시간으로 분석하고, 이를 기반으로 적절한 반응을 수행하는 스마트 로봇의 개발이 활발히 이루어지고 있습니다.

전원 공급 장치는 로봇의 각종 시스템이 작동하기 위한 에너지를 공급하는 장치입니다. 로봇이 실제 환경에서 원활히 작동하기 위해서는 지속적으로 안정적인 전원이 필요하며, 이는 배터리나 외부 전원 공급을 통해 이루어집니다. 전원 공급 장치의 용량과 효율성은 로봇의 작동 시간과 작업 수행 능력에 큰 영향을 미칩니다. 이동형 로봇의 경우 배터리 기술의 발전이 특히 중요하며, 이를 통해 로봇이 더욱 긴 시간 동안 자율적으로 활동할 수 있도록 하는 것이 목표입니다.

마지막으로, 엔드 이펙터는 로봇의 말단 부위에 부착된 도구나 장치로, 로봇이 실제로 작업을 수행하는데 직접적으로 사용됩니다. 예를 들어, 로봇 팔의 끝부분에 부착된 집게나 그립퍼는 물건을 집거나 옮기는 데 사용되며, 용접용 로봇의 경우 용접기를 엔드 이펙터로 사용하여 용접 작업을 수행합니다. 엔드 이펙터는 로봇의 작업 목적에 따라 다양한 형태와 기능을 가지며, 이를 통해 로봇은 특정 작업을 보다 정교하게 수행할 수 있습니다. 최근에는 엔드 이펙터가 점점 더 정밀하고 민감한 동작을 수행할 수 있도록 개발되어, 로봇이 인간과 같은 세밀한 작업을 수행할 수 있게 하는 연구가 진행되고 있습니다.

로봇의 유형과 분류

▶

로봇의 유형과 분류는 다양한 기준과 관점에서 매우 세분화될 수 있으며, 로봇의 발전에 따라 그 구분 방식이 계속 확장되고 있습니다. 로봇을 분류할 때 주로 사용되는 기준은 용도, 구조, 자율성 정도, 작업 환경 등이 있으며, 각 기준에 따라 로봇이 어떻게 설계되고 사용되는지를 보다 체계적으로 이해할 수 있습니다.

사용 목적에 따른 용도별 분류

로봇은 사용 목적에 따라 크게 산업용 로봇, 서비스 로봇, 군사 로봇, 그리고 연구 및 탐사용 로봇으로 나눌 수 있습니다. 산업용 로봇은 주로 제조업 및 생산 공정에서 사용되며, 자동차 조립, 전자 제품 조립, 용접, 페인팅과 같은 반복 작업에 특화되어 있습니다. 이러한 로봇은 강력하고 정밀한 구동 장치와 제어 시스템을 갖추고 있어 빠르고 정확하게 작업을 수행할 수 있습니다. 공장에서 주로 사용되기 때문에 인간의 개입이 최소화된 환경에서 독립적으로 동작할 수 있도록 설계되며, 이로 인해 생산성을 높이고 인건비를 절감하는 데 큰 역할을 합니다. 최근에는 제조 자동화가 확산되면서 산업용 로봇의 중요성이 더욱 커지고 있으며, 정밀한 작업 수행과 높은 내구성을 갖춘 다양한 모델이 개발되고 있습니다.

서비스 로봇은 인간의 일상생활 속에서 보조 역할을 하도록 설계된 로봇으로, 가사 도우미 로봇, 의료 로봇, 교육 로봇, 안내 로봇 등이 그 예시입니다. 서비스 로봇은 일반적으로 사용자가 이해할 수 있는 직관적인 인터페이스를 제공하고, 음성 인식이나 비전 기술을 활용해 인간과 상호작용을 할 수 있도록 설계됩니다. 특히, 의료 분야에서는 수술 보조 로봇, 재활 로봇 등이 환자에게 안전하고 효과적인 치료를 제공하는 데 기여하고 있으며, 사회적 거리두기와 같은 비대면 서비스의 필요성이 증가하면서 서비스 로봇의 사용이 더욱 활발해지고 있습니다.

군사 로봇은 주로 정찰, 무기 운반, 폭발물 처리 등과 같은 군사적 목적을 위해 설계된 로봇입니다. 군사 로봇은 강인한 내구성을 가지며 다양한 환경에서 작동할 수 있도록 개발되어 위험한 임무를 수행하거나, 인명을 보호하는 데 중요한 역할을 합니다. 이러한 로봇은 원격 조작을 통해 작동하거나 일부 자율성을 가지고 있으며, 드론, 폭발물 처리 로봇, 수중 탐사 로봇 등이 군사 로봇의 대표적인 사례입니다. 군사 로봇은 특히 최근 전투 기술이 점점 더 자동화되고 있는 추세 속에서 활용성이 높아지고 있으며, 인명 피해를 최소화하는 데 중요한 수단이 되고 있습니다.

연구 및 탐사용 로봇은 보통 사람이 접근하기 어려운 환경에서 탐사 활동을 수행하도록 설계된 로봇입니다. 이들은 우주 탐사, 심해 탐사, 극지방 탐사 등 특수 환경에서 주로 사용되며, 높은 자율성과 내구성을 요구합니다. 대표적인 예로 NASA의 화성 탐사 로봇인 '퍼서비어런스Perseverance'가 있으며, 심해 탐사 로봇은 해저의 생태계를 조사하거나 침몰한 유물을 발굴하는 데 사용됩니다. 연구 및 탐사용 로봇은 일반적으로 고난도의 센서와 첨단 통신 기술을 갖추고 있으며, 인간의 개입이 어려운 극한 환경에서 데이터 수집과 분석을 통해 중요한 과학적 발견에 기여합니다.

어떻게 설계됐는지에 따른 분류

구조에 따른 분류에서는 로봇이 물리적으로 어떻게 설계되어 있는지에 따라 여러 유형으로 나뉩니다. 이러한 분류는 로봇의 이동성과 작업 범위에 중요한 영향을 미칩니다. 이족 보행 로봇은 인간과 유사한 방식으로 두 다리를 사용하여 이동하는 구조를 가지고 있습니다. 이러한 로봇은 계단을 오르거나 불규칙한 지형을 이동할 수 있어 사람과 유사한 작업 환경에서 활동할 수 있습니다. 이족 보행 로봇은 기술적 난이도가 높고, 균형과 안정성을 유지하기 위한 정교한 제어 시스템이 필요하지만, 인간과 유사한 동작을 수행할 수 있어 인간과 협력하여 작업하는 환경에 적합합니다.

다족 보행 로봇은 네 다리 이상의 여러 다리를 사용해 이동하는 로봇으로, 주로 거친 지형이나 장애물이 많은 환경에서 안정적으로 움직일 수 있도록 설계됩니다. 다족 보행 구조는 각 다리의 독립적인 움직임을 통해 넘어짐을 방지하고, 다양한 방향으로의 이동이 가능하도록 하여 불규칙한 환경에서도 안정적인 활동이 가능합니다.

바퀴형 로봇은 바퀴를 사용하여 평평한 지면을 빠르고 효율적으로 이동할 수 있도록 설계된 로봇입니다. 바퀴형 로봇은 상대적으로 단순한 구조와 비용 효율성을 가지며, 실내 환경이나 잘 정비된 도로에서 주로 사용됩니다. 로봇 청소기와 같은 일상생활에서 흔히 볼 수 있는 서비스 로봇부터 물류창고에서 사용되는 자동화 로봇까지 다양한 분야에서 활용됩니다.

비행 로봇은 공중을 이동할 수 있는 드론과 같은 구조로, 접근이 어려운 지역에 대한 탐사와 물품 배송, 군사 정찰 등에서 활발히 사용됩니다. 비행 로봇은 일반적으로 빠르고 넓은 영역을 탐색할 수 있는 장점을 가지며, 이를 통해 공중 감시나 영상 촬영, 심지어 응급 상황에서의 구조 활동에도 큰 기여를 하고 있습니다.

자율성에 따른 분류

마지막으로, 자율성에 따라 로봇이 얼마나 스스로 작업을 수행할 수 있는지, 즉 로봇이 주어진 환경에서 자율적인 판단과 동작을 수행할 수 있는 정도에 따라 분류할 수 있습니다.

원격 조작 로봇은 인간이 직접 조작하여 움직이는 로봇으로, 주로 위험한 환경에서 작업자가 안전하게 외부에서 제어할 수 있도록 설계됩니다. 예를 들어, 원자력 발전소의 유지 보수 작업에서 사용되는 로봇은 작업자가 안전한 위치에서 로봇을 원격으로 조작하여 방사선 노출 없이 작업을 수행할 수 있습니다.

반자율 로봇은 기본적인 환경 인식과 판단 능력을 갖추고 있어 일부 작업은 로봇이 자동으로 수행하되, 주요 명령이나 결정은 인간의 지시에 따릅니다. 반자율 로봇은 공장에서 물류를 자동으로 운반하거나, 제한된 환경 내에서 반복적인 작업을 수행하는 것에 적합하며, 작업 중 필요한 주요 결정은 인간이 수행함으로써 안전성을 높입니다.

완전 자율 로봇은 외부의 지시 없이 스스로 상황을 인식하고 판단하여 모든 작업을 수행할 수 있는 로봇입니다. 완전 자율 로봇은 머신러닝, AI 등의 기술이 결합되어 학습 능력을 가지고 있어, 주변 환경과의 상호작용을 통해 점차 복잡한 작업을 수행할 수 있습니다. 이러한 로봇은 자율주행 차량, 자율 이동 로봇과 같이 인간의 개입이 거의 필요 없는 환경에서 활동할 수 있으며, 스스로 장애물을 피하거나 경로를 탐색하는 기능을 갖추고 있습니다.

다양화된 로봇의 기능과 활용

▶

    로봇의 기능과 활용은 현대 산업, 일상생활, 과학 연구, 군사, 의료 등 다양한 분야에서 빠르게 확장되고 있으며, 기술의 발전과 함께 로봇의 역할은 날로 중요해지고 있습니다. 로봇은 본래 사람이 반복적이거나 위험한 작업을 대신하도록 설계되었지만, AI와 센서 기술의 발전으로 점점 더 많은 작업을 자율적으로 수행할 수 있게 되어, 기능과 활용이 크게 다양화되고 있습니다.

    먼저 산업 현장에서의 로봇 활용을 살펴보면, 로봇은 제조 공정에서 생산성과 효율성을 극대화하는 역할을 하고 있습니다. 자동차 제조업에서는 로봇이 조립, 용접, 페인팅과 같은 정밀하고 반복적인 작업을 수행하여, 제품의 품질을 일정하게 유지하고 생산 속도를 높입니다. 특히, 공장 자동화의 필수 요소인 산업용 로봇은 지속적으로 작동할 수 있는 내구성을 갖추고 있어 인건비 절감과 생산 라인의 안정성을 보장합니다. 또한, 반도체와 전자제품 제조와 같이 고정밀 작업이 필요한 분야에서는 미세한 움직임까지 조정할 수 있는 고성능 로봇이 사용되며, 이를 통해 사람의 손으로는 수행하기 어려운 작업들을 빠르고 정확하게 처리할 수 있습니다. 로봇의 도입으로 인해 작업자들은 보다 고부가가치 업무에 집중할 수 있어, 노동력 배치와 활용이 효율적으로 이루어집니다.

    일상생활과 서비스 분야에서의 로봇 활용도 빠르게 증가하고 있습니다. 로봇 청소기와 같은 가정용 로봇은 이제 많은 가정에서 필수 가전으로 자리 잡았으며, 집 안을 자율적으로 돌아다니며 바닥을 청소하는 등 단순하면서도 유용한 작업을 수행합니다. 이 외에도 안내 로봇은 호텔, 공항, 병원 등의 공공장소에서 사람들에게 길 안내나 정보를 제공하며, 사회적 로봇은 어르신들의 말동무가 되어 정서적 지지를 제공합니다.

의료 분야에서는 환자를 이동시키거나 수술을 보조하는 로봇이 사용되고 있으며, 특히 정밀함이 요구되는 외과 수술에서는 로봇의 역할이 점점 더 중요해지고 있습니다. 예를 들어, 다빈치 로봇은 외과의의 조작을 정밀하게 반영하여 수술을 수행하는 시스템으로, 작은 절개를 통해 내부 장기를 다룰 수 있도록 설계되었습니다. 이를 통해 환자의 회복 시간이 단축되고 부작용이 감소합니다.

군사 및 보안 분야에서도 로봇의 활용은 매우 중요합니다. 군사 로봇은 사람이 접근하기 어려운 위험한 지역에서 임무를 수행하거나, 군인들의 안전을 보장하기 위한 다양한 역할을 수행합니다. 드론을 포함한 군사 로봇은 전투 지역을 정찰하거나, 위험한 폭발물을 처리하는 데 사용되며, 무인 수중 로봇은 해저에서 적의 동향을 감시하거나, 해저 통신 케이블을 관리하는 등 다양한 임무를 수행합니다. 이러한 군사 로봇은 원격으로 조작되거나 일정 수준의 자율성을 가지며, 군사 로봇의 발전은 병력 피해를 줄이고 군사 임무의 성공 확률을 높이는 데 중요한 기여를 하고 있습니다.

과학 연구 및 탐사 분야에서도 로봇은 매우 중요한 도구로 활용됩니다. 사람의 접근이 어려운 심해나 우주와 같은 극한 환경에서 로봇은 데이터를 수집하고, 연구 활동을 수행합니다. 예를 들어, NASA의 화성 탐사 로봇은 먼 화성에서 샘플을 채취하고 지질 구조를 분석하여, 인간이 직접 가기 어려운 우주의 탐사를 가능하게 합니다. 심해 탐사용 로봇은 수압이 강한 해저에서 다양한 생태계와 해저 자원을 탐사하며, 새로운 과학적 발견에 기여합니다. 특히, 로봇에 장착된 고성능 센서와 카메라, 데이터를 지구로 전송하는 통신 장치 등은 극한 환경에서도 정밀한 연구가 가능하게 하며, 이러한 탐사 로봇의 발전으로 인류는 지구 바깥과 심해의 비밀을 점차 더 깊이 이해하게 되었습니다.

또한 농업과 식품 산업에서의 로봇 활용도 주목받고 있습니다. 농업용 로봇은 농작물을 자동으로 수확하거나, 잡초를 제거하고 비료를 살포하는 등 다양한 작업을 수행합니다. 예를 들어, 수확 로봇은 과일이나 채소의 익은 정도를 판별하여 적시에 수확 작업을 수행함으로써 생산성을 높이고 품질을 유지할 수 있게 합니다. 식품 가공 분야에서는 로봇이 식품의 포장, 검사, 분류 작업을 자동으로 수행하여 생산 라인의 효율성을 극대화하고, 위생적이고 안전한 식품 가공이 가능하게 합니다. 이러한 농업 및 식품 로봇의 도입은 노동력 부족 문제를 해결하고, 농업 생산성을 크게 높이는 데 기여하고 있습니다.

물류와 운송 분야에서도 로봇의 역할이 크게 확대되고 있습니다. 물류창고에서 로봇은 제품을 빠르게 분류하고, 자동으로 이동하여 물류 처리 속도를 높이며, 비용을 절감하는 효과를 가져옵니다. 대표적으로 아마존의 물류창고에서는 자율 로봇이 각종 물품을 적재된 선반과 함께 이동시키며, 상품을 빠르게 고객에게 배송하기 위한 준비를 돕고 있습니다. 자율주행차와 드론을 포함한 운송 로봇은 배송 속도를 높이고 비용을 절감할 수 있는 방법으로 주목받고 있으며, 현재 많은 기업이 자율주행차량과 드론을 이용한 무인 배송 시스템을 연구하고 개발하고 있습니다. 이러한 로봇의 활용은 특히 대도시에서 빠르게 증가하고 있으며, 교통 혼잡을 줄이고 효율적인 운송을 가능하게 합니다.

교육과 연구, 엔터테인먼트 분야에서도 로봇은 다양한 가능성을 보여주고 있습니다. 교육용 로봇은 학생들에게 프로그래밍과 공학의 원리를 가르치는 도구로 사용되며, 복잡한 개념을 쉽게 이해하게 해주는 학습 보조 역할을 수행합니다. 로봇은 또한 과학 기술 연구의 중요한 도구로서, 실험 환경에서 반응을 관찰하고 데이터를 수집하는 역할을 하며, 물리학, 화학, 생물학 연구에 유용하게 사용됩니다. 엔터테인먼트 분야에서도 로봇은 테마파크에서 방문객을 위한 다양한 공연을 하거나, 영화 및 광고 제작에 활용되어 새로운 형태의 창작을 가능하게 합니다.

이처럼 로봇은 다양한 기능을 통해 산업, 일상, 과학, 군사, 농업, 물류, 교육 등 다양한 분야에서 활발히 활용되고 있으며, 로봇 기술의 발전에 따라 그 역할이 더욱 확대될 것으로 기대됩니다. 로봇은 사람의 신체적 한계를 보완하거나 반복적이거나 위험한 작업을 대신 수행함으로써 사회 전반에 걸쳐 혁신을 일으키고 있습니다.

혁신과 기술 사업화를 선도하는 미국

미국은 혁신과 기술 사업화를 선도하는 국가로서, 휴머노이드 로봇 분야에서 다양한 기업들이 활발히 연구와 개발을 진행하고 있습니다. 대표적인 기업으로는 보스턴 다이내믹스, 테슬라, 아마존 외에도 애니보틱스, 앱트로닉, 휴머노이드 로보틱스, 사코스 로보틱스, 그리고 피겨AI가 있습니다. 이들 기업은 각기 다른 강점을 기반으로 휴머노이드 로봇을 다양한 산업에 적용하기 위한 기술을 개발하고 있으며, 미국의 로봇 산업 생태계를 더욱 발전시키고 있습니다.

휴머노이드 로봇을 활용해
시장 가치 창출

▶

　보스턴 다이내믹스^{Boston Dynamics}는 아틀라스^{Atlas}라는 휴머노이드 로봇을 개발하여 복잡한 인간의 움직임을 재현하고, 유연한 작업 수행이 가능한 로봇을 만드는 데 중점을 두고 있습니다. 이 로봇은 인간과 유사한 몸체 구조를 갖추고 있어 다양한 환경에서의 작업 수행 능력을 실험하고 있으며, 군사 및 재난 구호 등에서도 유용하게 활용될 수 있습니다. 참고로 현대자동차그룹은 2020년 12월, 미국의 로봇 전문 기업인 보스턴 다이내믹스를 인수하기로 발표했고, 2021년 6월 인수가 완료되어 보스턴 다이내믹스의 지분 80%를 확보하고 있습니다. 또한, 테슬라는 자사의 AI 기술과 결합하여 휴머노이드 로봇을 개발 중이며, 이를 통해 공장 내 물류 작업의 자동화뿐만 아니라 향후 다양한 생활 서비스에 휴머노이드 로봇을 적용하고자 하는 목표를 가지고 있습니다.

　미국의 휴머노이드 로봇 기술 개발은 단순히 로봇을 만드는 것에 그치지 않고, 이를 상용화하여 실질적인 시장 가치를 창출하는 데 중점을 두고 있습니다. 아마존은 물류 시스템에서 휴머노이드 로봇을 활용해 인력 의존도를 줄이고 효율성을 극대화하는 방안을 추진 중입니다. 이를 통해 물류센터에서 상품 분류, 이동, 배송 준비 등을 로봇이 처리할 수 있도록 하여 비용 절감과 작업의 정확성을 높이고자 합니다. 또한, 이러한 휴머노이드 로봇은 다양한 센서와 AI

알고리즘을 통해 인간과 상호작용하는 능력도 갖추고 있어, 사람과의 협업이 필요한 환경에서도 유용하게 활용될 수 있습니다.

애니보틱스ANYbotics는 고도로 정교한 다리형 로봇 기술에 강점을 지니고 있으며, 특히 위험하고 험난한 환경에서 작업할 수 있는 로봇을 개발하고 있습니다. 이 기술은 산업 설비 점검이나 건설 현장 등 사람이 접근하기 어려운 곳에서 활용될 수 있어, 작업 안전성과 효율성을 동시에 높일 수 있습니다. 애니보틱스는 이러한 로봇을 발전시켜 휴머노이드 형태로도 확장할 가능성을 열어두고 있어, 미래에는 더욱 다양한 환경에서 인간의 역할을 대체할 수 있는 기술을 목표로 하고 있습니다.

앱트로닉Apptronik은 인간의 근력 보조와 작업 효율성을 높이는 데 중점을 둔 로봇 개발에 앞장서고 있습니다. 이 회사는 휴머노이드 로봇의 유연성과 안정성을 극대화하는 기술을 보유하고 있으며, 이를 통해 인간 작업자의 피로도를 줄이고 작업 안전성을 높일 수 있는 제품을 상용화하는 데 주력하고 있습니다. 앱트로닉의 휴머노이드 로봇은 주로 산업 현장에서의 사용을 목적으로 하고 있으며, 물류 및 제조업 등에서 큰 잠재력을 가지고 있습니다.

휴머노이드 로보틱스Humanoid Robotics는 인간과 유사한 상호작용 능력을 지닌 로봇을 개발하여 서비스업 및 헬스케어 분야에서 주목받고 있습니다. 이 회사의 로봇은 고급 센서와 AI 기반의 인지 시스템을 탑재하고 있어, 사람과 자연스럽게 상호작용할 수 있는 것이 특징입니다. 이를 통해 병원, 요양원, 교육 현장 등에서의 도입 가능성을 높이고 있으며, 감성 인식 기술을 통해 사용자와의 정서적 교감을 형성하는 데 중점을 두고 있습니다.

사코스 로보틱스^{Sarcos Robotics}는 특히 군사 및 중공업 분야에서의 사용을 목표로 하는 강력한 로봇을 개발 중입니다. 사코스의 로봇은 강력한 외골격 시스템을 기반으로 하여 물리적인 작업을 보조하는 데 탁월하며, 특히 위험한 작업 환경에서 인간을 대신해 작업을 수행할 수 있도록 설계되었습니다. 이러한 로봇은 인력 의존도를 줄이고, 작업자의 안전을 확보하는 데 큰 기여를 하고 있으며, 국방 및 재난 대응 등의 분야에서 수요가 높습니다.

피겨AI^{Figure AI}는 AI와 로봇 기술의 융합을 통해 인간의 다양한 동작을 모방하고 적응할 수 있는 로봇을 개발하고 있습니다. 이 회사는 AI 알고리즘을 통해 로봇이 스스로 학습하고, 환경에 맞춰 동작을 조정할 수 있는 기술을 보유하고 있으며, 이를 통해 물리적 환경에 빠르게 적응하는 휴머노이드 로봇을 제작하고 있습니다. 피겨AI의 로봇은 제조업부터 가정용 서비스에 이르기까지 다양한 분야에서 활용될 수 있는 높은 확장성을 가지고 있습니다.

산업용, 물류 로봇 분야를 선도하며
실제 현장 적용

▶

미국은 산업용 및 물류 로봇 분야에서도 선도적인 위치에 있으며, 다양한 기업들이 이러한 로봇을 개발하여 실제 현장에 적용하고 있습니다. 특히 제조업 및 물류 산업의 효율성을 높이기 위해 여러 로봇 기술을 활용하고 있으며, 대표적인 기업으로는 산업용 로봇 분야의 베크나 로보틱스와 물류 로봇 분야의 어질리티 로보틱스, 페치 로보틱스, 시그리드가 있습니다.

베크나 로보틱스Vecna Robotics는 산업용 로봇 자동화 솔루션을 제공하는 선두 기업으로, 주로 제조업과 창고 관리 시스템에서 사용되는 자율 이동 로봇Autonomous Mobile Robot, AMR을 개발하고 있습니다. 베크나의 로봇은 자율주행 기능을 통해 작업 현장에서 필요한 재료나 부품을 효율적으로 운반하며, 센서와 AI 기반의 분석 기술을 통해 작업의 최적 경로를 탐색하고 환경 변화에 즉각 대응할 수 있습니다. 특히, 이 로봇은 생산 라인에서의 물류 흐름을 원활하게 하고, 작업자와 협력하여 안전하고 효율적인 작업 환경을 만드는 데 중요한 역할을 하고 있습니다.

어질리티 로보틱스Agility Robotics는 이족 보행 로봇 기술을 보유하고 있으며, 사람과 유사한 동작으로 물건을 들고 운반할 수 있는 로봇을 개발하고 있습니다. 대표적인 로봇인 '디짓Digit'은 상점이나 창고와 같은 환경에서 활용되며, 사람과 협력하여 물류 작업을 수행할 수 있는 것이 특징입니다. 이 로봇은 계단을 오르고 내리는 등의 복잡한 동작을 수행할 수 있어 다양한 작업 환경에서 유연하게 활용될 수 있습니다. 어질리티 로보틱스는 이러한 인간형 로봇을 통해 물류 및 배달 산업에서 새로운 효율성을 제공하고자 합니다.

페치 로보틱스Fetch Robotics는 물류 자동화를 위한 자율 이동 로봇 솔루션을 제공하는 기업으로, 창고 및 물류센터의 작업 효율성을 높이는 데 중점을 두고 있습니다. 페치 로봇은 다양한 크기와 기능을 가진 로봇으로 구성되어 있어, 창고 내에서 상품을 빠르게 이동시키거나, 재고 관리를 돕는 데 적합합니다. 특히 페치의 로봇은 클라우드 기반으로 관리되며, 실시간으로 데이터를 공유하고 작업을 최적화할 수 있어, 대규모 창고 운영에서도 효과적으로 사용될 수 있습니다.

시그리드Sygrid는 스마트 물류 자동화 시스템을 구축하는 데 강점을 지닌 기업으로, 자사의 로봇을 통해 다양한 물류센터와 창고에서 상품 분류, 이동, 적재 등의 작업을 자동화하고 있습니다. 시그리드의 로봇은 고도화된 AI 알고리즘과 센서 기술을 통해 물류 현장의 복잡한 작업을 빠르게 처리하며, 물류 작업의 효율성을 크게 높이고자 합니다. 또한, 시그리드의 시스템은 유연한 설계로 각종 물류 환경에 쉽게 적응할 수 있어, 다양한 규모와 요구 사항에 맞게 조정될 수 있습니다.

헬스케어, 가정용 로봇의 상용화

▶

미국은 헬스케어, 가정용 로봇 분야에서 혁신적인 기술을 선도하며 이들 로봇을 상용화하여 다양한 산업과 일상생활에 변화를 일으키고 있습니다. 특히 헬스케어 분야에서는 환자의 의료 경험을 개선하고 치료 과정의 효율성을 높이기 위해 고도화된 로봇 기술을 적용하고 있으며, 가정용 로봇 분야에서는 가정 내 작업을 자동화하고 사용자의 편의를 증진하는 데 주력하고 있습니다. 가정용 로봇은 가정 내 청소, 보안, 요리 등 다양한 일상 작업을 자동화하여 사용자의 편의와 생활 효율성을 높이는 데 기여하고 있습니다. 또한, 스마트 홈 기술과의 연계를 통해 사용자 맞춤형 서비스와 실시간 모니터링 기능을 제공함으로써, 보다 안전하고 편리한 생활 환경을 구현하고 있습니다. 각 분야에서 대표적으로 활동 중인 기업들은 각기 다른 혁신적 접근 방식을 통해 미국 로봇 산업을 발전시키고 있습니다.

헬스케어 분야에서는 인튜이티브 서지컬과 엑소 바이오닉스가 대표적입니다. 인튜이티브 서지컬Intuitive Surgical은 세계 최초로 복강경 로봇 수술 시스템을 개발한 회사로, 다빈치 시스템Da Vinci System을 통해 의료 기술에 혁신을 불러왔습니다. 다빈치 시스템은 자궁경부암, 전립선암, 심장 수술 등 다양한 종류의 수술에 적용되고 있으며, 로봇 팔을 통해 고도의 정밀한 움직임이 가능하여 기존의 수술 방식과 비교해 최소한의 침습적 접근을 제공합니다. 이로 인해 수술 중 출혈을 줄이고 회복 속도를 높이며, 환자의 입원 기간도 단축하는 장점이 있습니다. 또한, 다빈치 시스템은 수술 중 실시간 시각 피드백을 제공하여 수술 팀이 더 정교한 조작을 할 수 있도록 돕습니다. 이러한 기술은 의료진의 피로도를 줄이고 수술 성공률을 높이는 데 기여하고 있어, 다빈치 시스템은 전 세계 병원들에서 널리 채택되고 있습니다.

엑소 바이오닉스Exo Bionics는 재활 치료를 위한 외골격 로봇을 개발하여 신경 손상 환자와 같은 보행 장애를 겪는 환자들이 다시 걸을 수 있도록 돕는 혁신적인 기술을 제공하고 있습니다. 엑소 바이오닉스의 외골격 로봇은 재활 치료 과정에서 환자가 로봇의 도움을 받아 자연스러운 보행 운동을 반복할 수 있도록 설계되어 있으며, 이를 통해 환자의 근력 강화와 신경 회복을 촉진합니다. 이 로봇은 물리 치료사와 함께 사용되며, 환자와 로봇의 움직임을 실시간으로 조정할 수 있어 환자 개개인의 상태에 맞춘 재활 훈련이 가능합니다. 이 기술은 환자의 독립성을 높이고 재활 효과를 극대화하는 데 중요한 역할을 하며, 헬스케어 분야에서 환자의 삶의 질을 향상시키는 데 기여하고 있습니다.

가정용 로봇 분야에서는 아이로봇iRobot이 활동하고 있습니다. 아이로봇은 로봇 청소기 '룸바Roomba'를 통해 자율주행 청소의 개념을 정착시킨 기업으로, 가정 내 바닥 청소를 자동화하는 데 큰 혁신을 이루었습니다. 룸바는 스스로 집 안을 탐색하여 먼지와 오염 물질을 청소하며, 특히 스마트 홈 기술과 연동이 가능하여 사용자들이 원격으로 청소 일정을 조정하거나 제어할 수 있습니다. 룸바는 여러 가지 센서와 알고리즘을 통해 장애물을 피하고, 특정 구역을 집중 청소하며, 배터리가 낮아지면 자동으로 충전기로 돌아가는 기능도 제공합니다. 이러한 기능 덕분에 사용자들은 일상생활의 번거로움을 줄이고 보다 편리하게 청소 작업을 할 수 있으며, 집안의 청결을 유지하는 데 도움을 받고 있습니다.

군사용 로봇을 개발, 국방 분야에 혁신

▶

미국은 국방 분야에서 로봇 기술을 선도하며 다양한 군사용 로봇 개발에 적극적으로 나서고 있습니다. 이러한 군사용 로봇은 위험한 전투 환경에서 병력을 보호하고 전술적 우위를 강화하는 역할을 하며, 기존의 인간 병력을 지원하거나 대체하는 중요한 기술로 자리 잡고 있습니다. 특히 록히드 마틴, 고스트 로보틱스, 사코스 로보틱스와 같은 기업들은 각기 다른 특성과 기능을 가진 군사용 로봇을 개발하여 국방 분야에 혁신적인 변화를 가져오고 있습니다.

록히드 마틴Lockheed Martin은 미국의 방산업체로서 군사 및 방위 분야에서 오랜 역사를 가지고 있으며, 다양한 종류의 군사용 로봇과 무인 차량을 개발해 왔습니다. 이 회사는 특히 자율 무인 지상 차량Unmanned Ground Vehicle, UGV과 드론을 개발하여 복잡하고 위험한 전투 환경에서 병사들을 지원하는 데 중점을 두고 있습니다. 록히드 마틴의 UGV는 다양한 센서와 AI 기술을 탑재하여 자율적으로 경로를 탐색하고, 위험 물질 탐지, 폭발물 제거, 정찰 임무 수행 등 다양한 군사적 임무를 안전하게 수행할 수 있습니다. 이 무인 차량은 군사 작전에서 병사들의 위험을 최소화하고, 복잡한 환경에서의 전술적 능력을 높이는 데 크게 기여하고 있습니다. 또한, 록히드 마틴의 드론은 공중에서의 감시와 정찰을 수행하며 실시간 정보를 제공하여 전술적 결정을 신속하게 내릴 수 있도록 돕고 있습니다.

고스트 로보틱스Ghost Robotics는 특히 사족보행 로봇 기술을 개발하여 주목받고 있습니다. 고스트 로보틱스의 사족보행 로봇은 강한 내구성과 안정성을 지녀 험난한 지형에서도 원활하게 이동할 수 있으며, 이러한 특성 덕분에 정찰, 감시 및 공격과 같은 임무를 수행할 수 있습니다. 이 로봇은 작은 크기와 높은 민첩성을 갖추고 있어 좁은 공간이나 거친 환경에서도 작동할 수 있으며, 다양한 환경 조건에서도 안정적인 성능을 발휘합니다. 미군은 고스트 로보틱스의 로봇을 활용하여 군사 작전에 배치할 가능성을 실험하고 있으며, 감시와 정보 수집, 폭발물 탐지 등의 임무를 수행하는 데 있어서 이 로봇이 매우 유용한 역할을 할 수 있다고 평가하고 있습니다. 고스트 로보틱스는 또한 로봇에 무장을 탑재할 가능성도 열어두고 있으며, 이를 통해 자율적으로 위험한 임무를 수행할 수 있는 무인 전투 로봇의 개발 가능성을 탐색하고 있습니다.

사코스 로보틱스Sarcos Robotics는 군사용 외골격 로봇을 개발하여 병사들의 물리적 능력을 보조하고 피로도를 줄이는 기술을 제공하고 있습니다. 사코스의 외골격 로봇은 병사들이 무거운 장비를 들거나 장시간 작전을 수행할 때 신체에 가해지는 부담을 줄여주며, 이를 통해 전투 효율성을 크게 높일 수 있습니다. 예를 들어, 이 외골격은 병사들이 탄약이나 장비를 휴대할 때 무게를 감소시키고, 긴 시간 동안 높은 에너지 소모가 필요한 작업을 보다 쉽게 수행할 수 있도록 도와줍니다. 사코스의 외골격은 병사들이 더 오래, 더 강하게, 더 효율적으로 활동할 수 있도록 설계되어 있어 특히 육체적 부담이 큰 작업에서 큰 도움을 줍니다. 이러한 외골격 로봇은 단순히 전장에서의 활용을 넘어, 장비의 이동이나 무거운 물자 운반과 같은 군사 기지 내 작업에서도 활용될 수 있어 군사적 효율성을 전반적으로 높이는 데 기여하고 있습니다.

효율성과 지속 가능성을 높이는 농업용 로봇

▶

미국은 농업 분야에서도 로봇 기술을 활용하여 효율성과 지속 가능성을 높이는 혁신적인 변화를 주도하고 있습니다. 특히 대규모 농업 생산과 환경 친화적 농업 관리를 목표로 다양한 농업 로봇이 개발되고 있으며, 이들 로봇은 작물 관리, 수확, 병충해 방제 등의 작업을 자동화하여 노동력을 줄이고 생산성을 향상시키고 있습니다. 미국에서 활동하는 주요 농업 로봇 기업으로는 아이로봇, 아이언 옥스, 블루 리버 테크놀로지가 있으며, 각 기업은 특화된 기술과 접근 방식을 통해 농업 현장의 혁신을 이끌고 있습니다.

아이로봇은 가정용 로봇 시장에서 성공을 거둔 이후, 농업 분야에서도 그 기술을 확장하고 있습니다. 자율주행 기술을 농업에 도입하여 작물 상태를 정밀하게 모니터링하고 관리할 수 있는 시스템을 개발 중 입니다. 이 로봇은 필드 내에서 자율적으로 이동하며, 다양한 센서를 통해 작물의 생육 상태, 토양 수분 수준, 해충 유무 등을 실시간으로 모니터링할 수 있습니다. 이를 통해 농부들은 현장의 작물 상태를 더욱 세밀하게 파악하고, 필요에 따라 물이나 비료를 추가하여 농작물의 생육 환경을 최적화할 수 있습니다. 아이로봇의 기술은 특히 넓은 필드를 효율적으로 관리할 수 있어 노동력 절감과 동시에 생산성을 높이며, 농업 운영 비용을 절감하는 데 기여하고 있습니다. 또한, 이 시스템은 농부들이 스마트폰이나 컴퓨터로 원격 관리할 수 있어 현대 농업의 스마트화와 디지털 전환을 촉진하고 있습니다.

아이언 옥스Iron Ox는 완전 자율 농업 로봇 시스템을 개발하여 친환경적이고 지속 가능한 농업을 실현하는 데 중점을 두고 있습니다. 이 회사는 로봇을 통해 수직 농장과 수경 재배를 최적화하여, 물과 에너지를 절약하는 방식으로 농작물을 재배합니다. 아이언 옥스의 농업 로봇 시스템은 실내 농장에서 작물의 관리와 수확을 자율적으로 수행하며, 최적의 자원 사용을 통해 환경에 미치는 영향을 최소화합니다. 아이언 옥스의 수직 농장 시스템은 작물 재배에 필요한 공간을 줄이면서도 생산량을 높이는 데 기여하며, 전통적인 농업 방식에 비해 물 사용량을 90% 이상 줄이는 것이 특징입니다. 이 시스템은 일년 내내 작물 생산이 가능하며, 특히 도시 지역에서도 실내 농장을 통해 신선한 농산물을 공급할 수 있어, 지역사회 식량 자급률을 높이는 데도 중요한 역할을 하고 있습니다. 또한, 아이언 옥스의 시스템은 AI와 로봇 기술을 통해 각 작물에 맞는 최적의 환경을 실시간으로 조절할 수 있어, 고품질의 작물을 안정적으로 생산하는 것이 가능합니다.

블루 리버 테크놀로지Blue River Technology는 정밀 농업 기술을 통해 해충 방제와 잡초 제거를 자동화하는 솔루션을 제공하는 기업입니다. 블루 리버는 AI 기반 비전 시스템을 사용하여 작물과 잡초를 구별하고, 선택적으로 농약을 살포하는 방식으로 자원을 절감하고 환경 오염을 줄이고 있습니다. 이 기술은 'See & Spray'라는 이름의 시스템으로 상업화되어 있으며, 대규모 농장에서 수작업으로 잡초를 제거하는 대신 로봇이 스스로 잡초를 식별하고, 필요한 부위에만 농약을 분사함으로써 비용을 절감합니다. 이러한 방식은 작물의 건강을 해치지 않으면서도 잡초와 해충 문제를 효과적으로 해결할 수 있으며, 농약 사용량을 최대 90%까지 줄일 수 있어 매우 친환경적인 방법으로 평가받고 있습니다. 블루 리버 테크놀로지의 시스템은 특히 대규모 농장에서 작업 효율성을 높이며, 지속 가능한 농업을 가능하게 하는 혁신적인 기술로 자리 잡고 있습니다.

빠르게 추격하는
중국

중국의 휴머노이드 로봇 산업은 AI, 클라우드 컴퓨팅, 정밀 제어 기술을 결합해 빠르게 발전하고 있으며, 향후 다양한 산업 분야에서 중요한 역할을 할 것으로 기대됩니다.

독창적 기술과 응용 분야에서 뛰어난 휴머노이드 로봇

▶

중국의 휴머노이드 로봇 산업은 빠르게 성장하며 다양한 기업들이 혁신적인 기술을 선보이고 있습니다. 대표적인 기업으로는 유비텍, 클라우드마인즈, 저장 궈쯔 로보틱스, 핸슨 로보틱스, 히트봇 등이 있으며, 이들은 각각 독창적인 기술과 응용 분야에서 두각을 나타내고 있습니다.

유비텍UBTECH은 소비자용 및 산업용 로봇 개발에서 선도적인 기업으로, 휴머노이드 로봇에 특화되어 있습니다. 대표적인 제품으로는 '알파Alpha' 시리즈와 '워커 S1Walker S1'이 있으며, 인간과 유사한 신체 구조와 유연성을 갖추고 있습니다. 유비텍은 AI와 센서 기술을 결합하여 사람과 소통할 수 있는 로봇을 개발하는 데 주력하며, 교육, 엔터테인먼트, 보안 등 다양한 분야에서 로봇을 활용하고 있습니다. 최근 폭스콘 등으로부터 500개 이상의 주문을 받아 상업적 성공 가능성을 높이고 있습니다.

클라우드마인즈CloudMinds는 클라우드 기반 로봇 관리 및 제어 기술을 개발하는 기업입니다. 이 회사는 로봇의 두뇌 역할을 하는 클라우드 플랫폼을 통해 여러 대의 로봇을 원격으로 제어할 수 있는 기술을 보유하고 있으며, 이를 통해 비용 절감과 효율적인 운영이 가능합니다. 클라우드마인즈는 의료 및 노인 돌봄 등 헬스케어 분야에서 AI 로봇을 활용하고 있으며, 향후 스마트 도시 및 다양한 산업 분야로 사업을 확장할 계획입니다.

저장 궈쯔 로보틱스Zhejiang Guozi Robotics는 산업 및 서비스용 로봇을 개발하는 기업으로, 의료, 물류, 교육 등 다양한 분야에 걸쳐 로봇 기술을 제공하고 있습니다. 이 회사는 고도로 정교한 로봇 동작 제어 시스템과 인간-로봇 상호작용을 위한 인터페이스 기술에 강점을 보이며, 특히 서비스용 휴머노이드 로봇 개발에 집중하고 있습니다. 저장 궈쯔 로보틱스의 로봇은 사람들과 원활한 소통이 가능하며, 간단한 업무를 수행할 수 있는 AI 기능을 탑재해 사용자 경험을 크게 개선하고 있습니다.

핸슨 로보틱스Hanson Robotics는 감성 AI와 사실적인 인간형 외관을 결합한 로봇 개발에 집중하는 기업으로, 세계적으로 유명한 '소피아Sophia' 로봇을 개발한 바 있습니다. 이 회사는 인간과의 상호작용에 초점을 맞춘 휴머노이드 로봇을 연구하며, 로봇이 감정을 인식하고 사람들과 대화를 통해 관계를 구축할 수 있도록 하는 기술을 개발하고 있습니다. 얼굴 표정과 제스처를 통해 사람의 감정을 반영하고 응답할 수 있는 고도화된 기술을 보유하고 있으며, 휴머노이드 로봇의 사회적 역할을 증대시키는 데 기여하고 있습니다.

히트봇Hitbot은 주로 소형 산업용 로봇 개발에 집중하고 있지만, 최근 인간형 로봇의 기능을 일부 접목한 제품을 연구하고 있습니다. 특히, 다축 로봇 팔이나 소형 휴머노이드의 동작을 정교하게 제어할 수 있는 기술에 강점을 가지고 있으며, 산업 자동화 및 스마트 제조 환경에서 로봇의 활용도를 높이고 있습니다. 히트봇은 다양한 센서와 알고리즘을 결합해 정밀한 작업을 수행할 수 있는 로봇을 개발하고 있으며, 향후 휴머노이드 로봇 시장으로 확장할 가능성을 가지고 있습니다.

이 외에도 중국에서는 유니트리Unitree, 애지봇Agibot, 엔진AIEngineAI, 푸리에 인텔리전스Fourier Intelligence 등 다양한 기업들이 휴머노이드 로봇을 개발하고 있습니다. 유니트리는 'H1'과 'G1'이라는 로봇을 선보였으며, 특히 H1은 중국 최초로 달릴 수 있는 휴머노이드 로봇으로 주목받고 있습니다. 애지봇은 '위안정远征 A2'라는 로봇을 개발하여 2024년 하반기에 양산을 시작했으며, 바늘에 실을 꿰는 정밀한 작업도 수행할 수 있습니다. 엔진AI는 'SE01'이라는 휴머노이드 로봇을 개발하여 2025년 양산을 목표로 하고 있으며, 판매 가격을 2만~3만 달러로 책정할 계획입니다. 푸리에 인텔리전스는 'GR-1'이라는 로봇을 개발하여 의료 재활 및 응급 구조 분야에 응용하고 있습니다.

산업용, 물류 로봇 분야의 급성장

▶

중국의 로봇 산업은 기술 발전과 자동화 수요 증가에 따라 산업용 로봇과 물류 로봇 분야에서 급성장하고 있습니다. 대표적인 기업으로는 시아순 로보틱스와 이노봇이 산업용 로봇 분야에서, 하이크비전, 스톤, 메이투안이 물류 로봇 분야에서 두각을 나타내고 있습니다. 이들 기업은 각각의 특화된 기술을 바탕으로 중국뿐만 아니라 글로벌 시장에서도 주목받고 있습니다.

시아순 로보틱스SIASUN Robotics는 중국 최대의 산업용 로봇 제조업체로서, 협동 로봇과 다중 작업을 수행할 수 있는 복합 로봇 기술에 강점을 지니고 있습니다. 시아순은 상하이 증권거래소에 상장된 기업으로, 다양한 산업 분야에 자동화 솔루션을 제공하며 중국의 제조업 발전에 기여하고 있습니다. 특히, 스마트 제조 환경에 적합한 로봇을 개발하여 제조 공정의 효율성을 크게 향상시키고 있습니다. 시아순의 제품은 고정밀 작업과 반복성이 중요한 공정에서 널리 사용되며, 자동화와 디지털화가 중요한 현대 제조업에서 필수적인 역할을 수행하고 있습니다. 이 회사는 혁신적인 기술과 품질로 국제적으로도 인정받고 있으며, 글로벌 로봇 시장에서 중국의 경쟁력을 강화하는 데 큰 역할을 하고 있습니다.

이노봇Inobot은 중국의 주요 산업용 로봇 제조업체로, 생산 라인에서의 효율성과 정밀성을 높이기 위한 로봇 팔과 자동화 시스템을 개발합니다. 이노봇은 주로 소형 부품 조립, 용접, 검사 작업에 특화된 로봇을 제공하며, 산업 전반에서 점점 더 복잡해지는 제조 환경에 대응하기 위해 지속적으로 기술을 개선하고 있습니다. 이노봇의 로봇은 고도의 정밀도와 안정성을 자랑하며, 공정 단축과 인건비 절감의 효과를 제공합니다. 특히 소규모 제조업체들이 자동화 기술을 쉽게 도입할 수 있도록 가성비 좋은 솔루션을 제공하는 데 주력하고 있습니다. 이노봇은 점진적으로 글로벌 시장에서도 활동을 확장하며, 중국 로봇 산업의 성장과 함께 국제 경쟁력을 강화하고 있습니다.

하이크비전Hikvision은 보안 카메라와 영상 분석 솔루션 분야의 선두 기업이지만, 자회사인 하이크로봇Hikrobot을 통해 물류 로봇 시장에도 적극적으로 진출하고 있습니다. 하이크로봇은 자율 이동 로봇

Automated Guided Vehicle, AGV과 머신 비전 시스템을 활용한 물류 자동화 솔루션을 제공하며, 주로 창고 관리와 재고 처리에 특화된 제품을 개발합니다. 하이크로봇의 AGV 시스템은 높은 정확도와 안정성을 바탕으로 물류 현장에서 물품을 빠르게 이동시키고, 재고 관리의 효율성을 극대화합니다. 이러한 솔루션은 대형 물류창고 뿐만 아니라 전자상거래, 제조업, 리테일 업계에서도 널리 사용되며, 하이크 비전의 강력한 보안 솔루션과 결합해 물류 현장의 안전성과 효율성을 동시에 제공합니다.

스톤STONE은 자율 이동 로봇을 전문으로 개발하는 중국의 주요 물류 로봇 기업입니다. 스톤은 주로 창고 및 물류센터에서 사용되는 자율주행 로봇을 설계하여 물류의 자동화와 효율성을 극대화하는 데 기여하고 있습니다. 이 회사의 로봇은 다중 센서를 탑재해 장애물을 감지하고 회피할 수 있으며, 복잡한 환경에서도 안정적으로 작동하는 특징을 가지고 있습니다. 스톤의 로봇은 물품 운송, 정렬, 패키지 관리 등 다양한 업무를 수행하며, 인력 의존도를 줄여 물류 비용을 절감하고 작업 속도를 개선합니다. 이러한 기술은 대규모 창고뿐만 아니라 소규모 물류 시설에서도 적용 가능하며, 특히 전자상거래의 급성장에 따른 물류 수요 증가에 대응할 수 있는 유연한 솔루션을 제공합니다.

메이투안Meituan은 중국의 대형 O2O Online-to-Offline 플랫폼으로, 음식 배달과 같은 소비자 중심의 서비스에서 자율주행 배달 로봇을 활용하고 있습니다. 메이투안은 도심 지역 내 짧은 거리의 음식 배달을 자동화하여 효율성과 고객 만족도를 높이고 있으며, 이러한 배달 로봇들은 도시 내의 도보 길과 보행자 도로를 자유롭게 이동할 수 있도록 설계되어 있습니다. 메이투안의 자율주행 로봇은 AI와 딥러닝 기술을 바탕으로 교통 상황을 실시간으로 파악하고 최적의 경로를 선택하여 이동하며, 이로 인해 음식 배달 서비스의 신속성과 정확성을 높이고 있습니다. 메이투안의 자율주행 배달 로봇은 단순한 물류 로봇을 넘어 스마트 도시 인프라의 일부로 발전해 가고 있으며, 이를 통해 메이투안은 기술 기반의 소비자 서비스를 더욱 발전시키고 있습니다.

상업용, 가정용 로봇 기술로 시장의 변화를 주도

▶

중국의 로봇 산업은 상업용과 가정용 로봇 시장에서 급성장하고 있으며, 이 분야의 주요 기업들은 AI와 로봇공학을 접목하여 다양한 제품을 선보이고 있습니다. 특히 아이플라이텍은 상업용 로봇 시장에서, 화웨이, 에코백스, 로보락, 로보센과 같은 기업들은 가정용 로봇 시장에서 두각을 나타내며, 각각의 혁신적인 기술을 통해 시장의 변화를 주도하고 있습니다.

아이플라이텍iFLYTEK은 중국에서 AI 기술을 선도하는 대표적인 기업 중 하나로, 주로 음성 인식과 자연어 처리 기술에 강점을 가지고 있습니다. 이 회사는 이러한 기술을 바탕으로 상업용 로봇을 개발하는 데 주력하고 있으며, 최근에는 AI를 결합한 휴머노이드 로봇을 공개하여 주목을 받았습니다. 아이플라이텍은 2023년 10월에 열린 '1024 글로벌 디벨로퍼 페스티벌'에서 상업용 휴머노이드 로봇을 선보였으며, 이 로봇은 '비전-언어-동작'의 다중 모드를 지원하는 대형 스마트 모델을 탑재하고 있어, 다양한 상업 환경에서 활용될 수 있습니다. 이 로봇은 고객 응대, 정보 제공, 안내와 같은 서비스 업무에서 인간과 유사한 상호작용을 할 수 있습니다.

또한, 아이플라이텍은 로봇의 정밀한 움직임을 가능하게 하는 엔드 이펙터 기술 개발을 위해 로봇 엔드 이펙터 전문기업 체인징텍 Changingtek과 협력하고 있습니다. 이 기술을 통해 로봇의 손과 지능 제어 시스템을 정교하게 조정할 수 있어, 상업용 로봇이 복잡한 작업을 수행할 수 있도록 지원하고 있습니다. 아이플라이텍의 상업용 로봇들은 특히 대형 쇼핑몰, 공항, 병원 등에서 고객과의 상호작용을 통해 더 많은 사용자 경험을 제공하며, 중국 내 로봇 서비스 산업의 발전에 크게 기여하고 있습니다.

중국의 가정용 로봇 시장은 생활 속에서 편리함과 즐거움을 제공하는 제품들을 중심으로 빠르게 성장하고 있습니다. 화웨이, 에코백스, 로보락, 로보센 등은 가정에서의 다양한 요구를 충족시키는 혁신적인 로봇들을 선보이며, 사용자들에게 다양한 기능과 경험을 제공하고 있습니다.

화웨이는 AI 기술과 로봇공학을 결합한 로봇 개를 개발하여 가정용 로봇 시장에 진입했습니다. 화웨이의 로봇 개는 기존의 통신 기술과 AI를 활용하여 사용자와 상호작용할 수 있으며, 가정 내에서 보안 감시와 엔터테인먼트 기능을 수행할 수 있습니다. 화웨이 로봇 개는 고해상도 카메라와 다중 센서를 탑재하여 주변 환경을 실시간으로 인식하고, 자율적으로 움직이면서 사용자와 자연스럽게 상호작용할 수 있도록 설계되었습니다. 이 로봇은 사용자의 음성을 인식하고 다양한 명령을 수행하며, 감시 기능을 통해 가정 내 안전을 보장할 수 있어 다목적으로 활용되고 있습니다.

에코백스ECOVACS는 로봇 청소기로 잘 알려진 회사로, 대표 제품인 디봇Deebot 시리즈를 통해 가정용 로봇 시장에서 큰 성공을 거두고 있습니다. 에코백스의 로봇 청소기는 강력한 흡입력과 물걸레 청소 기능을 갖추고 있으며, 스마트 내비게이션 시스템을 통해 효율적인 청소를 제공합니다. 특히, 최신 모델인 디봇 X1 옴니는 물걸레 자동 세척 및 건조 기능을 탑재하여, 사용자가 청소 과정에서 손을 대지 않고도 편리하게 사용할 수 있도록 합니다. 또한 에코백스의 로봇 청소기는 스마트폰과 연동하여 집안의 여러 방을 자동으로 청소하며, 먼지와 물걸레 관리까지 자동으로 이루어지기 때문에 바쁜 현대인의 삶에 최적화된 제품으로 평가받고 있습니다.

로보락Roborock은 샤오미 생태계에서 시작하여 독립적으로 성장한 로봇 청소기 브랜드로, 높은 흡입력과 정교한 맵핑 기술을 통해 시장에서 두각을 나타내고 있습니다. 로보락의 주요 제품은 흡입 청소와 물걸레 청소를 동시에 제공하며, 최신 모델인 S7 MaxV Ultra

는 자동 먼지 비움과 물걸레 세척 및 건조 기능을 통해 청소 과정을 한층 더 자동화했습니다. 이 모델은 AI 기반의 실시간 장애물 인식 기술을 통해 가구나 물체를 감지하고 회피하는 기능을 제공하여 보다 효과적인 청소를 가능하게 합니다. 로보락은 가격 대비 성능이 뛰어난 제품으로 평가받으며, 중국을 넘어 전 세계에서 인기를 끌고 있습니다.

로보센Robosen은 변신 로봇 장난감을 제작하는 회사로, 엔터테인먼트와 교육 목적으로 사용할 수 있는 로봇을 개발합니다. 로보센의 대표적인 제품은 트랜스포머의 옵티머스 프라임과 같은 캐릭터를 실제로 움직이고 변신할 수 있는 로봇으로, 출시 후 큰 화제를 모았습니다. 이러한 제품들은 아이들과 함께 다양한 로봇 동작을 체험할 수 있는 기회를 제공하며, 학습용 교재로도 활용될 수 있어 교육적 가치가 높습니다. 로보센의 로봇은 음성 명령을 인식하여 자동으로 변신하거나 특정 동작을 수행할 수 있으며, 사용자가 직접 조작하고 프로그래밍할 수 있어 인터랙티브한 경험을 제공합니다.

현장에서 혁신적인 솔루션을 제공하는 의료용 로봇

▶

중국의 의료용 로봇 산업은 AI, 정밀 제어 기술, 로봇공학의 융합을 통해 크게 성장하고 있습니다. 특히 티나비 메디컬 테크놀로지스, 마인드레이, 메덱스는 이 분야에서 기술 혁신과 품질을 바탕으로 주목받는 기업들로, 각각의 고유한 의료 로봇 시스템을 통해 병원 및 의료 현장에서 혁신적인 솔루션을 제공하고 있습니다.

티나비 메디컬 테크놀로지스TINAVI Medical Technologies는 2005년에 설립된 중국 최초의 의료 로봇 전문기업 중 하나로, 특히 정형외과 분야에서 매우 중요한 역할을 하고 있습니다. 티나비는 세계 최초로 3D 이미징과 로봇 기술을 통합한 정형외과 수술 로봇 시스템을 개발하였으며, 이를 통해 수술의 정밀도와 안전성을 획기적으로 높였습니다. 대표 제품인 '티로봇TiRobot'은 척추와 골반 수술에서 널리 사용되며, 높은 정확도 덕분에 수술 중 합병증을 줄이고 환자의 회복 시간을 크게 단축시키는 데 기여하고 있습니다. 티로봇은 척추 수술에서 환자의 신체 구조에 맞춰 미세한 위치 조정을 가능하게 하는 로봇 팔과 고도화된 제어 소프트웨어를 갖추고 있어 수술 중 오차를 최소화하고, 외과의가 보다 안정적인 환경에서 수술을 진행할 수 있도록 돕습니다. 이러한 시스템은 중국 국가식품의약품감독관리총국CFDA의 인증을 받았고, 현재 중국 내 주요 병원에서 활발히 사용 중이며, 해외 시장에서도 높은 관심을 받고 있습니다. 티나비는 정형외과 외에도 다양한 분야에서 의료용 로봇의 개발을 추진하고 있으며, 정밀 의학과 개인화된 치료가 중요한 현대 의료의 흐름에 맞춘 기술 연구를 지속하고 있습니다.

마인드레이Mindray는 1991년에 설립되어 중국을 대표하는 글로벌 의료기기 제조업체로 성장했으며, 현재 환자 모니터링, 진단 영상, 체외 진단 등의 다양한 분야에서 고품질 의료 솔루션을 제공하고 있습니다. 마인드레이는 전 세계 190여 개국에 제품을 수출하고 있으며, 글로벌 시장에서 점유율을 확대하며 성장하고 있습니다. 특히, 수술용 로봇 시스템 개발에 박차를 가하고 있으며, 최소 침습 수술을 위한 혁신적인 로봇 솔루션을 제공함으로써 의료진이 보다 정밀하고 안전하게 수술을 수행할 수 있도록 돕고 있습니다. 이러한 수술용 로봇은 환자의 신체에 미치는 충격을 줄이고 회복 시간을 단축하는 효과가 있으며, 의료진의 피로도를 줄여주는 효과도 있어 점점 더 많은 병원에서 채택되고 있습니다. 마인드레이는 수익의 10% 이상을 연구개발에 투자하여 기술 혁신에 매진하고 있으며, 특히 미국 초음파 진단기 회사 조네어Zonare를 인수하여 글로벌 연구개발 역량을 한층 강화했습니다. 이처럼 마인드레이는 고급 의료기기의 개발과 생산을 통해, 의료 환경의 개선과 질병 치료의 혁신에 기여하고 있습니다. 또한 마인드레이는 최신 AI 기술을 의료 장비에 접목하여, 보다 정밀하고 효율적인 진단 및 치료가 가능하도록 하는 솔루션 개발을 지속하고 있습니다.

메덱스Medex는 환자 모니터링 시스템, 마취 기기, 초음파 장비 등 다양한 의료기기 및 솔루션을 제공하는 중국의 주요 의료기기 제조업체로, 의료 현장에서의 효율성과 정확성을 높이기 위한 혁신적인 제품을 개발하고 있습니다. 메덱스의 제품은 사용자 친화적인 디자인과 직관적인 인터페이스를 바탕으로 의료진이 신속하게 환자의 상태를 파악하고, 정확하게 진단을 내릴 수 있도록 돕습니다. 메덱스의 환자 모니터링 시스템은 고해상도 디스플레이와 사용이 편리한 인터페이스를 갖추고 있어, 환자의 생체 신호를 실시간으로 모니터링 할 수 있습니다. 이러한 시스템은 병원에서 환자의 상태를 빠르게 파악하고 필요한 치료를 즉시 제공하는 데 중요한 역할을 합니다. 메덱스는 국내외 시장에서 경쟁력을 강화하기 위해 지속적으로 연구개발에 힘쓰고 있으며, 글로벌 의료기기 시장에서 입지를 넓히고 있습니다.

스마트 농업과 자동화 기술 발전의 농업용 로봇

▶

중국의 농업용 로봇 산업은 스마트 농업과 자동화 기술의 발전을 통해 빠르게 성장하고 있습니다. 이에이비전 테크놀로지스, DJI, 지페이커지는 각기 다른 특화 기술을 바탕으로 중국의 농업용 로봇 시장을 이끌고 있으며, 이들 기업은 농업 생산성을 높이고, 농민들의 노동 부담을 줄이며, 정밀 농업의 시대를 여는 데 중요한 역할을 하고 있습니다.

이에이비전 테크놀로지스EAVision Technologies는 컴퓨터 비전과 AI 기술을 결합하여 농업용 로봇 솔루션을 개발하는 기업입니다. 이 회사는 특히 험준한 산악 지형과 경사도가 높은 지역에서도 안정적으로 작동하는 농업용 드론과 로봇을 설계하는 데 강점을 보유하고 있습니다. 이에이비전의 농업용 드론은 듀얼 카메라 시스템과 고도화된 컴퓨터 비전 기술을 탑재하여, 농작물의 상태를 정밀하게 분석하고 필요한 작업을 수행할 수 있습니다. 이러한 드론은 특히 경작지가 평탄하지 않은 지역에서 농작물 관리와 방제 작업을 용이하게 하며, 다른 드론이 접근하기 어려운 환경에서도 농약을 정확히 살포하고 병해충을 방제할 수 있도록 돕습니다. 이에이비전의 기술은 AI 기반의 자율 비행을 통해 농작물의 상태를 실시간으로 파악하며, 농업 관리의 정밀도와 효율성을 크게 향상시킵니다. 특히, 열악한 기후 조건에서도 안정적으로 비행할 수 있어, 다양한 기후와 환경에서 안정적인 농작물 관리를 가능하게 합니다.

DJI(다장창신)는 원래 드론 제조업체로 잘 알려져 있지만, 농업용 드론 시장에서도 큰 영향을 미치고 있습니다. DJI의 농업용 드론은 자율 비행과 정밀 농업 기술을 바탕으로 농작물 모니터링과 방제 작업을 수행합니다. 대표적인 제품인 DJI 아그라스Agras 시리즈는 넓은 농작지에 농약을 효율적으로 살포할 수 있도록 설계되어 있으며, 대규모 농장에서도 농약과 비료의 분배를 정밀하게 관리할 수 있도록 도와줍니다. DJI 아그라스 드론은 초음파 레이더와 다중 센서를 탑재하여 농작물과 지면의 상태를 자동으로 인식하고, 기후 변화와 지형 조건에 따라 비행 경로와 작업 방식을 실시간으로 조정할 수 있습니다. 이를 통해 사용자는 농작물의 성장 상태를 모니터링하고 필요한 양의 농약을 살포하여 병해충을 효과적으로 방지할 수 있습니다. DJI는 또한 자사 앱과 소프트웨어를 통해 농민들이 간편하게 농작물의 상태를 추적하고, 필요한 데이터를 시각적으로 분석할 수 있는 시스템을 제공하여 정밀 농업의 접근성을 높이고 있습니다.

지페이커지^{XAG}는 중국을 대표하는 농업용 드론 및 로봇 기업으로, 농업 자동화와 스마트 농업 기술에 주력하고 있습니다. 지페이커지의 농업용 드론과 로봇은 농업의 모든 과정, 즉 파종, 농약 살포, 수확 등을 자동화하여 농업 효율성을 높이는 데 중점을 두고 있습니다. 대표적인 제품인 XAG R150 로봇은 자율주행 기능을 탑재하여 농작물의 수분 관리, 영양 공급, 병해충 방제 등 다양한 작업을 자동으로 수행할 수 있습니다. R150은 다양한 센서를 장착하고 있어 농작물의 상태를 실시간으로 모니터링하고, 작물별로 최적화된 양의 농약이나 비료를 살포할 수 있습니다. 또한, 이 로봇은 높은 정밀도를 자랑하는 GPS 시스템과 환경 인식 기능을 통해 복잡한 농업 환경에서도 안정적으로 작업을 수행할 수 있습니다.

지페이커지는 드론과 로봇 외에도 데이터 분석 솔루션을 제공하여 농민들이 농작물 관리와 생산성을 극대화할 수 있도록 돕고 있습니다. 예를 들어, 지페이커지의 플랫폼은 농작물의 생장 단계와 상태를 정확하게 파악하고, 그에 맞는 맞춤형 솔루션을 제공하여 농업의 효율성을 높입니다. 특히, 이 플랫폼은 날씨 정보와 같은 외부 데이터를 결합하여 농작물 관리에 필요한 의사결정을 지원하며, 이를 통해 농민들이 기후 변화와 병해충 문제에 보다 효과적으로 대응할 수 있도록 돕습니다. 지페이커지는 농업 기술과 데이터를 결합한 종합적인 솔루션을 제공하여, 중국 농업의 스마트화와 지속 가능성에 기여하고 있습니다.

첨단 로봇의 허브가
되고자 하는 유럽

유럽의 휴머노이드 로봇 기술은 다양한 산업과 연구 분야에서 발전을 이끌며 AI 및 로봇공학 기술의 최전선에 서 있습니다.

실용적 응용 가능성을 갖춘
휴머노이드 로봇

▶

팔 로보틱스, 알데바란 로보틱스, 로보이와 같은 기업들이 유럽의 휴머노이드 로봇 개발에 주도적인 역할을 하고 있으며, 각 기업의 기술은 독자적인 특성과 응용 가능성을 지니고 있습니다. 이들 기업의 로봇들은 의료, 연구, 상업적 환경 등 여러 분야에서 사용되며, 유럽 로봇공학의 경쟁력을 강화하고 있습니다.

　스페인 바르셀로나에 본사를 둔 팔 로보틱스PAL Robotics는 휴머노이드 및 서비스 로봇을 설계하고 개발하는 데 주력하는 기업으로, 2004년에 설립되었습니다. 특히, 인간형 로봇과 자율주행 로봇을 중심으로 다양한 연구 및 상업적 솔루션을 제공하고 있습니다. 팔 로보틱스의 대표적인 제품 중 하나는 '리엠Reem' 시리즈로, 이 로봇들은 인간의 모습과 유사한 신체 구조를 가지고 있으며 주로 안내, 이동 보조, 상호작용 기능에 중점을 두고 있습니다. 예를 들어, 리엠-C는 의료 및 연구 분야에서 활용되며, 인간과의 상호작용을 통해 다양한 서비스 환경에 적응할 수 있습니다. 팔 로모틱스는 AI, 자율주행 및 자연어 처리 기술을 활용하여 로봇들이 사람들과 원활하게 의사소통하고, 환경을 인식하며, 자율적으로 작업을 수행할 수 있도록 설계하고 있습니다. 이 기업의 로봇은 공항이나 호텔과 같은 공공장소에서도 사용되어 안내 역할을 수행하며, 서비스 및 엔터테인먼트 로봇으로서의 가능성도 보여주고 있습니다.

　프랑스에 본사를 둔 알데바란 로보틱스Aldebaran Robotics는 휴머노이드 로봇 개발의 선두 주자로, 인간과의 상호작용을 최적화하는 데 중점을 둔 로봇을 개발해 왔습니다. 2005년에 설립된 이 회사는 대표적으로 '나오Nao'와 '페퍼Pepper'라는 휴머노이드 로봇을 개발했습니다. 나오는 교육 및 연구 용도로 주로 사용되며, 다리와 팔을 이용한 운동 기능과 얼굴 및 음성 인식 기능을 갖추고 있습니다. 이 로봇은 전 세계 교육 기관에서 로봇공학을 배우는 도구로 활용되며,

아동의 교육뿐만 아니라 자폐 아동의 치료에도 사용됩니다. 또한, 나오는 학습 및 연구에서 많은 실험적인 응용이 가능하여 전 세계 대학 및 연구소에서 연구개발용으로 널리 사용되고 있습니다. 한편, 페퍼는 감정 인식 기능을 갖추고 있어 상호작용이 보다 풍부한 로봇입니다. 소매점, 병원 등에서 고객 응대와 안내 역할을 수행하며, 사람의 표정과 목소리에서 감정을 분석하여 보다 감정적으로 공감하는 대화를 나눌 수 있는 능력을 갖추고 있습니다. 알데바란 로보틱스의 로봇은 특히 사람과 로봇 간의 감성적 소통을 가능하게 함으로써 로봇공학의 사회적 응용 가능성을 크게 확장시키고 있습니다.

독일에서 개발된 로보이Roboy는 인간 근육 구조를 모방하여 개발된 혁신적인 바이오닉 로봇으로, 주로 연구와 교육을 목적으로 설계되었습니다. 로보이 프로젝트는 뮌헨공과대학교TUM와 취리히연방공과대학교ETH Zurich를 포함한 여러 대학 연구팀의 협력으로 시작되었으며, 인간 근육과 힘줄을 모사한 기계 구조를 통해 인간의 움직임과 매우 유사한 행동을 할 수 있는 휴머노이드 로봇입니다. 로보이는 근육 구동 시스템을 갖추고 있어 기존의 모터 기반 로봇보다 더 자연스러운 움직임을 구현할 수 있습니다. 이 로봇은 인체 해부학적 구조를 연구하는 데 도움을 주며, 인체 재활 및 운동 과학 연구에도 활용될 수 있습니다. 로보이는 또한 인간과의 상호작용을 위해 다양한 센서와 AI 알고리즘을 사용하여 환경을 인식하고 대화를 나눌 수 있습니다. 연구자들은 로보이를 통해 인간의 생리학적 구조와 비슷한 로봇을 개발함으로써 미래의 의료 및 헬스케어에서 사용할 수 있는 다양한 바이오닉 솔루션을 연구하고 있습니다. 로보이의 개발은 바이오닉스와 로봇공학의 결합을 통해 보다 인간적인 로봇을 창조하고자 하는 시도를 보여주며, 특히 재활 및 의학 분야에서 실용적 응용 가능성을 갖추고 있습니다.

효율성과 생산성 극대화를 위한 산업용, 물류 로봇

▶

유럽의 산업용 및 물류 로봇 분야는 전 세계적으로 중요한 위치를 차지하고 있으며, 제조업 및 물류 산업의 자동화와 혁신에 크게 기여하고 있습니다. 유럽의 대표적인 산업용 로봇 기업으로는 쿠카, ABB, 유니버설 로봇, 슝크 등이 있으며, 물류 자동화 분야에서는 모바일 인더스트리얼 로봇과 스타십 테크놀로지스가 두각을 나타내고 있습니다. 이들 기업의 로봇은 효율성과 생산성을 극대화하기 위한 목적으로 다양한 산업에 도입되고 있으며, 각 로봇 기업은 특화된 기술과 솔루션을 제공하여 유럽 로봇 산업의 경쟁력을 높이고 있습니다.

독일에서 시작한 쿠카KUKA는 세계적으로 인정받는 산업용 로봇 제조업체로, 주로 자동차, 전자 및 금속 가공 산업에서 사용되는 고정밀 로봇을 생산합니다. 쿠카는 1970년대부터 산업용 로봇을 개발해 온 선구자적인 기업으로, 특히 다관절 로봇 팔 분야에서 우수한 기술력을 보유하고 있습니다. 쿠카의 대표적인 로봇 시리즈 중 하나인 KR 시리즈는 용접, 조립, 페인팅, 적재 등 다양한 제조 공정에서 사용되며, 고속성과 정밀성을 갖춘 것이 특징입니다. 또한, 쿠카는 AI와 머신러닝 기술을 접목하여 자율성을 높인 스마트 팩토리 솔루션을 제공합니다. 쿠카의 로봇은 사람과 협력하여 작업할 수 있는 협동 로봇Co-bot도 포함되어 있어 작업장의 안전성을 높이면서도 유연성을 유지할 수 있습니다. 특히, 자동차 제조업체들 사이에서 쿠카의 로봇은 품질과 생산성을 높이는 핵심적인 장비로 자리 잡았습니다. 참고로 쿠카는 현재 중국 기업인 메이디Midea 그룹의 자회사입니다. 메이디 그룹은 2016년 쿠카의 지분 94.55%를 인수하여 경영권을 확보하였으며, 이후 2021년에는 잔여 지분을 모두 매입하여 쿠카를 완전 자회사로 편입했습니다.

스위스에 본사를 둔 ABB(에이비비)는 전 세계에 로봇공학 솔루션을 제공하는 대표적인 산업용 로봇 제조업체로, 전기 및 자동화 솔루션을 포함하여 다양한 산업 분야에 걸쳐 활동하고 있습니다. ABB는 용접, 적재, 조립 등 산업 전반에 걸쳐 활용되는 로봇을 제공하며, 특히 전기자동차EV 배터리 제조와 같은 신흥 분야에서 강점을 보이고 있습니다. ABB의 산업용 로봇은 높은 내구성과 안전성을 특징으로 하며, 산업 환경에 맞춰 커스터마이징이 가능하여 다양한 고객 요구를 충족시킵니다. 대표 제품인 유미YuMi 시리즈는 사람과 협동할 수 있는 협동 로봇으로, 특히 전자제품 조립 라인에서 높은 유연성을 보여줍니다. ABB는 지속적으로 AI와 머신러닝 기술을 도입해 스마트 제조를 지원하며, 디지털 트윈 기술을 활용하여 공정 최적화를 실시간으로 모니터링하고 피드백할 수 있는 시스템을 제공합니다.

덴마크의 유니버설 로봇Universal Robots은 협동 로봇 분야에서 큰 성공을 거둔 기업으로, 비교적 간단한 조작과 빠른 설치가 가능해 중소 규모 제조업체들 사이에서 인기가 높습니다. 유니버설 로봇의 협동 로봇 시리즈는 UR3, UR5, UR10 등으로, 이들은 각각 작업 범위와 하중 용량이 다르지만 모두 높은 유연성과 경제성을 갖추고 있습니다. 이 로봇들은 전자제품 제조, 포장, 물류 등 다양한 분야에 사용되며, 특히 반복적인 작업에서 작업자의 피로를 줄이는 역할을 합니다. 유니버설 로봇의 로봇은 인간과 안전하게 협력할 수 있는 기능을 갖추고 있어 작업장 내 협력 작업의 효율성을 극대화합니다. 특히, 소프트웨어 인터페이스를 사용자 친화적으로 설계하여 비전문가도 로봇을 쉽게 프로그래밍할 수 있도록 하였으며, 다양한 어플리케이션에 맞춘 플러그 앤드 플레이 솔루션을 제공합니다.

독일의 슝크Schunk는 로봇의 그리퍼Gripper 및 클램핑Clamping 기술로 유명한 기업으로, 특히 정밀한 물체를 다루는 작업에 특화된 솔루션을 제공합니다. 그리퍼는 로봇이 물체를 잡고, 이동시키고, 조작할 수 있도록 하는 엔드 이펙터로, 물체를 집어 올리고 배치하며 정밀한 조작을 수행하는 기능입니다. 클램핑은 가공, 조립, 검사 등의 공정에서 물체를 단단히 고정하는 기술로, 물체가 움직이지 않도록 압력을 가해 고정하여 정밀한 작업이 가능하게 합니다. 슝크의 그리퍼는 다양한 산업용 로봇과 호환되며, 전기 그리퍼, 진공 그리퍼, 다축 그리퍼 등 다양한 유형이 있어 작업 특성에 맞게 적용할 수 있습니다. 이 회사는 정밀한 조립 및 검수 작업에서 사용되는 고정밀 그리퍼로 유명하며, 의료, 항공우주, 반도체와 같은 고부가가치 산업에서도 활발하게 사용되고 있습니다. 슝크는 인간의 손과 유사한 기능을 구현한 그리퍼를 개발하여 로봇이 더욱 정교하고 복잡한 작업을 수행할 수 있도록 합니다. 이들 또한 로봇공학과 IoT 기술을 융합하여 스마트 제조 시스템을 구축하는 데 중점을 두고 있으며, 자사의 그리퍼에 센서를 내장하여 작업 상황을 실시간으로 모니터링할 수 있는 기능을 제공합니다.

덴마크의 모바일 인더스트리얼 로봇Mobile Industrial Robots, MiR은 자율주행 물류 로봇 분야에서 중요한 역할을 하는 기업으로, 물류창고, 병원, 공장 등 다양한 환경에서 물품을 운반하는 자동화 솔루션을 제공합니다. MiR의 로봇은 자율주행 시스템을 갖추고 있어 정해진 경로를 스스로 탐색하고 장애물을 피하며 목적지까지 안전하게 도달할 수 있습니다. 대표적인 모델인 MiR100과 MiR500은 무거운 하중을 운반할 수 있으며, 병원 내에서 약품 운반이나 제조업체 내에서 부품 이동 등 다양한 업무에 사용되고 있습니다. MiR의 물류 로봇은 간편한 소프트웨어 설정과 사용자 친화적 인터페이스를 갖추고 있어 비전문가도 쉽게 사용할 수 있습니다. 이들 로봇은 여러 대가 네트워크로 연결되어 작업량을 분산하여 효율적으로 물류 작업을 수행할 수 있습니다. MiR은 클라우드 기반 솔루션을 통해 로봇들의 경로와 작업 상태를 실시간으로 모니터링할 수 있으며, 이를 통해 대규모 물류 환경에서도 안정적이고 신속한 자동화를 구현할 수 있습니다.

에스토니아에 본사를 둔 스타십 테크놀로지스Starship Technologies는 주로 마지막 단계 배송last-mile delivery을 위한 소형 자율주행 로봇을 개발하는 기업으로, 식료품, 소형 패키지 등을 배송하는 데 최적화되어 있습니다. 스타십의 로봇은 주로 보도와 같은 좁은 길을 자율적으로 이동하며, 배송지에 정확히 도달할 수 있는 시스템을 갖추고 있습니다. 이 회사는 주로 대학 캠퍼스, 주거 지역 등에서 로봇 배송 서비스를 제공하며, 고객이 모바일 앱을 통해 주문하면 로봇이 자동으로 이동하여 물품을 전달하는 방식입니다. 스타십의 로봇은 충돌 방지 시스템과 GPS 기반의 위치 추적 기술을 통해 안전하고 정확한 배송이 가능하며, 특히 좁은 지역에서도 원활하게 이동할 수 있도록 설계되었습니다. 이러한 소형 로봇은 비용 효율적인 방법으로 마지막 단계의 배송 문제를 해결할 수 있어 소매업체 및 배송 서비스 업체들 사이에서 각광을 받고 있습니다.

가정 내 안전과 청결,
그리고 국방 분야에 특화된 로봇

▶

　유럽의 로봇 산업은 가정용 및 국방 분야에서도 혁신을 거듭하고 있으며, 특히 가정 내 안전과 청결을 위한 로봇부터 국방 및 보안에 특화된 로봇까지 다양한 제품들이 개발되고 있습니다. 이 분야에서 대표적인 기업으로는 가정용 소독 로봇을 개발하는 덴마크의 UVD 로봇과, 국방 및 보안용 로봇을 제작하는 에스토니아의 밀렘과 영국의 키네틱이 있습니다. 이들 기업은 각각 독자적인 기술력을 바탕으로 각 분야에서 높은 성과를 거두고 있으며, 로봇공학의 응용 가능성을 더욱 확장하고 있습니다.

　덴마크의 UVD 로봇은 가정과 상업 공간의 위생 및 감염 관리를 위한 자율주행 소독 로봇을 개발하는 회사로, 특히 의료 시설 및 공공 공간에서의 감염 예방을 위한 솔루션을 제공합니다. 대표 제품인 UVD 로봇은 강력한 UV-C 자외선을 이용해 바이러스, 박테리아, 기타 병원균을 제거하는 기능을 갖추고 있습니다. 이 로봇은 자율주행 기능을 통해 설정된 공간을 스스로 탐색하며, 사람이 접근하기 어려운 구역까지도 효과적으로 소독할 수 있습니다. UVD 로봇은 병원과 클리닉, 호텔, 공항, 사무실 등 다양한 환경에서 활용되고 있으며, 특히 코로나19 팬데믹 이후 감염 예방 및 안전 관리 수단으로 많은 관심을 받고 있습니다. 자율주행과 AI를 결합한 기술 덕분에 사람의 개입 없이도 스스로 작업을 수행하며, 실시간으로 주위 환경을 스캔해 장애물을 피하거나 작업 경로를 수정할 수 있습니다. 이러한 특성은 병원 및 공공 시설에서 효율적이고 안전한 소독 작업을 가능하게 하여, UVD 로봇은 청결과 위생 관리의 혁신적인 해결책을 제시하고 있습니다.

에스토니아에 본사를 둔 밀렘Milrem은 국방과 보안 분야에서 자율주행 및 원격 조작 로봇을 개발하는 기업으로, 주로 군용 및 국방용 로봇 플랫폼을 제공합니다. 밀렘의 대표 제품 중 하나인 테미스THeMIS는 무인 지상 차량UGV으로, 정찰, 보급, 지뢰 탐지 및 제거, 화력 지원 등의 군사 작전에 활용됩니다. 테미스는 다목적 플랫폼으로 설계되어 다양한 임무에 맞게 장착물과 센서를 유연하게 변경할 수 있으며, 특히 위험한 지역에서 군인들의 안전을 보장하면서도 임무를 성공적으로 수행할 수 있습니다. 이 로봇은 원격 조작과 반자율주행 기능을 모두 갖추고 있어, 조종자의 명령에 따라 복잡한 지형을 주행하거나 자율적으로 이동할 수 있습니다. 또한, 전투 지역의 위험 요소를 감지하고 회피할 수 있는 능력과 함께 다양한 무기 시스템을 장착할 수 있는 모듈형 구조를 갖추고 있어, 실전에 적합한 다목적 로봇으로 인정받고 있습니다. 밀렘의 로봇 플랫폼은 북대서양조약기구NATO 회원국을 포함한 여러 국가에서 국방 작전에 채택되고 있으며, 현대 전쟁에서의 로봇 활용 가능성을 보여주고 있습니다.

영국의 키네틱QinetiQ은 주로 국방과 보안 분야에서 사용되는 로봇 및 첨단 기술을 개발하는 기업으로, 특히 원격 제어 및 무인 시스템

개발에 강점을 보유하고 있습니다. 키네틱은 다양한 환경에서 활용할 수 있는 무인 지상 차량과 수중 드론을 포함해 폭발물 처리, 정찰, 보급 등의 임무를 지원하는 다목적 로봇을 제공합니다. 키네틱의 대표적인 로봇 플랫폼 중 하나인 탈론TALON은 폭발물 처리EOD 로봇으로, 위험 지역에서 폭발물을 탐지하고 제거하는 데 활용됩니다. 탈론은 견고한 구조와 높은 기동성을 갖추고 있어, 다양한 지형에서 장애물을 극복하며 신속하게 이동할 수 있습니다. 또한, 군사용 외에도 재난 구호 및 민간 보안 작업에서 사용될 수 있으며, 특히 테러 대응 및 긴급 상황에서의 인명 구조 활동에 적합한 로봇으로 평가받고 있습니다. 키네틱은 로봇의 원격 조작 성능을 강화하기 위해 여러 종류의 센서와 비전 시스템을 결합해 보다 안전하고 정확한 작전을 수행할 수 있도록 지원하고 있습니다.

인간의 삶과 기술을 접목하려는 일본

일본의 휴머노이드 로봇 산업은 인간의 삶과 기술을 접목시키는데 큰 역할을 하며, 전 세계적으로도 주목받고 있는 분야입니다. 일본은 이미 수십 년 전부터 인간과 상호작용할 수 있는 로봇 개발에 깊은 관심을 갖고, 다양한 산업군과의 융합을 통해 인간을 돕는 기술을 구현하는 데 집중해 왔습니다. 이는 일본이 가진 고유의 사회적 특성, 즉 급속히 진행되는 고령화와 노동 인구의 감소 등에서 기인한 필요에 대응하기 위한 노력의 일환이기도 합니다. 이러한 일본의 노력은 휴머노이드 로봇이라는 형태로 구체화되었고, 일본은 현재까지도 로봇공학과 AI 기술에서 세계적인 선두 주자로 평가받고 있습니다.

독특한 목적과 기능, 기술도 다른
휴머노이드 로봇

▶

일본의 대표적인 휴머노이드 로봇에는 소니의 아이보, 혼다의 아시모, 소프트뱅크의 페퍼 등이 있습니다. 각 로봇은 저마다 독특한 목적과 기능을 지니며, 기술적으로도 각기 다른 특성을 가지고 있습니다.

소니의 아이보AIBO는 단순한 기계 장치가 아닌 인간의 정서적 반응을 고려한 반려동물 로봇으로 개발되었습니다. 아이보는 처음 등장했을 때부터 큰 화제를 불러일으켰으며, '로봇 반려동물'이라는 새로운 개념을 제시했습니다. 아이보는 사용자의 명령에 반응할 뿐만 아니라, 반복적인 상호작용을 통해 사용자의 행동을 학습하고, 감정적인 교류를 이루는 기능을 발전시키고 있습니다. 예를 들어, 아이보는 주인의 목소리를 인식하고 특정한 음성 명령에 반응할 수 있으며, 정서적으로 교감하는 듯한 반응을 보여 줌으로써 실제 반려동물과 유사한 역할을 수행합니다. 아이보의 개발은 가정 내에서 반려동물을 기를 수 없는 환경에서도 사람들에게 정서적인 안정감을 제공할 수 있는 새로운 가능성을 열어주었고, 특히 고령화 사회에서 외로움을 느끼는 사람들에게 좋은 동반자가 될 수 있다는 점에서 주목받고 있습니다.

혼다의 아시모ASIMO는 인간형 로봇 개발의 상징과도 같은 존재입니다. 2000년에 처음 발표된 아시모는 두 다리로 걷고, 계단을 오르며, 손을 사용해 물건을 옮기는 등의 동작을 수행할 수 있는 휴머노이드 로봇입니다. 혼다는 아시모의 개발을 통해 인간과 가장 유사한 형태의 로봇을 구현하고자 했으며, 이를 통해 로봇과 인간이 같은 공간에서 함께 생활하고 일할 수 있는 환경을 구축하는 것이 목표였습니다. 아시모의 개발은 로봇공학 기술의 발전을 가속화했을 뿐만 아니라, 이후 다양한 기업과 연구기관에서 인간형 로봇 개발에 뛰어들도록 하는 중요한 계기가 되었습니다. 혼다는 아시모가 인간을 대신해 고위험 작업을 수행하거나, 일상생활에서 보조 역할을 할 수 있는 가능성을 강조하면서, 향후 더 발전된 인간형 로봇을 통해 다양한 산업군에서 활용될 수 있는 미래를 제시했습니다.

소프트뱅크의 페퍼Pepper는 감정 인식 기능을 갖춘 최초의 휴머노이드 로봇 중 하나로, 사람의 표정과 목소리를 분석해 감정을 이해하고 이에 맞춰 대화를 나누는 특징이 있습니다. 페퍼는 상업 시설이나 공공장소에서 고객 응대를 주로 담당하며, 특히 사람과의 상호작용을 통해 지속적으로 대화 능력을 향상시키는 AI 기반 대화형 로봇으로 발전해 왔습니다. 예를 들어, 페퍼는 매장에 들어오는 고객을 맞이하고 간단한 정보를 제공하며, 필요한 경우 고객의 질문에 대답하거나 간단한 안내를 할 수 있는 능력을 지니고 있습니다. 소프트뱅크는 페퍼의 개발을 통해 로봇이 인간의 감정을 이해하고 이에 반응하는 능력을 갖출 수 있다는 가능성을 실험했으며, 이는 단순히 물리적인 동작을 수행하는 것을 넘어서 인간과의 정서적 교감을 중요하게 여기는 일본 로봇 산업의 특징을 잘 보여줍니다.

세분화된 분야에서 독보적인
산업용, 물류 로봇

▶

 일본의 로봇 산업은 세분화된 분야에서 독보적인 기술력을 발휘하고 있으며, 특히 산업용 로봇과 물류 로봇 분야에서 글로벌 경쟁력을 갖추고 있습니다. 일본의 로봇 제조업체들은 높은 수준의 기술과 오랜 경험을 바탕으로 전 세계 시장을 선도하며, 생산성 향상과 안전성 증대에 기여하고 있습니다. 대표적인 산업용 로봇 기업으로는 화낙, 야스카와 전기, 가와사키 중공업, 토요타, 그리고 최근 빠르게 성장하는 덴소가 있습니다. 또한, 물류 로봇 분야에서도 일본은 첨단 기술을 적용하여 물류 효율성을 극대화하고 있는데, 이 분야에서 주목받는 기업으로는 코마우, 오므론, 무진 등이 있습니다.

 먼저, 산업용 로봇 분야에서 일본은 초창기부터 글로벌 시장의 리더로 자리 잡아 왔습니다. 화낙FANUC은 대표적인 일본 산업용 로봇 제조업체로, 컴퓨터 프로그램을 통해 공작 기계를 자동으로 제어하는 CNCComputer Numerical Control 기술을 바탕으로 1970년대에 로봇공학에 뛰어들어 현재는 전 세계 산업용 로봇 시장의 큰 비중을 차지하고 있습니다. 화낙은 특히 정밀도가 요구되는 제조 공정에서 높은 신뢰성을 자랑하며, 주로 자동차, 전자제품 제조 분야에서 널리 사용되고 있습니다. 화낙의 로봇은 높은 내구성과 신속한 작업 속도를 자랑하며, 공장 자동화에 필수적인 장비로 평가받고 있습니다. 화낙의 로봇 시스템은 사후 관리와 유지보수가 용이하게 설계되어 있어, 산업 현장에서 장기적으로 활용되는 데 최적화되어 있습니다.

야스카와 전기Yaskawa Electric 역시 산업용 로봇 분야에서 세계적으로 인정받는 일본 기업 중 하나입니다. 특히, 모터와 드라이브 기술을 기반으로 로봇 팔을 개발하여, 조립, 용접, 페인팅 등 다양한 산업 공정에서 활용할 수 있는 고성능 로봇을 공급하고 있습니다. 야스카와 전기는 로봇 제품군인 '모토맨MOTOMAN' 시리즈를 통해 글로벌 시장에서 큰 인기를 얻고 있으며, 이 로봇들은 작업 공간에서의 높은 유연성과 정밀성을 제공하여 생산성을 크게 향상시키고 있습니다. 특히, 자동차 제조업체들이 요구하는 까다로운 품질 관리와 정밀한 작업을 수행할 수 있어 많은 산업 현장에서 중추적인 역할을 하고 있습니다.

가와사키 중공업Kawasaki Heavy Industries 또한 산업용 로봇 분야에서 뛰어난 기술력을 보유하고 있습니다. 가와사키 중공업의 로봇 사업부인 가와사키 로보틱스Kawasaki Robotics는 주로 중공업과 관련된 용접, 조립 작업에 특화된 로봇을 제작하여, 대형 장비 제조와 같은 고난이도 작업에 강점을 보이고 있습니다. 가와사키 로보틱스는 높은 안정성을 바탕으로 대형 제조업체와 긴밀한 협력을 유지하고 있으며, 주로 금속 가공 및 조립 분야에서 두각을 나타내고 있습니다. 또한, 안전성과 효율성을 극대화한 로봇 제어 시스템을 제공하여, 고위험 환경에서도 로봇이 인간의 역할을 대신할 수 있도록 돕고 있습니다.

토요타^{Toyota}는 자동차 제조업체로 잘 알려져 있지만, 산업용 로봇 개발에서도 독보적인 기술을 보유하고 있습니다. 토요타는 자체 공장에서 생산 라인의 효율성을 높이기 위해 다관절 로봇과 자율 이동 로봇을 사용하고 있으며, 이러한 기술을 기반으로 산업용 로봇 시장에서도 꾸준히 영향력을 확대하고 있습니다. 토요타의 로봇은 주로 자동차 부품 조립과 같은 정밀한 작업을 수행하는 데 강점을 보이며, 동시에 인간 작업자와 협업할 수 있는 협동 로봇을 개발하여 인간의 작업을 돕는 역할을 하고 있습니다. 토요타는 이러한 협동 로봇을 통해 안전성과 효율성을 극대화하고 있으며, 사람과 로봇이 공존하는 스마트 팩토리를 실현하고자 노력하고 있습니다.

덴소^{Denso}는 최근 빠르게 성장하고 있는 일본의 신생 로봇 기업으로, 기존의 산업용 로봇보다 높은 효율성을 자랑하는 최신 로봇 솔루션을 제공하고 있습니다. 덴소의 로봇은 특히 데이터 분석과 AI 기술을 접목하여 작업 현장에서 스스로 최적의 작업 경로를 계산하고, 변화하는 환경에 빠르게 적응할 수 있는 능력을 지니고 있습니다. 이러한 기술은 주로 전자제품 제조와 같이 정밀성과 효율성이 중요한 산업에 큰 기여를 하고 있으며, 앞으로 더욱 다양한 분야에서 활용될 것으로 기대됩니다.

한편, 물류 분야에서도 일본의 로봇 기술은 크게 발전해 왔습니다. 코마우^{Comau}는 이탈리아에 본사를 두고 있지만, 일본과의 협력을 통해 일본 물류 현장에 최적화된 자동화 솔루션을 제공하고 있습니다. 코마우는 특히 물류창고에서의 물품 분류와 이동을 자동화하는 로봇 시스템을 개발해 왔으며, 이를 통해 물류 현장의 효율성과 처리 속도를 크게 향상시켰습니다.

오므론Omron은 센서 기술과 로봇 제어 기술을 결합한 물류 로봇을 개발하여 물류 자동화 분야에서 두각을 나타내고 있습니다. 오므론의 로봇은 주로 창고 내에서 물건을 이동시키거나 분류하는 작업을 자동으로 수행하며, 여러 대의 로봇이 동시에 협력할 수 있는 시스템을 통해 물류 환경의 생산성을 극대화하고 있습니다. 오므론은 또한 로봇이 자율적으로 이동하고 작업을 수행할 수 있도록 AI와 딥러닝 기술을 적용해 효율적인 물류 솔루션을 제공하고 있으며, 이는 특히 전자상거래와 같은 빠른 물류 처리가 요구되는 산업에서 중요한 역할을 하고 있습니다.

무진Mujin은 물류 자동화에 특화된 일본 기업으로, 특히 로봇 컨트롤러와 소프트웨어 솔루션 개발에 중점을 두고 있습니다. 무진은 기존의 물류 로봇이 수행하기 어려운 작업을 자동화하는 데 성공하여, 복잡한 물류 환경에서도 다양한 물품을 신속하게 처리할 수 있도록 돕고 있습니다. 무진의 기술은 자율적으로 최적의 경로를 설정하고, 물류창고 내의 복잡한 작업을 효율적으로 수행할 수 있도록 하는 시스템을 제공하여, 많은 기업들이 물류 작업을 더 간편하고 정확하게 처리할 수 있게 하고 있습니다.

산업 현장과 생활 속에 실질적 도움을 주는
상업용, 헬스케어 로봇

▶

일본의 로봇 기술은 산업용과 물류용에만 머무르지 않고 상업용과 헬스케어 분야에서도 뛰어난 발전을 이루어왔습니다. 상업용 로봇에서는 소프트뱅크 로보틱스와 파나소닉이 대표적인 기업으로 활동하고 있으며, 헬스케어 분야에서는 사이버다인과 히타치가 혁신적인 기술을 바탕으로 시장을 선도하고 있습니다. 이들 기업은 각기 다른 목적과 기술을 통해 상업과 의료 현장에서 사람들에게 실질적인 도움을 주며, 일본이 가진 첨단 로봇 기술을 생활 속에서 실현해 나가고 있습니다.

소프트뱅크 로보틱스SoftBank Robotics는 상업용 로봇 시장에서 가장 두각을 나타내는 기업 중 하나입니다. 소프트뱅크 로보틱스는 감정 인식과 대화 기능을 갖춘 휴머노이드 로봇 페퍼를 개발하여, 상업 공간에서 고객 응대와 상호작용의 혁신을 이루었습니다. 페퍼는 사람의 표정과 목소리를 분석하여 감정을 이해하고, 이에 맞추어 대화를 나누는 것이 가능해 고객과의 정서적 교감을 이끌어 내며, 특히 상점, 호텔, 공항 등에서 고객 응대와 안내 역할을 효과적으로 수행하고 있습니다. 페퍼는 단순히 정보를 전달하는 로봇을 넘어, 사람들에게 친근함을 느끼게 하고 상호작용을 통해 고객 경험을 향상시키는데 중점을 두고 있습니다. 소프트뱅크 로보틱스는 이를 통해 로봇이 사람들의 일상에 더 가깝게 다가가도록 하였으며, 로봇이 상업 공간에서 고객 서비스와 정보를 제공하는 중요한 역할을 할 수 있다는 가능성을 입증했습니다. 또한, 소프트뱅크 로보틱스는 자사의 로봇 제품이 단순히 서비스 역할에만 그치지 않고, 사용자가 제공한 데이터를 학습하며 더욱 발전할 수 있도록 AI 기술을 지속적으로 강화해 나가고 있습니다.

파나소닉^{Panasonic} 역시 상업용 로봇 분야에서 중요한 역할을 담당하고 있습니다. 파나소닉은 가전 및 전자제품 제조 분야에서의 오랜 경험을 바탕으로 다양한 상업용 로봇 솔루션을 개발해 왔습니다. 예를 들어, 파나소닉은 호텔과 병원, 요양원 등에서 활용될 수 있는 로봇 솔루션을 통해 고객 서비스 향상에 기여하고 있으며, 이러한 로봇들은 호텔 내에서 고객의 요청을 처리하고 방으로 물건을 전달하는 등의 업무를 수행합니다. 파나소닉의 상업용 로봇은 자율적으로 이동할 수 있는 기능과 다양한 센서를 탑재해 복잡한 환경에서도 정확한 작업을 수행할 수 있으며, 이를 통해 상업용 공간에서의 서비스 자동화와 효율성을 크게 향상시키고 있습니다. 또한, 파나소닉은 로봇이 다른 스마트 기기들과 연동될 수 있도록 IoT 기술을 접목하여 더욱 스마트한 서비스를 제공하려고 노력하고 있습니다. 이러한 기술 덕분에 파나소닉의 상업용 로봇은 다양한 시설에서 인간 작업자를 보조하는 것은 물론, 일정 부분을 대체할 수 있는 유용한 도구로 활용되고 있습니다.

헬스케어 분야에서는 사이버다인^{Cyberdyne}이 대표적인 혁신 기업으로 주목받고 있습니다. 사이버다인은 의료 및 재활 분야에서 사용될 수 있는 로봇을 개발하는 데 주력해 왔으며, 대표 제품으로는 HAL^{Hybrid Assistive Limb}이라는 외골격 로봇이 있습니다. HAL은 신체 장애를 겪고 있는 환자들이 근력을 회복하고 신체를 보조할 수 있도록 돕는 착용형 로봇 슈트로, 환자의 신경 신호를 감지하여 로봇이 해당 신체 부위를 움직이도록 하는 방식으로 작동합니다. HAL은 환자가 의도적으로 움직이려는 신호를 감지하여 이를 보조해주는 기능을 가지고 있어, 뇌졸중이나 척추 손상으로 인해 움직임이 제한된 환자들이 신체 기능을 회복하는 데 큰 도움을 줍니다. 사이버다인의 HAL은 일본을 넘어 세계 여러 나라에서 의료용으로 사용되고 있으며, 고령화가 심화되는 사회에서 중요한 의료 로봇으로 인정받고 있습니다. 사이버다인은 이러한 로봇 기술이 다양한 신체 장애를 보조하는 데 더욱 효과적으로 사용될 수 있도록 기술 개발을 지속하고 있으며, 재활뿐만 아니라 고령화 사회에서의 활동 보조용 로봇으로 활용 가능성을 확대하고 있습니다.

히타치^{Hitachi} 또한 헬스케어 로봇 분야에서 눈에 띄는 성과를 이루고 있습니다. 히타치는 AI와 로봇공학을 결합하여 다양한 의료 환경에서 활용할 수 있는 로봇 솔루션을 개발하고 있습니다. 특히, 병원과 요양 시설에서 환자의 이동을 보조하고, 의료 장비를 운반할 때 사용하는 로봇을 선보였습니다. 히타치의 의료용 로봇은 정확한 내비게이션 기술과 자율 이동 기능을 바탕으로, 의료진의 업무 부담을 줄이고 환자에게 더 나은 서비스를 제공할 수 있도록 돕고 있습니다. 특히, 히타치는 의료 현장에서 발생할 수 있는 다양한 상황에 로봇이 적응할 수 있도록 AI를 접목한 자율학습 기능을 탑재하여, 실제 의료 환경에서의 활용도를 극대화하고 있습니다. 히타치의 로봇은 환자와 의료진의 안전을 최우선으로 설계되었으며, 의료현장에서 신속하고 효율적으로 활용될 수 있도록 최적화되어 있어 다양한 병원에서의 도입이 확대되고 있습니다.

세계의 다양한 로봇 전략과 투자 방향

글로벌 로봇 산업은 각국 정부의 적극적인 정책 지원과 혁신적인 기술 개발을 통해 빠르게 성장하고 있습니다. 미국, 중국, 유럽, 일본 등 주요 국가들은 로봇 기술을 국가 경쟁력의 핵심 요소로 인식하며, 다양한 전략과 투자를 통해 미래 산업의 패러다임을 전환하고자 하고 있습니다.

미국, 지역별
로봇 클러스터의 성장

▶

미국은 로봇 기술 개발과 혁신을 국가 경쟁력의 중요한 요소로 인식하며, 이를 위한 종합적인 정책과 지원 체계를 갖추고 있습니다. 미국의 로봇 정책은 연구개발 지원, 규제 완화, 산업−학계 협력 촉진, 국방 및 산업 보안에 관한 전략적 투자 등을 중심으로 이루어집니다. 미국 정부는 로봇 분야의 선도적인 위치를 유지하기 위해 과학기술정책실OSTP과 국립과학재단NSF 등 다양한 기관을 통해 연구개발을 적극 지원합니다. 특히, '국가 로봇 이니셔티브National Robotics Initiative, NRI'를 통해 대학과 연구소뿐만 아니라 산업체까지 폭넓게 참여시키며, 혁신적인 로봇 기술 개발을 목표로 하고 있습니다.

NRI는 의료, 농업, 제조업, 그리고 방위산업 등에서 로봇의 활용 가능성을 높이고, 미국 내 제조업 재활성화와 국가 안보를 위한 로봇 기술 적용을 장려합니다. 미 국방부도 '다르파DARPA' 프로그램을 통해 국방 관련 로봇 개발에 상당한 예산을 투자하고 있으며, 무인 드론과 같이 국방 및 방산에 특화된 로봇 기술 개발이 활발하게 진행되고 있습니다. 이러한 전략은 기술적 우위를 점하기 위한 노력으로 볼 수 있으며, 경제뿐만 아니라 국가 안보의 측면에서도 로봇 기술이 핵심적 역할을 할 것으로 예상하고 있습니다.

미국의 로봇 클러스터는 특히 보스턴, 피츠버그, 실리콘밸리를 중심으로 활발히 형성되고 있으며, 각 지역은 고유의 특성과 강점을 바탕으로 로봇 산업의 성장을 선도하고 있습니다. 보스턴은 첨단 로봇 기술의 허브로 자리 잡았으며, MIT, 하버드대학교와 같은 세계적인 연구 기관이 위치해 있어 이 지역의 연구개발 역량을 크게 강화하고 있습니다. 보스턴의 로봇 산업은 특히 의료, 웨어러블 로봇, 물류 및 제조 자동화 분야에서 두각을 나타내고 있으며, 보스턴 다이내믹스와 같은 혁신적인 기업들이 이곳을 중심으로 활동하고 있습니다. 이러한 혁신적인 기업들은 로봇과 AI의 결합을 통해 고도의 AI 로봇을 개발하며 세계적으로 주목받고 있습니다. 보스턴 지역은 벤처 캐피털 투자가 활발해 창업 및 스타트업 성장에 유리한 환경을 제공하여, 새로운 기술 개발과 상용화가 신속하게 이루어질 수 있는 토대를 마련하고 있습니다.

피츠버그는 카네기멜런대학교CMU의 영향으로 로봇과 자율주행 기술의 중심지로 급부상했습니다. CMU는 로봇공학과 AI 연구에 있어 미국 내 최고의 명성을 자랑하며, 자율주행차 기술의 혁신을 이끌고 있습니다. 우버, 아르고 AI, 오로라 등 다양한 자율주행 및 로봇 관련 기업들이 피츠버그에 자리 잡아 실험 및 개발을 활발히 진행하고 있으며, 도시 전반에서 자율주행 테스트가 이루어지고 있습니다. 피츠버그는 또한 주 정부와 도시의 지원 아래 로봇 스타트업과 중소기업의 성장을 지원하며, 산업 및 공공 분야에서의 로봇 기술 적용을 촉진하는 클러스터 역할을 하고 있습니다.

실리콘밸리는 전통적인 IT 허브이자, 로봇 및 AI 기술의 발전에도 중요한 역할을 하고 있습니다. 구글, 테슬라, 애플 등 글로벌 테크 기업들은 AI와 로봇 기술을 제품과 서비스에 통합하여 혁신을 이루고 있으며, AI 기반 로봇공학의 상용화를 앞당기고 있습니다. 실리콘밸리의 로봇 클러스터는 특히 자율주행, 드론, 산업용 로봇, 스마트 가전 등 다양한 분야에서 혁신을 주도하고 있으며, 이 지역의 풍부한 자본과 기술 인프라는 로봇 기술 발전을 가속화하는 중요한 동력으로 작용하고 있습니다.

미국의 이러한 지역별 로봇 클러스터는 각기 다른 기술 특화와 연구 역량을 바탕으로 상호 보완적인 역할을 하며, 미국 로봇 산업 전반에 걸쳐 균형 잡힌 성장을 이루는 데 기여하고 있습니다. 보스턴은 첨단 로봇과 웨어러블 기술에, 피츠버그는 자율주행과 산업용 로봇에, 실리콘밸리는 AI와 상용화 기술에 강점을 가지고 있어, 미국이 글로벌 로봇 산업에서 선도적 위치를 유지할 수 있는 중요한 기반을 제공합니다. 이러한 클러스터의 성장과 발전은 미국 로봇 정책의 핵심적 역할을 수행하고 있으며, 기술 혁신과 경제적 성과를 도모하는 주요 거점으로 자리 잡고 있습니다.

중국, 국가 전략산업으로 기술의 자급자족을 목표

▶

중국은 로봇 산업을 국가 전략산업으로 지정하고, 이를 경제 성장과 기술 자립의 핵심으로 육성하고 있습니다. 특히 중국 정부는 로봇 기술의 자급자족을 목표로 하며, 글로벌 로봇 강국으로 도약하기 위해 적극적인 정책 지원과 투자 유치를 추진하고 있습니다. 이러한 전략적 움직임은 '중국제조 2025'와 같은 주요 국가 정책을 통해 명확히 드러납니다. 중국제조 2025는 중국 제조업의 첨단화를 목표로 하는 종합 계획으로, 로봇 산업을 핵심 축으로 삼아 관련 기술 개발을 장려하고 산업 전반에 걸쳐 로봇을 도입하는 것을 목표로 하고 있습니다.

중국의 로봇 산업 육성 정책은 크게 세 가지 주요 축으로 구성됩니다. 첫 번째 축은 연구개발 투자 강화입니다. 중국 정부는 주요 도시와 지역에 국가 로봇 혁신 센터와 같은 연구기관을 설립하여 로봇 관련 기술의 혁신을 촉진하고 있습니다. 예를 들어, 중국 산업정보기술부는 '중국 로봇 산업 발전계획(2016-2020)'을 발표하여 로봇 기술 연구와 혁신을 위한 목표와 기준을 세웠습니다. 이 계획은 중국 내 로봇 핵심 부품의 국산화를 장려하고, 로봇 기술 분야의 인력 양성을 위해 각 대학과 연구소에 지원을 확대하는 데 중점을 두었습니다. 또한, 베이징, 상하이, 광저우 등 주요 도시에서는 로봇 관련 연구 및 기술 상용화 프로그램에 상당한 예산을 투자하며, AI와 로봇공학을 결합한 고도화된 연구개발을 촉진하고 있습니다.

두 번째 축은 자국 기업의 성장을 적극적으로 지원하는 것입니다. 중국 정부는 로봇 제조업체와 AI 스타트업에 대해 세제 혜택, 금융 지원, 규제 완화 등을 제공하며, 자국 로봇 기업이 빠르게 성장할 수 있는 환경을 조성하고 있습니다. 대표적으로, 중국의 로봇 제조 기업인 시아순Siasun과 같은 기업들은 이러한 지원을 통해 첨단 로봇 생산을 가속화하고 있으며, 산업용 및 서비스용 로봇 분야에서 두각을 나타내고 있습니다. 또한, 중국은 로봇 부품의 국산화를 통해 기술 의존도를 낮추고자 노력하고 있습니다. 특히 감속기, 서보모터, 그리고 제어기와 같은 로봇의 핵심 부품에서 자국 기술을 활용한 제품 개발을 강조하며, 글로벌 시장에서의 경쟁력을 강화하고 있습니다.

세 번째 축은 국제 협력과 기술 도입 확대입니다. 중국은 기술력 향상을 위해 해외 로봇 기업과의 협력과 기술 도입을 적극적으로 추진하고 있으며, 이를 통해 자국 산업의 경쟁력을 높이고 있습니다. 많은 중국 기업들이 해외 인수합병M&A을 통해 기술력을 빠르게 확보하고 있으며, 스위스의 ABB, 독일의 쿠카와 같은 글로벌 로봇 기업들과의 전략적 파트너십을 통해 기술 교류를 활발히 진행하고 있습니다. 이를 통해 중국은 단순히 외국의 기술을 도입하는 것에 그치지 않고, 기술 이전을 통해 자국 내 생산과 혁신을 활성화하고 있습니다.

또한, 중국은 스마트 팩토리와 같은 자동화된 제조 시설에 로봇을 도입하여 제조업의 효율성을 극대화하고자 합니다. 이를 통해 전통적인 제조업의 혁신을 도모하고 있으며, 특히 자동차, 전자, 반도체 산업에서 로봇 자동화를 통해 생산성을 높이고 있습니다. 이러한 제조업 자동화 추진은 산업 전반에서 비용 절감과 품질 향상을 가능하게 하여, 중국의 로봇 기술이 실질적인 경제 성장과 연결되도록 하고 있습니다.

중국의 로봇 정책은 지방 정부와 중앙 정부 간의 협력을 바탕으로 전방위적으로 추진되고 있습니다. 예를 들어, 광둥성, 장쑤성, 저장성 등은 로봇 산업 특화 구역을 조성하여, 해당 지역을 첨단 로봇 기술과 인재의 집결지로 만들고자 합니다. 이러한 특화 구역에서는 로봇 기업들이 연구개발에 집중할 수 있도록 다양한 인프라를 제공하며, 인재 양성 프로그램과 대학, 연구기관과의 협력 체계를 구축하여 로봇 산업의 성장을 견인하고 있습니다.

유럽, 경쟁력 강화와 경제 성장의 중요한 축

▶

유럽은 로봇 산업을 국가 경쟁력 강화와 경제 성장의 중요한 축으로 인식하며, 이를 위한 다각적인 정책과 전략을 수립해 왔습니다. 특히 EU는 로봇공학을 디지털화, AI, 그리고 자동화와 융합된 주요 기술 분야로 분류하고 있으며, 이를 통해 산업 전반의 생산성 향상, 기술 경쟁력 확보, 그리고 고용 창출을 목표로 합니다.

먼저, 유럽은 산업 및 공공 부문에서 로봇 기술의 상용화를 촉진하기 위해 연구 및 개발 자금 지원을 적극적으로 확대하고 있습니다. 이를 위해 EU는 개별 국가 및 민간 부문과 협력하여 다양한 로봇 관련 프로젝트를 추진하고 있으며, 이를 통해 유럽 내 혁신 생태계를 강화하고 있습니다. 대표적으로 SPARC 프로그램은 EU와 유럽로봇산업협회EuRobotics가 공동으로 설계된 로봇 연구 프로젝트로, 로봇 기술 개발과 상용화 간의 연결을 강화하기 위해 설립되었습니다. 이 프로그램은 제조, 의료, 농업, 물류와 같은 다양한 산업 분야에서의 로봇 도입을 촉진하고, 이를 통해 유럽 기업의 경쟁력을 높이는 것을 목표로 하고 있습니다.

유럽은 또한 개별 국가 차원에서의 로봇 기술 지원 프로그램도 적극 추진하고 있습니다. 독일의 경우, '산업 4.0' 전략의 일환으로 스마트 제조를 위한 로봇 기술 개발에 중점을 두고 있습니다. 독일은 로봇공학을 통해 생산성을 높이고, 고급 자동화를 구현하며, 세계적인 제조 강국으로서의 입지를 더욱 공고히 하고 있습니다. 프랑스는 '라 프랑스 로보틱스' 프로젝트를 통해 로봇 기술이 의료, 농업, 국방 등 다양한 분야에 적용될 수 있도록 국가적 지원을 아끼지 않고 있습니다. 이탈리아 역시 첨단 로봇 기술을 활용한 소규모 제조업 지원과 농업 자동화 프로젝트를 통해 산업적 전환을 촉진하고 있습니다.

또한, 유럽은 중소기업과 스타트업을 대상으로 한 로봇 기술 지원 프로그램도 활발히 운영하고 있습니다. DIH^2 이니셔티브는 유럽 전역의 중소기업들이 로봇공학 기술을 채택하고, 생산성을 향상시키며, 새로운 시장 기회를 창출할 수 있도록 돕는 데 초점을 맞추고 있습니다. 이러한 프로그램은 로봇 기술의 접근성을 높이고, 기술 개발과 상용화 과정에서의 비용 장벽을 낮추는 데 중요한 역할을 하고 있습니다.

또한, 유럽은 국제 로봇 표준화 기구와의 협력, 그리고 자체적인 산업 표준 개발을 통해 로봇 산업의 규제 환경을 정비하고 있습니다. 이는 EU 내 개별 국가들이 각기 다른 규제를 가지고 있어 통합된 로봇공학 시장 형성에 어려움이 있다는 점을 해결하기 위한 방안입니다. 특히 산업용 로봇, 의료용 로봇, 그리고 서비스 로봇 등 다양한 분야에 걸쳐 표준화를 강화하여 각국이 원활하게 로봇 기술을 적용할 수 있는 환경을 조성하고 있습니다. 이를 위해 EU는 공공–민간 협력 프로그램인 'SPARC'를 통해 로봇 기술의 윤리적 사용, 법적 규제, 안전성 검토 등을 포함한 포괄적인 규제 프레임워크를 개발하고 있습니다.

고용과 관련하여 유럽은 로봇공학의 도입으로 인한 일자리 변화에 대비하기 위한 '재교육 및 직업 훈련' 프로그램을 병행하고 있습니다. 특히 로봇 기술과 AI의 발전으로 인해 자동화가 가속화되면서 전통적인 노동 시장 구조에 변화가 예상되기 때문에, 기존 노동자의 기술 전환을 지원하는 것이 매우 중요한 정책 목표로 자리 잡고 있습니다. EU는 각국의 노동력 교육 및 훈련 지원을 통해 로봇화가 증가하더라도 경제 전반에서 기술 기반 일자리를 창출할 수 있는 방안을 마련하고 있습니다.

또한, 유럽은 로봇 산업의 스타트업과 혁신 기업 육성을 적극적으로 지원하고 있습니다. 유럽의 주요 도시들은 로봇 기술을 연구하고 개발하는 스타트업을 위한 '기술 클러스터'와 '혁신 허브'를 구축하고, 이를 통해 기술 인프라, 자금, 네트워킹 기회를 제공하고 있습니다. 예를 들어 독일의 프라운호퍼 연구소와 같은 기관들은 혁신적인 로봇 연구 프로젝트에 협력하며, 로봇 스타트업이 글로벌 시장에 진출할 수 있도록 지원하는 역할을 맡고 있습니다.

마지막으로, 유럽은 윤리적, 사회적 문제 해결을 위한 로봇 정책을 강조하고 있습니다. AI 및 로봇 기술의 발전에 따른 사회적 영향을 최소화하기 위해 유럽은 윤리적 로봇 개발 가이드라인을 제정하고, 로봇과 인간 간의 상호작용이 가져올 사회적 문제에 대한 선제적 연구와 정책 수립을 진행하고 있습니다. 이와 같은 정책은 단순히 기술의 발전만이 아니라 인간 중심의 기술 발전을 추구하며, 이를 통해 유럽 사회의 포용성을 높이고 있습니다.

산업 자동화, 인구 고령화 해결, 경쟁력 강화하는 일본

▶

일본은 로봇공학 분야에서 세계적인 선도국으로서, 이를 지속적으로 강화하기 위한 다각적인 정책을 추진하고 있습니다. 일본의 로봇 산업 육성 정책은 주로 산업 자동화, 인구 고령화 대응, 국가 경쟁력 강화라는 세 가지 주요 목표를 중심으로 수립되고 있으며, 정부와 민간이 협력하여 글로벌 시장에서 일본 로봇 산업의 경쟁력을 유지하고자 하는 강력한 의지를 반영하고 있습니다.

일본의 산업용 로봇은 제조업에서 핵심적인 역할을 담당하고 있습니다. 일본은 일찍부터 산업 자동화를 통해 제조업 생산성을 높이는 데 주력해 왔으며, 이를 위해 2015년 '로봇 신전략'을 발표했습니다. 이 전략은 제조업 분야에서의 로봇 활용을 더욱 확대하고,

일본 내 중소기업에도 산업용 로봇 기술을 보급하기 위해 지원 프로그램을 마련하는 내용을 포함하고 있습니다. 특히, 일본의 대표적 로봇 기업인 화낙, 야스카와 등이 세계 시장을 선도하며 일본 로봇 기술의 높은 수준을 입증하고 있습니다. 정부는 이러한 기업을 지원하고 있으며, 최신 기술 연구개발에 필요한 자금 및 인프라를 제공하는 동시에 로봇공학 연구소와의 협업을 통해 첨단 로봇 기술을 발전시키고 있습니다.

또한, 일본은 심각한 인구 고령화 문제를 해결하기 위한 방안으로 로봇을 활용하고 있습니다. 일본 정부는 '사회적 과제 해결형 로봇 개발 프로그램'을 통해 의료 및 간호 서비스에 특화된 로봇 개발을 장려하고 있으며, 이는 '로봇 혁신 창출 프로젝트'라는 명칭으로도 추진되고 있습니다. 이 프로젝트의 일환으로 정부는 노인 요양 시설에서 로봇을 활용하여 간병 인력을 보조하고 노인 복지 서비스를 개선하는 기술 개발을 지원하고 있습니다. 대표적인 예로, 혼다의 아시모와 같은 인간형 로봇이 의료 및 돌봄 분야에서 활용되며, 환자 이동, 약물 전달, 노인과의 상호작용을 돕는 역할을 하고 있습니다. 이러한 노력을 통해 일본은 고령화 사회에서 로봇이 실질적인 복지 개선 도구로 자리 잡을 수 있도록 장려하고 있습니다.

일본 정부는 로봇 산업 육성을 위한 인프라 구축에도 많은 투자를 하고 있습니다. '로봇 신전략'의 일환으로, 로봇 연구 및 개발에 대한 지원을 강화하며, 이를 위해 국가 차원에서 로봇 개발 단지를 조성하고 있습니다. 대표적인 사례로는 '가나가와 로봇 혁신 연구단지'를 꼽을 수 있는데, 이곳은 로봇 개발을 위한 연구소, 시험 시설, 창업 지원 인프라 등이 집중되어 있는 연구단지입니다. 이러한 연구단지는 일본 전역에 걸쳐 산학 협력과 민간 연구소의 협업을 촉진하며, 로봇 신기술 개발과 상용화를 위한 거점 역할을 수행하고 있습니다.

일본은 또한 로봇 산업에 대한 규제 완화를 통해 로봇 기술의 상용화를 가속화하고자 합니다. 예를 들어, 무인 점포 운영을 위한 로봇 및 무인 차량 규제를 완화하여 로봇 기술이 실생활에서 원활히 활용될 수 있도록 하고 있습니다. 이는 특히 스마트 시티 프로젝트와 연계되어 일본의 여러 도시에서 로봇 기반의 자동화 시스템을 시험하고 있습니다. 도쿄와 오사카 같은 대도시에서는 자율주행 로봇을 활용한 물류 시스템을 구축하고 있으며, 이러한 테스트를 통해 규제 샌드박스를 활용하여 실질적인 데이터와 사례를 수집하고 있습니다.

또한 일본은 로봇 기술을 활용한 새로운 일자리 창출에도 힘쓰고 있습니다. 특히 '신산업 창출 전략'의 일환으로 로봇과 관련된 새로운 직업군이 생겨날 수 있도록 인재 양성 프로그램을 운영하고 있으며, 로봇공학, AI, 그리고 자동화 기술에 특화된 교육을 제공하고 있습니다. 이를 위해 일본 내 주요 대학들과 연구기관들이 정부 지원을 받아 전문 인력을 양성하고 있으며, 기술 고도화를 통해 고급 기술 인력을 양성하여 산업계의 요구를 충족시키고 있습니다. 일본 정부의 이러한 정책은 로봇 기술의 발전과 인재 양성을 통해 글로벌 시장에서의 경쟁력을 지속적으로 유지하고자 하는 일본의 의지를 반영합니다.

마지막으로, 일본은 국제 표준화를 선도하고 로봇 윤리 및 안전 규제 정비에 많은 노력을 기울이고 있습니다. 로봇 기술의 윤리적 활용과 안전성 확보를 위해 '로봇 윤리 가이드라인'을 수립하였으며, 이는 로봇과 인간 간 상호작용에서 발생할 수 있는 윤리적 문제를 예방하는 것을 목적으로 하고 있습니다. 특히, 의료 및 돌봄 로봇의 안전성을 강화하고, 인간과 로봇이 공존하는 사회에서 로봇의 역할을 명확히 정의함으로써 로봇 기술의 신뢰성을 높이고 있습니다. 이 외에도 일본은 국제표준화기구[ISO]와 협력하여 로봇공학의 표준을 제정하는 과정에서 주도적인 역할을 수행하고 있으며, 이를 통해 글로벌 로봇 시장에서도 일본의 영향력을 확립하고 있습니다.

한국의 로봇
생존 전략

한국의 로봇 산업은 제조업 기반의 전통적인 산업 구조를 혁신하고 첨단 기술을 바탕으로 세계 시장에서 경쟁력을 강화하고 있는 중요한 분야입니다. 한국은 로봇 도입 속도와 혁신적인 기술 개발 측면에서 빠르게 성장하고 있으며, 특히 제조업과 서비스업에 있어 다양한 응용 사례를 보여주고 있습니다. 현재 한국은 산업용 로봇 밀도, 즉 노동자 1만 명당 산업용 로봇 대수에서 세계 1위를 기록하고 있으며, 이는 로봇 자동화가 얼마나 빠르게 확산되고 있는지를 나타냅니다. 2022년 기준 한국의 산업용 로봇 밀도는 1,000대를 돌파하였으며, 이는 세계 평균인 141대의 7배에 달하는 수준으로, 특히 자동차 제조 및 전자제품 제조 산업에서의 로봇 도입이 활발하게 이루어지고 있습니다.

로봇 산업 시장에서
두각을 나타내는 기업들

▶

한국의 로봇 산업에서 주요 대기업의 활동은 매우 주목할 만한 수준입니다. 현대로보틱스HD Hyundai Robotics는 한국 내 산업용 로봇 시장에서 1위를 차지하고 있으며, 자동차 조립 및 용접, 물류 자동화 로봇 분야에서 강력한 경쟁력을 보유하고 있습니다. 현대로보틱스는 고성능 산업용 로봇뿐만 아니라, 제조 현장에서 인간과 협력할 수 있는 협동 로봇 개발에도 집중하고 있습니다. 이를 통해 스마트 팩토리 솔루션을 제공하고 있으며, 물류 자동화와 생산성 향상에 기여하고 있습니다. 또한 AI와 딥러닝 기반의 로봇 제어 기술을 통해 자율성을 강화하고, 5G 네트워크를 활용한 원격 제어 시스템을 구축함으로써 산업용 로봇의 활용 범위를 넓히고 있습니다.

두산로보틱스Doosan Robotics는 협동 로봇 분야에서 두각을 나타내고 있는 기업으로, 자체적인 로봇 제어 기술을 보유하고 있습니다. 두산로보틱스의 협동 로봇은 인간과의 안전한 상호작용을 위한 설계와 고도화된 제어 기술을 특징으로 하며, 주로 물류 및 서비스 로봇 분야로 사업을 확장하고 있습니다. 두산로보틱스는 글로벌 시장 진출을 가속화하고 있으며, 특히 유럽과 북미 시장에서 협동 로봇의 수요가 증가함에 따라 해외 판매 네트워크를 강화하고 있습니다. 두산로보틱스의 협동 로봇은 제조업 현장뿐만 아니라, 식음료 및 헬스케어와 같은 다양한 서비스 산업에서도 활용되고 있습니다.

스타트업 기업 중에서는 레인보우로보틱스Rainbow Robotics와 로보티즈ROBOTIS가 주목할 만합니다. 레인보우로보틱스는 한국의 로봇 기술력을 대표하는 기업으로, 양팔 협동 로봇과 휴머노이드 로봇 '알엔비RnB'를 개발했습니다. 레인보우로보틱스는 자체 개발한 모터 및 제어기 기술을 통해 정밀한 로봇 동작과 고성능 제어를 실현하고 있으며, 이 기술력은 다양한 산업 현장에서의 적용 가능성을 넓히고 있습니다. 또한, 로보티즈는 소형 서보모터 분야에서 세계적인 기술력을 갖추고 있으며, 교육용 로봇 키트와 휴머노이드 플랫폼 개발에 주력하고 있습니다. 로보티즈의 제품은 특히 교육용 로봇 시장에서 높은 인기를 끌고 있으며, 전 세계 학교와 교육 기관에서 사용되고 있습니다.

한국의 서비스 로봇 분야에서는 코가로보틱스COGA Robotics와 트위니TWINNY가 두각을 나타내고 있습니다. 코가로보틱스는 식음료 서비스 로봇 개발에 집중하고 있으며, 특히 커피 로봇 바리스타의 상용화에 성공했습니다. 코가로보틱스의 서비스 로봇은 빠른 속도로 확산되고 있으며, 다양한 식음료 매장에서 사용되고 있습니다. 트위니는 물류 배송 로봇 개발에 특화된 기업으로, 실내외 자율주행 기술을 통해 물류 자동화의 혁신을 주도하고 있습니다. 트위니의 자율주행 기술은 복잡한 환경에서도 높은 정확도로 이동할 수 있도록 설계되었으며, 물류창고 및 공항과 같은 다양한 장소에서 사용되고 있습니다.

특화 분야에서도 한국의 로봇 기업들은 뛰어난 성과를 보이고 있습니다. 메디컬로보틱스^{Medical Robotics}는 수술용 로봇 시스템 개발에 집중하고 있으며, 국산 수술 로봇의 상용화를 추진하고 있습니다. 메디컬로보틱스의 수술용 로봇은 고도의 정밀성과 안정성을 제공하며, 국내외 병원에서 사용되고 있습니다. 민트로봇^{Mint Robot}은 재활 로봇 전문 기업으로, 보행 재활 로봇 시스템을 개발했습니다. 민트로봇의 재활 로봇은 고령화 사회에서 증가하는 재활 수요에 대응하기 위한 혁신적인 솔루션으로, 환자의 빠른 회복을 돕는 데 기여하고 있습니다.

한국의 로봇 산업에서 나타나는 주요 기술 혁신으로는 AI 및 딥러닝 기반의 로봇 제어 기술 발전, 자율주행 및 물체 인식 능력의 고도화, 그리고 휴먼 - 로봇 협업 기술의 발전이 있습니다. AI 기술은 로봇의 자율성과 인식 능력을 크게 향상시키며, 제조업뿐만 아니라 서비스업에서도 활용이 증가하고 있습니다. 특히, 5G 기반의 원격 제어 시스템은 로봇의 실시간 제어와 원거리 작업을 가능하게 하여 새로운 응용 가능성을 열어주고 있습니다.

한국의 로봇 산업은 제조업 외에도 서비스 분야로의 적용이 확대되고 있으며, 물류, 유통, 의료, 재활 로봇 시장이 빠르게 성장하고 있습니다. 협동 로봇 시장은 특히 높은 성장률을 기록하고 있으며, 이는 제조 현장에서의 자동화와 인간 - 로봇 간의 협업 수요 증가에 따른 것입니다. 한국 정부는 로봇 산업을 국가의 핵심 성장 동력으로 보고 있으며, 이를 지원하기 위한 다양한 정책을 추진하고 있습니다. 정부는 연구개발 지원 확대, 실증사업 활성화, 규제 샌드박스 운영 등을 통해 로봇 산업의 성장을 촉진하고 있습니다.

미래 전망에 있어 한국의 로봇 산업은 제조업의 스마트화 가속화, 비대면 서비스 수요 증가, 고령화 사회 대응 등으로 인해 높은 성장 가능성을 보이고 있습니다. 그러나 핵심 부품의 국산화, 소프트웨어 경쟁력 강화, 전문 인력 양성, 표준화 및 인증 체계 구축 등의 발전 과제가 남아있습니다. 이를 해결하기 위해 정부와 기업은 협동 로봇 시장 확대, 서비스 로봇의 상용화, 의료 및 재활 로봇 개발, 물류 및 배송 로봇 보급에 중점을 두고 있습니다.

한국의 로봇 산업은 제조업의 경쟁력을 강화하고, 서비스 산업의 혁신을 촉진하며, 일자리 창출과 수출 산업화의 촉진에 기여할 것으로 기대됩니다. 특히, AI와의 결합을 통해 더욱 진보된 로봇 솔루션이 등장할 것이며, 다양한 응용 분야에서의 혁신적인 성과가 나타날 것입니다.

인구절벽의 해법이 될 수 있을까?

▶

한국은 급격한 인구 감소와 고령화 문제로 인해 경제 및 산업 전반에 걸친 인력 부족 문제가 심각해지고 있습니다. 특히 생산연령인구의 감소는 노동 생산성 하락과 국가 성장 동력 약화를 초래할 수 있기 때문에, 이를 해결할 방안으로 로봇 산업의 역할이 주목받고 있습니다. 로봇 기술은 한국의 미래 경제 구조를 변화시키고 인구 감소로 인한 문제를 보완할 수 있는 주요한 대안으로 떠오르고 있으며, 정부와 민간 부문 모두 로봇 산업을 인구절벽의 해법으로 보고 다양한 생존 전략을 모색하고 있습니다.

먼저, 한국은 제조업을 중심으로 로봇 기술을 적극적으로 도입하여 생산성을 향상시키고자 합니다. 한국의 주요 산업인 반도체, 자동차, 전자 산업 등은 이미 상당한 수준의 자동화를 이뤘지만, 로봇 기술을 더욱 고도화하여 생산 공정에서의 인력 의존도를 낮추고 있습니다. 정부는 이를 위해 '제조업 혁신 3.0 전략'을 통해 스마트 팩토리를 확산하고, 중소기업이 로봇 기술을 도입할 수 있도록 자금 지원과 세제 혜택을 제공하고 있습니다. 예를 들어, 중소기업이 고가의 로봇 장비를 도입하는 데 드는 초기 비용을 지원하여 기술 도입의 장벽을 낮추는 한편, 로봇을 활용한 공정 개선으로 생산성을 극대화하도록 장려하고 있습니다.

또한, 고령화 문제에 대응하여 서비스 로봇 개발에 집중하고 있습니다. 특히, 돌봄 로봇은 노인 복지 서비스의 핵심 요소로 자리잡아가고 있으며, 정부는 의료 및 간병 분야에서 로봇 기술을 적극 활용할 계획입니다. 보건복지부와 과학기술정보통신부 등 관련 부처는 공동으로 돌봄 로봇과 AI 기술을 활용한 고령자 지원 시스템을 개발하고 있으며, 이는 병원과 요양 시설 등에서 실질적인 도움을 줄 수 있는 기술로 기대를 모으고 있습니다. 한국의 대표적인 돌봄 로봇 예로는 AI 기반으로 노인과 상호작용하며 건강 상태를 모니터링하는 로봇들이 있으며, 이러한 로봇을 통해 간병 인력 부족 문제를 일부 해결하고 있습니다. 이러한 기술들은 향후 일상생활 지원 로봇으로 확대되어 고령화 사회의 복지 비용 절감과 서비스 질 향상에 기여할 수 있습니다.

한국은 또한 자율주행 로봇과 물류 로봇 개발을 통해 인력 감소에 대응하고 있습니다. 빠르게 성장하는 전자상거래와 물류 산업은 코로나 팬데믹 이후 더 큰 수요를 보이고 있으며, 이를 충족하기 위한 인력 공급이 점차 어려워지고 있습니다. 따라서, 한국은 자율주행 배송 로봇과 물류센터 자동화 기술을 통해 물류와 유통 산업의 생산성을 높이고자 합니다. 대표적인 예로, 쿠팡과 같은 대형 전자상거래 기업은 물류센터 내에서 로봇을 활용한 상품 분류 및 배송 시스템을 도입하고 있으며, 정부는 이를 지원하는 정책을 통해 로봇 기반 물류 산업이 빠르게 성장할 수 있는 환경을 조성하고 있습니다.

인구절벽 문제 해결을 위한 로봇 산업 육성의 또 다른 방안은 전문 인력 양성입니다. 한국은 로봇 산업의 발전을 위해 교육 분야에서도 변화가 필요하다는 점을 인식하고 있으며, 이를 위해 AI와 로봇공학을 중심으로 한 교육과정을 확대하고 있습니다. 과학기술정보통신부는 로봇 인재 양성을 위한 장기적 프로그램을 마련하고, 대학 및 연구소와 협력하여 로봇공학 및 AI 분야의 전문 인력을 육성하고 있습니다. 이는 향후 로봇 산업의 발전에 필요한 인적 자원을 확보하는 동시에, 로봇 기술이 국가 경제에 기여할 수 있는 기반을 다지는 중요한 전략 중 하나입니다.

또한, 한국은 로봇과 인간 간 상호작용의 윤리적 문제와 안전성 규제도 강화하고 있습니다. 로봇 기술이 점차 상용화됨에 따라 윤리적 이슈와 규제 필요성이 증가하고 있으며, 이를 위해 한국 정부는 로봇 윤리 가이드라인과 관련 법률을 마련하고 있습니다. 특히 돌봄 로봇과 같은 의료 서비스 분야에서의 로봇 활용은 인간의 생명과 직결될 수 있기 때문에 엄격한 안전 기준을 적용하고 있으며, 이러한 노력이 사회 전반에서 로봇에 대한 신뢰를 높이고 로봇 기술의 보급을 촉진하는 역할을 하고 있습니다.

마지막으로, 한국은 국내 로봇 산업의 글로벌 경쟁력을 높이기 위해 로봇 기술 수출과 해외 진출을 적극 지원하고 있습니다. 한국은 아시아 지역뿐 아니라 유럽과 북미 시장에서도 로봇 기술의 수요가 높아지고 있다는 점을 인식하고, 주요 로봇 기업들의 글로벌 시장 진출을 위해 다각적인 지원 정책을 펼치고 있습니다. 한국 정부는 로봇 기술 분야의 해외 박람회 및 전시회 참가를 지원하며, 해외 시장 개척을 위한 정보와 네트워크를 제공하여 국내 기업들이 글로벌 시장에서 경쟁력을 확보할 수 있도록 돕고 있습니다.

적극적인 실증 사례와
상용화 테스트의 필요성

▶

로봇 기술이 빠르게 발전하며 전 세계적으로 산업과 일상에서 로봇이 실질적으로 활용되는 사례가 증가하고 있습니다. 특히 미국과 중국에서는 로보택시가 도심에서 운행되며 자율주행과 AI 기반 로봇 서비스가 현실화되고 있습니다. 그러나 한국은 이러한 변화에 얼마나 효과적으로 대응하고 있는지 고민이 필요한 시점입니다. 단순한 기술 개발을 넘어 로봇이 산업과 가정에서 실제로 활용될 수 있도록 적극적인 실증과 상용화 테스트가 뒷받침되어야 합니다.

미국과 중국의 로봇 실증 사례를 살펴보면, 이들 국가는 로봇 기술을 연구하는 단계를 넘어 실제 환경에서 로봇을 배치하고 데이터를 축적하며 문제를 개선하는 실증을 활발히 진행하고 있습니다. 대표적인 사례로 로보택시가 있습니다. 미국에서는 웨이모Waymo가 샌프란시스코와 LA 등에서 자율주행 로보택시를 운영하고 있으며, 웨이모는 이미 상용화 된 로보택시 유상 서비스 운행을 진행하고 있습니다. 중국에서는 바이두의 아폴로 고Apollo Go와 오토엑스AutoX 등의 기업이 베이징, 상하이, 광저우 등 주요 도심에서 자율주행 로보택시를 운영하고 있으며, 중국 정부는 이러한 기술 실증을 적극 지원하며 로보택시 상용화를 가속화하고 있습니다. 이처럼 미국과 중국은 연구개발에서 나아가 실제 환경에서 로봇을 테스트하며 상용화 가능성을 검증하는 과정을 반복하고 있습니다.

한국도 로봇 기술에서 경쟁력을 갖춘 분야가 있지만, 실제 산업과 가정에서 로봇을 활용하는 실증 실험은 부족한 상황입니다. 로봇 산업이 발전하기 위해서는 다음과 같은 실증 노력이 필요합니다. 첫째, 산업 현장에서의 로봇 실증을 확대해야 합니다. 제조업에

딥테크 AI 로봇 전쟁

서는 이미 산업용 로봇이 활용되고 있지만, 물류, 유통, 의료, 등 다양한 분야에서 로봇 도입이 활성화될 필요가 있습니다. 일본은 편의점에서 로봇이 음식을 조리하고 호텔에서는 AI 로봇이 고객을 응대하는 실증 프로젝트를 이미 운영 중입니다. 한국도 호텔, 공항, 쇼핑몰, 물류센터 등에서 로봇 실증을 확대해야 합니다. 둘째, 가정 내 로봇 실증을 강화해야 합니다. AI 돌봄 로봇, 청소 로봇, 반려 로봇 등 가정에서 사용할 수 있는 로봇의 실증이 필요합니다. 일본과 미국에서는 고령자를 위한 AI 돌봄 로봇과 가사 로봇이 가정에서 실험적으로 배치되고 있으며, 한국도 이러한 로봇이 실질적인 도움을 줄 수 있는지 데이터를 확보하고 상용화를 추진해야 합니다. 셋째, 공공 서비스에서의 로봇 도입 실증을 확대해야 합니다. 스마트 시티 프로젝트와 연계해 도심 내 로보택시 시범 운영을 확대하고 자율주행 물류 로봇을 적극 실험해야 하며, AI 경찰 로봇 지능형 소방 로봇 등 공공 인프라에서도 로봇 활용 가능성을 검토해야 합니다. 넷째, 규제 개선과 실증 특구를 확대해야 합니다. 현재 한국의 로봇 관련 규제는 신중하게 운영되고 있어 실증 실험이 어렵지만, 미국과 중국은 규제 샌드박스를 활용해 로봇 기술 실증이 자유롭게 이루어지고 있습니다. 한국도 로봇 실증 특구를 지정해 기업들이 실제 환경에서 자유롭게 실험할 수 있도록 지원해야 합니다.

로봇 시대를 선도하기 위해서는 단순한 기술 개발을 넘어 실제 환경에서 로봇을 검증하는 실증 과정이 필수적입니다. 미국과 중국이 로보택시와 AI 로봇을 실생활에서 적극적으로 테스트하고 있듯이 한국도 산업과 가정 공공 서비스 전반에서 로봇 활용 가능성을 실증해야 합니다. 이를 위해 산업용 로봇뿐만 아니라 서비스 로봇 가정용 로봇 공공 서비스 로봇 등 다양한 분야에서 실증 프로젝트를 확대해야 하며, 규제 개선과 인프라 구축을 통해 로봇이 실질적인 가치를 창출할 수 있는 환경을 조성해야 합니다.

로봇 산업 구축을 위해 필요한 보완점

▶

한국이 로봇 시대를 성공적으로 대비하고 국제적으로 경쟁력 있는 로봇 산업을 구축하기 위해서는 추가적으로 몇 가지 보완해야 할 부분들이 있습니다. 기존의 정책적 지원과 더불어, 기술 개발, 인프라 확충, 전문 인력 양성, 그리고 윤리적·사회적 제도 마련 등이 향후 중요한 과제로 제기됩니다.

현재 한국은 로봇 기술의 기초적 연구와 일부 산업용 로봇 개발에 큰 성과를 내고 있지만, 자율주행 로봇, 인간형 로봇, 의료 로봇 등 고난이도의 고급 기술 분야에서는 글로벌 경쟁력이 부족하다는 평가를 받고 있습니다. 이를 극복하기 위해서는 연구개발 지원을 더욱 확대하고, 기초 과학부터 응용 기술에 이르기까지 다양한 단계에서 로봇 관련 연구가 진행될 수 있는 체계적인 지원이 필요합니다. 특히 AI와 로봇 기술의 융합, 5G/6G 통신과 같은 초연결 기술을 통한 원격 로봇 운용 등 미래 지향적인 기술 개발을 위한 자원 투자가 중요합니다.

한국은 로봇 상용화를 위한 실증 인프라가 아직 부족하다는 지적이 있습니다. 로봇을 실질적으로 검증하고 개선할 수 있는 테스트 베드를 전국적으로 구축하여, 로봇 기술의 상용화 가능성을 높이는 것이 필요합니다. 예를 들어, 도시와 농촌 지역에 자율주행 로봇, 물류 로봇, 돌봄 로봇을 배치하고 성능을 실시간으로 평가하는 체계적인 테스트 환경을 마련할 필요가 있습니다. 이러한 테스트베드는 로봇 기술이 실생활에 적용될 때 예상치 못한 문제들을 미리 파악하고 개선할 수 있게 하며, 향후 글로벌 시장에서의 신뢰도를 높이는 데에도 크게 기여할 수 있습니다.

로봇 시대를 준비하기 위해서는 전문 인력 양성이 핵심적인 과제입니다. 현재 한국은 일부 대학과 연구소를 중심으로 로봇공학 인력을 배출하고 있지만, 여전히 관련 분야의 고급 인력이 충분하지 않다는 한계가 있습니다. 이를 해결하기 위해 교육 시스템 내에 로봇 및 AI 관련 과목을 더욱 확대하고, 실제 산업 현장에서 실무 능력을 갖출 수 있는 산학 연계 프로그램을 강화할 필요가 있습니다. 특히 고급 로봇공학 인력뿐 아니라 로봇을 안전하고 효율적으로 운영할 수 있는 기술자 양성에도 주력하여, 전방위적인 인재 양성 시스템을 구축해야 합니다.

로봇 기술이 발전함에 따라 데이터 보안, 프라이버시 침해, 안전성 등 윤리적 이슈가 더욱 중요해지고 있습니다. 로봇이 인간과 상호작용하거나 인간의 작업을 대체할 때 발생할 수 있는 윤리적 문제를 예방하고, 법적 기준을 명확히 하는 것이 필요합니다. 이를 위해 한국 정부는 로봇 윤리 가이드라인을 더욱 정교하게 마련하고, 로봇 관련 법적 규제를 국제적 기준에 맞추어 개정해야 합니다. 특히 의료 및 돌봄 로봇과 같이 사람의 건강과 직접 연관된 로봇에 대해서는 더욱 엄격한 안전 기준을 적용하고, 사고 발생 시의 책임 소재를 명확히 할 필요가 있습니다. 이러한 체계적인 규제는 로봇에 대한 신뢰도를 높이고, 로봇 기술의 사회적 수용성을 높이는 데 기여할 것입니다.

또한, 한국의 로봇 산업 생태계를 더욱 강화하기 위해서는 기존의 대기업 중심이 아닌, 중소기업과 스타트업이 혁신을 주도할 수 있는 환경을 조성해야 합니다. 이를 위해 로봇 스타트업들이 필요한 자금을 원활히 조달할 수 있도록 투자 유치와 세제 혜택을 확대하고, 기술 개발에 필요한 연구 장비와 공간을 제공하는 지원 프로그램을 마련해야 합니다. 특히, 글로벌 로봇 시장 진출을 위해 로봇 관련 국제 표준을 이해하고 준수할 수 있도록 지원하며, 해외 박람회 참가 기회 확대, 해외 시장 조사 지원 등 다양한 프로그램을 통해 로봇 스타트업들이 글로벌 시장에서 성공할 수 있는 기틀을 다져야 합니다.

로봇 기술이 보편화되기 위해서는 일반 시민들이 로봇에 대해 긍정적으로 인식하고, 로봇과 상호작용하는 데 익숙해질 필요가 있습니다. 이를 위해 로봇 기술의 사회적 혜택을 알리고, 로봇과 AI 기술에 대한 교육 프로그램을 마련하여, 로봇 기술의 이해도를 높이는 것이 중요합니다. 특히 로봇이 일상생활에 가져올 변화와 혜택을 이해하고, 로봇이 안전하게 관리될 수 있다는 신뢰감을 심어줄 수 있는 공공 교육과 홍보 캠페인이 필요합니다. 이는 로봇 기술의 확산을 촉진하고, 로봇 시대에 대한 사회적 수용성을 높이는 데 필수적인 요소가 될 것입니다.

현재를 넘어, 미래의 새로운 기회를 창출하는 잠재력

기술은 인간의 삶에 거대한 변화를 불러오는 촉매제로서, AI, 반도체, 로봇 분야에서 특히 눈부신 발전을 이루고 있습니다. 이러한 기술들은 단순히 편리함을 제공하는 것을 넘어, 인류의 삶을 더 깊고 근본적으로 혁신하며 미래 사회의 모습을 새롭게 그려가고 있습니다.

AI는 인간의 지적 능력을 넘어서는 데이터를 학습하고 분석하며, 모든 산업에서 효율성과 정확성을 높이고 있습니다. 의료 분야에서는 질병을 조기 발견하고, 제조업에서는 품질 관리를 자동화하며, 금융 분야에서는 리스크 분석을 정교화하는 등 다양한 방식으로 가치를 창출하고 있습니다. 동시에 AI 기술은 인간과의 상호작용을 통해 더욱 고도화되고 있으며, 이를 통해 생활의 모든 측면에서 개인화된 서비스와 맞춤형 솔루션을 제공하고 있습니다.

반도체는 이러한 AI와 다른 기술이 작동할 수 있는 근간이 되는 기술입니다. 반도체 기술의 발전은 고성능 컴퓨팅을 가능하게 하고, 이를 통해 대규모 데이터 처리와 고도화된 연산 작업을 실현합니다. 반도체는 모든 디지털 기기의 두뇌 역할을 하며, 기술 발전의 핵심적인 인프라로 자리 잡고 있습니다. 특히 고성능 반도체는 AI의 연산 능력을 지원하며, 전 세계의 통신 네트워크와 데이터센터를 구동하는 데 필수적인 역할을 하고 있습니다. 한국은 이러한 반도체 기술에서 세계적으로도 뛰어난 경쟁력을 가지고 있으며, 이를 통해 AI, 자율주행, IoT 등 첨단 기술의 확산을 더욱 촉진하고 있습니다. 반도체의 고도화는 기술 혁신의 가속화와 더불어 다양한 산업에 걸쳐 지대한 경제적 파급 효과를 창출할 것입니다.

로봇 기술 역시 미래 사회를 혁신할 중요한 요소입니다. 로봇은 단순한 산업용 기계의 역할을 넘어섰으며, 인간의 노동을 대체하거나 보조하는 존재로 점차 자리 잡고 있습니다. 제조업에서는 정밀한 조립과 반복 작업을 로봇이 수행하여 생산성을 높이고, 물류 분야에서는 자율 로봇이 물류센터의 운영을 최적화하며 비용을 절감하고 있습니다. 또한, AI와 결합된 로봇은 의료와 돌봄 서비스에서도 새로운 가능성을 열어가고 있습니다. 예를 들어, 노인 돌봄 로봇은 고령화 사회에서 중요한 역할을 하며, 정서적인 교감을 통한 정신 건강 증진에도 기여하고 있습니다. 미래의 로봇 기술은 더욱 인간과의 상호작용에 집중하며, 사람들의 일상에 더욱 가까워질 것입니다.

결국, 이러한 AI, 반도체, 로봇 기술의 발전은 개별적인 기술의 발전에 그치지 않고, 서로 상호 보완적으로 작용하여 미래 사회의 토대를 형성하고 있습니다. 그러나 이처럼 발전된 기술들은 동시에 사회적, 윤리적 책임 문제와 맞물려 있습니다. 개인정보 보호와 기술의 윤리적 사용, 환경적 지속 가능성 등 다양한 문제가 대두되면서, 기술 개발에 있어 공공성과 사회적 가치가 더욱 중요해지고 있습니다. 따라서 정부와 기업, 학계는 이러한 기술들이 인간 중심의 발전을 지속할 수 있도록 책임 있는 정책과 규제, 협력을 통해 균형 있는 성장을 이루어야 할 것입니다.

기술은 단순히 현재를 개선하는 것을 넘어, 미래의 새로운 기회를 창출하는 잠재력을 가지고 있습니다. 이러한 기술들이 사회 전반에 걸쳐 융합되고 확대될 때, 인류는 더욱 풍요롭고 안전한 미래를 만들어 나갈 수 있을 것입니다. AI가 인간의 의사결정을 돕고, 반도체가 기술의 뇌 역할을 하며, 로봇이 인간의 손과 발 역할을 하고, 에너지가 모든 것을 구동하며, 통신이 이를 연결하는 세상은 더 이상 공상이 아닌 현실로 다가오고 있습니다. 우리는 기술을 통해 더 나은 미래를 그려나갈 수 있으며, 이러한 기술들이 인간과 조화롭게 발전할 때 진정한 의미의 혁신과 지속 가능한 성장이 실현될 것입니다.

국력과 국가 경쟁력에서
기술의 위치가 왜 중요한가?

▶

국력과 국가 경쟁력에서 기술의 위치는 현대 사회에서 그 어느 때보다 중요하며, 국가의 경제적 번영, 국제적 지위, 사회적 안정성을 강화하는 데 있어 핵심적인 요소로 작용하고 있습니다. 기술은 이제 단순한 산업 발전의 도구가 아닌, 국가의 경제적 역량과 국제 사회에서의 위상을 결정짓는 중요한 척도입니다. AI, 반도체, 로봇과 같은 첨단 기술들은 각 국가가 직면한 경제적, 사회적 과제를 해결하고 지속 가능한 발전을 추구하는 데 필수적인 기반을 제공하며, 이들 기술 분야에서의 선도력은 국가 경쟁력의 중요한 부분을 차지합니다.

국력은 전통적으로 경제력, 군사력, 문화적 영향력 등 다양한 요소에 의해 평가되어 왔습니다. 하지만 디지털 혁명 이후 기술이 국력의 중요한 요소로 부상하면서, 기술 경쟁력의 확보가 국가의 미래를 결정짓는 요소로 여겨지고 있습니다. AI는 경제 구조와 산업 전반을 변화시키는 중요한 기술로, 국가 경제에 막대한 영향을 미칠 수 있습니다. AI 기반의 자동화와 데이터 분석 기술은 생산성 향상과 비용 절감을 가능하게 하여 기업 경쟁력을 높이는 한편, 국가 전체의 경제 성장률을 끌어올립니다. AI 분야에서의 기술적 우위는 국가가 산업 혁신을 주도하고 미래 산업의 주도권을 확보하는 데 중요한 역할을 합니다. 예를 들어, 미국은 AI와 빅데이터 분석에서의 경쟁력을 바탕으로 글로벌 경제를 주도하고 있으며, 이는 경제뿐만 아니라 정치와 안보에 있어서도 막대한 영향력을 행사하고 있습니다.

반도체는 모든 디지털 기기의 두뇌로서, 국가의 경제적 자립성을 유지하는 데 필수적인 요소입니다. 특히 반도체는 첨단 기술이 빠르게 발전하는 현대 사회에서 국가 경쟁력의 근간을 이루며, 글로벌 공급망에서 반도체에 대한 의존도가 높아질수록 반도체 산업의 주도권을 가진 국가의 영향력도 커집니다. 한국은 반도체 제조 기술에서 세계적인 경쟁력을 확보하고 있으며, 이는 국가 경제에 막대한 기여를 하고 있습니다. 반도체를 기반으로 한 기술 경쟁력은 단순히 경제적인 이익을 넘어서, 국가의 산업 자립성과 미래 기술 발전에 필수적인 역할을 합니다.

로봇 기술 또한 국가 경쟁력과 국력에서 중요한 위치를 차지하고 있습니다. 로봇 기술은 노동 인구가 감소하고 있는 고령화 사회에서 생산성을 유지하고 향상시키는 데 기여할 수 있으며, 특히 제조업, 물류, 의료 분야에서의 로봇 활용은 국가 경쟁력을 높이는 중요한 수단이 됩니다. 일본은 로봇 기술에서 선두를 달리고 있으며, 이를 통해 노동력 부족 문제를 해결하고 글로벌 경쟁력을 유지하고 있습니다. 한국 역시 로봇 기술을 발전시키기 위한 다양한 노력을 기울이고 있으며, 이를 통해 고령화 사회에서의 노동력 문제를 해결하고 국가 경쟁력을 유지하려는 전략을 추진 중입니다.

AI, 반도체, 로봇 기술은 국가의 경제적 번영과 글로벌 경쟁력,

그리고 외교와 안보까지 영향을 미치는 중요한 요소입니다. 국가 간 기술 경쟁은 경제적 경쟁력뿐만 아니라 국제 사회에서의 지위와 역할을 결정짓는 중요한 요소로 자리 잡고 있으며, 국가들은 기술 주도권을 확보하기 위해 치열한 경쟁을 벌이고 있습니다. 미래에는 이러한 기술 경쟁력이 국가의 정치적, 군사적 힘에 필적하는 영향력을 가지게 될 것이며, 각 국가는 기술 주도권을 확보함으로써 경제적 번영뿐만 아니라 지속 가능한 발전과 국제적 안정을 도모할 수 있을 것입니다.

▶ 감 사 의 글 ◀

 딥테크 시리즈의 첫 책인《딥테크 전쟁, 시장을 파괴하는 창조적 독재자들》을 통해서는 모빌리티를 중심으로 전기차와 자율주행, 우주 개발, 드론을 다뤘습니다. 그리고 두 번째 책인《딥테크 AI 로봇 전쟁》을 통해서는 AI와 반도체, 로봇을 중심으로 살펴보고자 했습니다. AI와 반도체, 로봇은 한국을 비롯한 전 세계 많은 나라들이 관심을 가지고 있는 분야입니다. 한국이 AI와 반도체, 로봇 기술에 있어 더 뛰어난 기술적인 경쟁력을 갖춰나갈 수 있도록 응원하는 마음으로 한 자씩 글을 적어갔습니다.

 이 책이 완성되기까지 많은 분들의 도움이 있었습니다. 우선, 이 책의 아이디어가 시작된 순간부터 오늘의 모습으로 나아가도록 지지해 주신 아내와 가족, 주변 지인들께 깊은 감사를 드립니다. 여러

딥테크 AI 로봇 전쟁

분의 끊임없는 응원과 격려가 없었다면 이 여정을 마칠 수 없었을 것입니다. 특히, 아내에게 깊은 감사를 전하고 싶습니다. 아내는 제가 쓴 모든 책의 퍼스트 리뷰어first reviewer로서 항상 아낌없이 좋은 코멘트와 피드백을 주었고, 글을 쓰는데 시간을 낼 수 있도록 많은 배려를 해주었습니다. 많이 고맙고, 사랑한다는 말을 전하고 싶습니다.

아울러 시크릿하우스 출판사의 전준석 대표님과 황혜정 부장님께도 깊은 감사의 인사를 전합니다. 딥테크 시리즈를 시작하는데 두 분의 든든한 격려가 큰 힘이 되었습니다. 딥테크 시리즈는 이제 3부까지 이어질 것입니다. 3부에서는 미래 기술인 에너지와 통신, 바이오, 양자컴퓨터 분야를 다룹니다. 많은 관심 부탁드리겠습니다.

마지막으로, 이 책을 읽어 주시는 독자 여러분께도 깊은 감사를 드립니다. 이 책이 여러분에게 유익한 지식과 인사이트를 제공하는 계기가 되었기를 바랍니다. 앞으로도 끊임없이 배워 나가며, 여러분과 함께 성장해 나가길 기대하겠습니다.

딥테크 AI 로봇 전쟁
▶ AI, 반도체, 로봇 편

초판 1쇄 인쇄 | 2025년 4월 3일
초판 1쇄 발행 | 2025년 4월 11일

지은이 | 이재훈(드라이트리)
펴낸이 | 전준석
펴낸곳 | 시크릿하우스
주소 | 서울특별시 마포구 독막로3길 51, 402호
대표전화 | 02-6339-0117
팩스 | 02-304-9122
이메일 | secret@jstone.biz
블로그 | blog.naver.com/jstone2018
페이스북 | @secrethouse2018
인스타그램 | @secrethouse_book
출판등록 | 2018년 10월 1일 제2019-000001호

ISBN 979-11-94522-08-9 03320